Katharina Born

Schlechte Gesellschaft

Eine Familiengeschichte

Carl Hanser Verlag

1 2 3 4 5   15 14 13 12 11

ISBN 978-3-446-23628-8
© Carl Hanser Verlag München 2011
Alle Rechte vorbehalten
Satz: Gaby Michel, Hamburg
Druck und Bindung: CPI – Ebner & Spiegel, Ulm
Printed in Germany

Schlechte Gesellschaft

Eine Familiengeschichte

Abspann (Gegenwart)

Die Titelmelodie setzt ein. Hans Ullrich Kittel lässt sich in seinem Klappstuhl zurückfallen. Als die letzten Zeilen des Abspanns über einer Luftaufnahme des Westerwaldes eingeblendet werden, drückt er auf die rote Taste der Fernbedienung. Der Bildschirm schaltet sich aus. Mit beiden Händen fährt sich der Professor über den Kopf und betrachtet lange ein paar zwischen den Fingern hängengebliebene Haare.

»Ein Teufelskerl, dieser Freddy«, sagt er in die Stille hinein. »Du siehst, wohin du siehst nur Eitelkeit auf Erden. Was itzund prächtig blüht, soll bald zertreten werden. Was itzt so pocht und trotzt ist morgen Asch und Bein‹. Gryphius. Recht hat er.«

Auf der Anzeige des DVD-Spielers läuft das Zählwerk weiter. Längst ist es dunkel. Im leergeräumten Erdgeschoss des Bungalows hört man von weitem das Ticken der Küchenuhr. Auf dem dumpfen Schwarz der doppeltverglasten Terrassenfront spiegeln sich die von der Decke herabhängende Glühbirne, der Fernseher, der Stuhl und Kittel selbst.

»Das war's dann wohl mit *Villa Westerwald*«, sagt der Professor.

Eine gefallene Frau (September 1933)

Seit Wochen jagte der Ostwind über die Buchenstände des unteren Westerwalds. Beständiger Nieselregen verwandelte die Wege in zähen Schlamm, wie er sonst erst im November die Gegend rund um

Sehlscheid bedeckte. Vor zwei Tagen schließlich war der Regen stärker geworden und prasselte seitdem ohne Unterbrechung auf das Dorf nieder.

Ein Eichenast klatschte auf den nassen Grund und Schnapp sprang jaulend zur Seite. Mit einem zweiten Satz rettete der alte Hund sich wieder unter das Vordach. Aus den Löchern einer Zinkwanne am Eingang schoss Wasser gegen den Lehm der Hauswand. Moosballen lösten sich vom First und rutschten nach und nach tiefer, bis sie in die Pfützen entlang der Mauer fielen. Von dort schwemmte der Regen sie zwischen den Haselsträuchern hindurch abwärts.

Die Silberpappeln am Melsbacher Hohlweg, deren Rauschen die Bewohner von Sehlscheid an ruhigeren Tagen wie eine dichte Glocke umgab, schlugen in heftigem Tosen ihre Zweige gegeneinander. Das Kirchengeläut war nur dumpf zu hören. Aber die wenigen Einwohner des Ortes wussten ohnehin Bescheid. Die Alte war vor zwei Tagen gestorben.

Immer langsamer hatte sie ihre täglichen Wege hinter sich gebracht. Der Hund war ihr dicht auf den Fersen gefolgt, den knarrenden Lederpantoffeln und vielfach gestopften Wollstrümpfen. »Wirst auch enden wie dein seliger Vater«, schimpfte sie, wenn sie ihren Enkel von Ferne erblickte. Über den Urenkel, der im Dorf den Mädchen hinterher zu schauen begann, sagte sie: »Brauchst gar nicht der Mutter die Suppe wegessen. Nimmst dir Frau und Kinder, kannste die satt kriegen.« Und wenn sie auf dem Burplatz stehenblieb, wo die Weiber tratschten, rief sie: »Wenn mer all die Mäuler zustopfen wollten, müssten mer viel Dreck ham.« Dann ging die Alte, den Stock in ruckhaften Bewegungen aufsetzend, das Kinn vorgestreckt, mit steifen Schritten weiter. Ihre Augen schimmerten wässrig, der schlaff gewordene Mund schien an irgendetwas zu kauen, das abscheulich schmeckte.

Irma Vahlen, geborene Wittlich, die einmal als das schönste Mädchen von Sehlscheid, vielleicht des ganzen Westerwaldes gegolten hatte, wurde im Dorf seit langem als hässlich bezeichnet, weil man nicht schlichtweg böse sagen wollte. Und so verwunderte es niemanden, dass ihr starker Rücken sich vor der Zeit zu krümmen begonnen hatte. Ihre früher zart geröteten Wangen waren ledrig geworden. Die leuchtenden Augen, die geschwungenen Brauen schienen überdeckt von einer Haut aus Bitterkeit.

Am Morgen hatte die Alte noch die Messe besucht, war an ihrem Stock leise schimpfend die Hüh herunter- und den Kirchweg wieder heraufgeklettert. Trotz des kalten Regens blieb sie hinterher auf halbem Weg stehen. Schnapp hatte dieses Anhalten genutzt, um sich schnell vor ihre Füße zu setzen. Aber ohne die Bemühungen des Hundes zu beachten, einen Blick zu erhaschen, ein Wort oder zumindest einen Tritt, hatte die Alte mit gekrümmtem Nacken über die gelbgefärbten Buchenwälder und das diesig verhangene Aulbachtal geblickt, als lausche sie dem Fahnenlied, das in hohen Kinderstimmen vom Marktplatz herüberwehte.

Den Gruß des alten Gehrke, der seine Sau den matschigen Kirchweg entlang zum Eber trieb, schien die Witwe nicht zu bemerken. Seiner Frau sagte er später, er habe hinter seinem Rücken noch lange das Schimpfen der Alten gehört. Und wie am nächsten Tag Annelies Gehrke der Nachbarin berichtete, war es ihrem Wilhelm dabei kalt den Rücken heruntergelaufen.

Am nächsten Tag hatte Schnapp vergeblich auf seine Herrin gewartet. Mehr Menschen als gewöhnlich waren im Haus ein- und ausgegangen. Der Pfarrer war auf die Hüh gestiegen, der Arzt und auch Hermann Vahlen, der Enkel der Alten, der dem Hund im Heraustreten einen freundlichen Klaps gab. Die junge Brink brachte ein paar Meter Tuch vorbei, die ihr vom letzten Schlachtfest geblieben waren. Kläre, die Schwiegertochter der Toten, zog ihr dafür ein Kaninchen aus dem Verschlag. Und Hermann hatte im Hof ein paar lange Bretter zu einer Kiste zusammengezimmert.

An diesem kalttrüben Morgen im September 1933 hoben Hermann und sein Sohn die knochige Alte, die sich, in das dürftige Tuch eingenäht, wie ein totes Kalb anfasste, vom Strohbett in die Kiste. Beim Ablegen entwich dem Körper ein letzter brodelnder

Atemstoß. Alle Umstehenden, der in Wachstuch gehüllte Pfarrer, die Nachbarn und die Familie, hielten die Luft an, solange sie konnten. Nur Schnapp sog den strengen Geruch seiner toten Herrin ein. Der Sarg war zu groß geraten. Kläre Vahlen schimpfte. Man hatte ihn mit Stroh ausgelegt und doch schien beim Aufnehmen die Tote im Sarg hin- und her zu rollen. Die Männer spürten leichte Stöße, als hämmerte die Alte mit Fäusten gegen das Holz. Wie auf ein Zeichen hielten sie inne, doch außer dem auf die Kiste trommelnden Regen, dem Schlagen des Windes gegen das Gatter des Ziegenverschlags und dem Tosen der Pappeln am Fuß der Hüh war nichts zu hören.

Die Männer tasteten sich, die Kiste auf den Schultern, hinter dem Pfarrer und seinem Messdiener den steilen Hügelpfad hinunter. Nach wenigen Metern fanden Hermanns Stiefel im Schlamm keinen Halt mehr. Als ihm dann noch der Hund vor die Füße sprang, ohne dass jemand die plötzliche Entschlossenheit des Tieres bemerkt hätte, ging auch der Förster in die Knie und der Sarg entglitt ihnen.

Der Pfarrer trat erschrocken zur Seite. Kläre aber, Hermanns Frau Emmy, Martha, die allein aus Koblenz angereist war, Hagis Kind und alle anderen Dorfbewohner, die trotz des Regens auf die Hüh gekommen waren, betrachteten mit offenen Mündern das Unglück, das sich übertrieben langsam abzuspielen schien, als könnte man es jederzeit mit nur einem Wort aufhalten. Niemand sagte etwas.

Alle Bewohner von Sehlscheid kannten die Geschichte der Frau, die da ihre letzte Ruhe finden sollte. Trotz ihres inzwischen ansehnlich gewordenen Hofes auf der Hüh und trotz ihrer Enkel und Urenkel, die es bis zur höheren Schule in Arlich geschafft hatten, galt Irma Vahlen in Sehlscheid als eine »gefallene Frau«. Und wie eine neue, gefährliche Form der Maßlosigkeit schienen sich ihr Leichtsinn, ihr früher Hang zu Unzufriedenheit und ihr überheblicher Stolz inzwischen auf das gesamte Dorf ausgebreitet zu haben.

Der Sarg polterte auf dem matschigen Pfad abwärts, scherte aus nach rechts und prallte an einen Baumstumpf. Der Oberkörper der Toten zeigte sich über dem Rand der zerborstenen Kiste. Ihr nasses Haar klebte am Schädel. Die letzten Zähne der Witwe, ihr seit Jahren kaum mehr dienlich, ragten aus dem geöffneten Mund hervor. Und Irma Vahlens einst so blaue Augen waren unter den Lidern eingefallen wie dunkle Trichter.

Der Doktorand und die Witwe (April 2007)

Eine letzte Kurve des Kieswegs verlängerte den Weg des Doktoranden vom Wald herüber zum Wohnhaus. Er ging mit weiten Schritten, die Tasche trug er unter dem Arm, sein heller Mantel wehte in der aufkommenden Brise. Er hatte ihn erst heute Morgen in Koblenz für diesen überraschend milden Frühlingstag gekauft.

Andreas Wieland nahm sich vor, seinen entschlossenen Gesichtsausdruck gleich in ein Lächeln zu verwandeln, sollte ihm jemand entgegenkommen. »Der Doktorand aus Duisburg«, wollte er dann sagen.»Ist Frau Vahlen zu sprechen?« Aber niemand bewachte das abgelegene Grundstück vor ungebetenen Gästen. Der kleine Parkplatz am Waldrand, wo er den Wagen abgestellt hatte, war leer gewesen. Aus den verwilderten Rosenbeeten schossen hohe Wassertriebe.

Das Haus des Schriftstellers wirkte trotz der von Moos und Nässe schmutzig gewordenen Fassade für die Gegend ungewöhnlich vornehm. Geschnitzte Verzierungen begrenzten das Schieferdach, die hohen Fenster waren teilweise mit Läden verschlossen, eine Steintreppe führte vom Kiesweg zum Eingang. Auf der obersten Stufe vor der mächtigen Tür lag ein brauner Dackel und betrachtete den Besucher ohne Interesse. Wieland überlegte, ob er es wagen sollte, über das Tier hinweg die Klingel zu drücken. Aber da schoss der Hund schon auf ihn zu.

»Karel«, rief jemand mit rauher, fast heiserer Stimme aus dem

Inneren des Hauses. Eine hochgewachsene Frau erschien in der Eingangstür. Ihre sehr aufrechte Haltung drückte Eleganz und Überlegenheit aus, aber auch etwas Lauerndes. Das aschblonde Haar war sicherlich gefärbt. Ihre transparent wirkende Schönheit, die dünnseidige Haut um ihre Augen ließen ahnen, dass sie weit über sechzig sein musste.

»Guten Tag ...« Der Dackel begann zu kläffen.

»Wer sind Sie?«

»Andreas Wieland von der Universität in Duisburg«, rief er gegen das Bellen an. »Ich arbeite an einer Dissertation zu Gert Gellmann und suche seine Briefe an Peter Vahlen. Ich hatte geschrieben.«

»Was haben Sie geschrieben? Wem haben Sie geschrieben?«

»Ich habe Frau Vahlen geschrieben, dass ich vorbeikommen würde«, sagte Wieland nun etwas zu laut.

»Aber Frau Vahlen hat Sie nicht gebeten, herzukommen, nicht wahr?«

»Entschuldigen Sie. Auf Ihrer Karte schrieben Sie, wir müssten uns erst einmal kennenlernen. Deshalb dachte ich ...« Endlich verstummte der Hund.

»Entzückend!«, lachte die Frau auf. »Das war eine vage gestellte Bedingung, junger Mann, keine Einladung. Man fällt fremden Leuten nicht einfach ins Haus. Auch nicht, wenn diese sich für Blumen bedanken, um die sie nie gebeten haben.«

»Entschuldigen Sie.« Wieland war froh, dass sie seine Blumen erwähnte. »Ich wollte Sie nicht stören. Ich dachte nur ...«

»Woher haben Sie überhaupt meine Adresse?«

Er zögerte. »Die hat mir freundlicherweise der Herr vom Blumenladen verraten. Sie wissen ja, die Serie. Ich habe erfahren, dass sie hier in der Gegend spielt, und da dachte ich ...« Er hatte jetzt das unangenehme Gefühl, tatsächlich zu weit gegangen zu sein. »Der Mann dachte sich bestimmt nichts dabei. Ich habe den Blumenstrauß für Sie bestellt, und da gab er mir die Lieferadresse.«

»Die Leute aus Sehlscheid denken sich nie etwas dabei.« Die

Witwe betrachtete ihn von oben bis unten. »Hören Sie, Herr Doktorand«, sagte sie schließlich. »Sie scheinen mir nicht ganz dumm zu sein. Sie werden verstehen, dass ich keine Zeit habe für solche Dinge. Ich führe mein eigenes Leben. Der Nachlass meines verstorbenen Mannes ist völlig ungeordnet.«

»Ich würde Ihnen gerne helfen, die Papiere zu ordnen. Für mich wäre das eine große Ehre.«

»Gibt es in Ihrer Universität keine anderen Themen, mit denen Sie sich beschäftigen können? Hat Ihnen niemand gesagt, dass ich meine Ruhe haben will? Vielleicht hätten Sie sich erkundigen sollen, bevor Sie mich belästigen.«

Wielands Haut begann zu brennen. Er konnte sich nicht erinnern, jemals so grob empfangen worden zu sein. Dabei hatte er gedacht, wenn er Hella Vahlen persönlich sprechen würde, könnte er ihr alles erklären.

Wieland hielt sich für jemanden, der es verstand, Vertrauen herzustellen. Vor allem die Frauen wussten sein vorsichtiges Lächeln zu schätzen, die Zurückhaltung, die von seinem schweren, aber nicht unförmigen Körper ausging und die sie, wie er meinte, für ein Zeichen von Feinfühligkeit hielten. Er fand auch nicht, dass sie sich täuschten. Er war nur immer wieder erstaunt, wie bereitwillig sich ihm Menschen zuwandten, die ihn kaum kannten.

Das Gefühl, die Witwe halte seine jahrelange Arbeit, das Ansammeln der Materialberge und Archivrecherchen, das mühsame Entziffern von Handschriften für eine beliebig auswechselbare Tätigkeit, ärgerte ihn. Ihm fehlten nur noch Vahlens Briefe. Monate hatte er gebraucht, um allein den Wohnort der Erben herauszubekommen. Nun sollte die Willkür der Witwe über die Qualität und Vollständigkeit seines gesamten Forschungsprojekts entscheiden. Dabei war sie lediglich die Frau, die Peter Vahlen einmal geheiratet hatte. Und auch wenn Vahlen zu Lebzeiten bekannter gewesen war als Gellmann, heute spielte sein Name außerhalb der Schulbücher und Anthologien kaum noch eine Rolle.

»Verstehen Sie mich bitte nicht falsch«, begann Wieland von

neuem. »Ich habe durchaus davon gehört, dass Sie nicht gerne solche Anfragen bekommen. Aber als einer der einflussreichsten Autoren der fraglichen Zeit darf Peter Vahlen in meiner Arbeit nicht fehlen. Meine Dissertation könnte auch für die Rezeption seines Werkes wichtig sein. Ich hätte es schlicht als unhöflich empfunden, Sie nicht zu fragen, ob Sie mir helfen wollen.«

Wieland hatte wohl den richtigen Ton gefunden. Die Witwe schien nachzudenken. Nach einer Weile räusperte er sich, und sie sah ihn fragend an, als habe sie vergessen, dass er vor ihr stand. Dann begann sie plötzlich zu zischen, ein tonloses, scharfes Geräusch, und der Dackel trottete zurück an seinen Platz vor der Tür.

»Nun kommen Sie schon herein«, sagte sie.

Wieland stieg die restlichen Stufen der Treppe herauf und tat einen Schritt über den Hund hinweg. In der mit dunklem Marmor gefliesten Eingangshalle zog er den Mantel enger um sich. Aus dem Kamin roch es nach feuchtgewordener Asche. Staub lag auf den Vorsprüngen der Wandvertäfelung. Am Eingang steckten in einer Vase zwei Regenschirme, über die sich Spinnweben zogen. Trotz seiner offensichtlichen Ungepflegtheit ging von dem Haus eine besondere Lebendigkeit aus. Unter dem Aufgang zum ersten Stock öffnete sich eine buntverglaste Doppeltür zum hinteren Flügel. Rechts führte ein Gang hinaus in den Wintergarten, den Wieland schon bei seiner Ankunft gesehen hatte. Auch im Vergleich zum Haus seiner Mutter erschien ihm hier alles aus einer anderen, besseren Zeit.

»Ich werde Ihnen kaum helfen können«, sagte die Witwe, die ohne ein weiteres Wort vorausgegangen war. Wieland folgte ihr in den mit hohen Pflanzen bestandenen Glasanbau.

Hella Vahlen musste bereits getrunken haben, denn auf dem Tisch stand eine halbvolle Flasche Weißwein. Ein Laptop surrte aufgeklappt vor sich hin. Der Bildschirm war zu klein, als dass Wieland aus der Entfernung hätte erkennen können, woran sie arbeitete. Die Witwe schenkte ihm ein Glas ein, bot ihm einen Sessel an und nahm selbst auf der Chaiselongue Platz. Sie schien ihre feindliche Haltung nun ablegen zu wollen. Aber auch die neue Freundlichkeit war schwer einzuordnen, und ihre Schönheit irritierte Wieland.

»Niemand hat die Papiere bisher auch nur angefasst. Der eine oder andere behauptet zwar, dass alles bereits veröffentlicht sei und es hier nichts mehr zu entdecken gibt. Aber woher wollen sie das wissen? Schließlich würde ich mich daran erinnern, die Sachen jemandem gezeigt zu haben. So lange ist das alles ja nicht her.«

Naja, dachte Wieland. Peter Vahlen war vor beinahe fünfzehn Jahren gestorben. Ein tödlicher Unfall, hieß es in den Nachschlagewerken. Immerhin war aus seinem Roman inzwischen eine erfolgreiche Fernsehserie geworden. Demnächst sollte die sechste Staffel anlaufen. Sogar in Duisburg hingen die überlebensgroßen Werbeplakate für *Villa Westerwald*. Vahlens Verlag hatte sicherlich von dem Rummel profitiert. Auch wenn die Serie in der Öffentlichkeit so gut wie nie mit dem Schriftsteller in Verbindung gebracht wurde, schien es dem Doktoranden unwahrscheinlich, dass sich noch niemand um seinen Nachlass bemüht haben sollte.

Die Witwe schlug die Beine übereinander. »Gellmann«, sagte sie nun lauter, und Wieland wunderte sich über die plötzliche Härte in ihrer Stimme. »Ich glaube nicht, dass wir überhaupt etwas von ihm haben.«

»Aber Herr Gellmann hat Briefe Ihres verstorbenen Mannes an das Archiv gegeben. Er selbst sagte mir, dass bei Ihnen noch einiges von ihm sein müsste.«

»Gellmann weiß das doch gar nicht. Der hat auch vieles vergessen«, sagte sie ärgerlich, fasste sich aber gleich wieder. »Worum geht es denn in Ihrer Arbeit?«

»Ich möchte anhand von Gellmanns Korrespondenz zeigen, wie in seinen frühen Stücken vor allem autobiografische Elemente zum Tragen kommen. Bisher galten sie als reines Dokumentartheater.«

Der Doktorand war froh, von seinem Projekt erzählen zu können. Er ließ die enge Zusammenarbeit mit Gert Gellmann zunächst beiseite und nannte stattdessen die Namen der bekannten Regisseure, Autoren und Kritiker, die ihm mit Material und Informationen behilflich gewesen waren. Schließlich betonte er noch einmal das Interesse der Wissenschaft an Vahlens Beziehung zu Gellmann. Während er sprach, machte er häufig Pausen, trank vom Wein, der ihm schmeckte und wohltat, und begann auch die Blicke der Witwe zunehmend zu genießen. Er war sich noch immer nicht im Klaren, was er von Hella Vahlen erwarten konnte. Vielleicht wollte sie ihn prüfen, dachte er, so etwas war er gewohnt von den Frauen, mit denen er zusammengearbeitet hatte. Oder sie machte sich nur lustig über ihn und seine sicher allzu offensichtliche Überredungsstrategie, und dann meinte er plötzlich, sie fände ihn attraktiv.

Die Vorstellung begann Wieland zu beunruhigen, als er einen fauligen Gestank bemerkte. Noch beim Sprechen suchte er den Raum nach einem möglichen Ursprung ab, bis er zu seinen Füßen den Dackel liegen sah. Abrupt erhob er sich. Aber sofort jaulte der Hund auf, so dass Wieland fürchtete, die Witwe könne glauben, er habe das Tier getreten.

»Wir gehen in den Salon«, sagte Hella Vahlen. Und sie lächelte beinahe fröhlich, als genieße sie die erneute Fassungslosigkeit ihres Besuchers.

Die Panne des Fremden (Juni 1865)

An einem der wenigen Sonnentage im regnerischen Juni von 1865 hatte in der Melsbacher Hohl unterhalb der Kirche ein junger Herr mit seinem Landauer eine Panne. Der glänzende Wagen machte noch mit gebrochener Vorderachse und schief am matschigen Fuß der Hüh stehend, großen Eindruck auf die herbeigekommenen Dorfbewohner. Der Herr selbst trug einen samtblauen Gehrock und war von so offensichtlich städtischer Eleganz, dass keiner der jungen Männer, die auf dem angrenzenden Feld mit dem Ausbringen von Mist beschäftigt waren, es wagte, ihm zu helfen. Er hatte aussteigen müssen, um das Pferd zu beruhigen, was ihm sichtlich schwerfiel, so aufgebracht war er. Als seine glanzledernen Stiefel im Schlamm versanken, begann er laut zu fluchen.

Die Mädchen kehrten gerade vom Markt in Arlich zurück und sahen schon von weitem den Wagen. Die großen leeren Körbe im Arm, liefen sie über den matschigen Waldpfad aus der Hohl heran, um den Fremden genauer zu besehen. Die Jungen, die nun ebenfalls vom Kurtenacker herbeigerannt kamen, fingen in ihrer Aufregung an zu johlen und die Mädchen zu zwicken. Diese aber kicherten beim Anblick des jungen Herrn nur noch nervös, senkten den Blick und versuchten ihre von den Waldbeeren blaugefärbten Hände hinter den schmutzigen Röcken zu verstecken.

Allein Irma stand wie angewurzelt da und beobachtete den schimpfenden Mann, seinen schnaubenden Braunen, die blitzende Kutsche und den schönen Rock. Schnapp sprang um das Mädchen herum und bellte den Wagen an. Langsam öffneten sich Irmas Lippen. Aber sie schlossen sich sofort wieder, als der Mann sie ansah.

Im Jahr 1865 war Irma Wittlich dreizehn Jahre alt. Zwar hatte sie, wie alle ihre Geschwister, die Wittlichschen Ohren, das starke Kinn und die etwas zu große Nase. Was bei den anderen aber zu dem ärmlichen, hohläugigen und dümmlichen Ausdruck geführt hatte, für den die Familie bekannt war, verschmolz in Irmas Gesicht zu einer extravaganten Schönheit, einer gebrochenen Harmonie.

Die Wittlichs hatten nie Glück gehabt. So lange man sich in Sehlscheid erinnern konnte, waren sie Trinker gewesen, rauhbeinige, brutale Bewohner der Lehmhütte auf der Hüh, die es mit ihrem kleinen, unfruchtbaren Stück Land nie weiter brachten als ihre Väter. Jeden Morgen mussten die Töchter dem Alten den Eimer ans Bett bringen, denn bevor er den Kopf ins kalte Wasser getaucht hatte, durfte niemand das Wort an ihn richten. Abends umwickelten die Großen den Kleineren mit Lappen die Füße, damit die Ratten nicht an ihnen fraßen. Sie bauten Kohl und Kartoffeln an, zogen Kaninchen und Ziegen. Aber allein mit dem Verkauf von Heidelbeeren im nahegelegenen Arlich konnte die Familie Vorräte für den langen Winter anlegen.

Meistens trug Irma die schweren Körbe in die Stadt, weil sie bei den Händlern, die aus den Beeren den bekannten Westerwälder Morbelswein machten, mit ihrem hübschen Lächeln ein paar Pfennige mehr bekam. Nie wurde sie den Geschwistern vorgezogen, und sie drückte sich vor keiner der Arbeiten. Allein die große Anhänglichkeit des Hundes Schnapp, schon der dritte seiner Art, seit Irma in der dunklen Hütte geboren worden war, sprach für ihre besondere Stellung in der Familie. Und auch in der weiteren Umgebung war sie bekannt, denn das Mädchen galt noch bis ins Aulbachtal hinein als der lebende Beweis für ein völlig unverdientes Glück.

»Wie alt bist du«, fragte der fremde Herr mit jäher Dringlichkeit. Alles Necken und Johlen verstummte sofort.

»Dreizehn«, sagte Irma, ohne den Blick abzuwenden.

»Wo wohnst du?«

»Auf der Hüh.«

»Wie heißt dein Vater?« Nun begann das Kichern um die Kutsche herum von neuem.

»August Wittlich«, sagte sie.

Inzwischen näherten sich auch die Männer dem kaputten Gefährt. Bauer Gehrke nahm mit entschiedenem Griff den Braunen am Zaum, so dass der Herr einen Schritt zurück auf die grasbewachsene Böschung tun konnte. Der alte Brink machte sich an der Vorderachse zu schaffen, und von weitem sah man auch schon den Gemeindevorsteher und den Lehrer herankommen, die allein über die Worte verfügten, mit dem Fremden angemessen zu sprechen.

Es stellte sich heraus, dass der junge Mann aus dem linksrheinischen Koblenz stammte und ein Verwandter des Besitzers der Walzwerke in Arlich war. Johann Georg Vahlen, der Neffe des Fabrikanten Sebastian Gotthelf Vahlen, befand sich auf dem Weg zur Jagdpacht seines Onkels.

Der Gemeindevorsteher Lacher ließ es sich nicht nehmen, den

Herrn, dessen Familie zu den wichtigsten des unteren Westerwaldes gehörte, über die neuesten Zahlen der Dorfgemeinschaft zu Viehstand, Feuervorkehrungen, Forstwirtschaft und Bevölkerungswachstum zu unterrichten. Als das Pferd aber abgeschirrt, die Reparatur des Landauers organisiert und der Fremde mit einer eilig aus der Pfarrei beschafften Kleiderbürste vom schlimmsten Dreck befreit worden war, bat Vahlen als erstes, man möge ihn zu einem Gasthaus führen.

»Verzeihen der Herr«, sagte der Lehrer. »Es gibt in Sehlscheid kein Gasthaus. Wenn Sie mit der Lehrerstube vorlieb nehmen könnten, lade ich sie gerne auf ein Glas Morbelswein zu mir ein.«

Nachdem er vier Gläser des dunklen Waldbeerenweins geleert hatte, hielt der Fremde den Zeitpunkt für gekommen, den Lehrer nach Wittlich zu fragen. Ferdinand Schütz, der sich gerade ausmalte, wie im Dorf über die unerwartete Ehre gedacht wurde, die ihm durch den Besuch des Fremden zuteilwurde, und dessen Blick vom reifen Wein bereits aufs angenehmste verschwamm, verstand die Frage sofort. Auch er kam von außerhalb und kannte als Mann des Wortes und der Bildung durchaus die neueren Moden, Gesprächsthemen und Gepflogenheiten der städtischen Bevölkerung. Er hatte gleich gesehen, dass er es bei dem jungen Vahlen mit einem Lebemann zu tun hatte, dessen Interesse sicherlich eher den Frauen, der Jagd und dem Wein galt als der Politik.

Vor vier Jahren war Schütz aus Düsseldorf angereist, um vom alten Lehrer, der wegen Trunksucht entlassen worden war, die Dorfschule im Gebück und die angrenzende Wohnung mit Gemüsegarten und Obstbäumen zu übernehmen. Als er Irma zum ersten Mal in seiner Schulklasse sah, kannte er außer dem Pfarrer, dem Gemeindevorsteher und der Frau Gehrke, die ihm täglich von einer ihrer Töchter ein warmes Mittagessen bringen ließ, niemanden im Dorf. Schütz nahm zunächst an, das hübsche Mädchen wäre das Kind eines der wohlhabenderen Bauern aus dem Unterdorf oder komme von außerhalb. Doch Irmas dünngewordenes Kleidchen, das ihre langen, fast durchsichtig weißen Beine nur bis zu den

Knien bedeckte, ihr von einem ausgeblichenen Band zusammengehaltenes Haar wiesen darauf hin, dass sie über das in Sehlscheid übliche Maß hinaus arm war.

Von Anfang an hatte Schütz dem seltsamen Kind die größtmögliche Aufmerksamkeit geschenkt. Irma hatte schnell Fortschritte im Lesen und Schreiben gemacht. Und als sie mit elf aus der Dorfschule entlassen werden sollte, hatte Schütz all seinen Mut zusammengenommen, war zu ihrem Vater auf die Hüh gestiegen und hatte August Wittlich vorgeschlagen, seine Tochter als erstes der Mädchen im Dorf nach Arlich auf eine weiterführende Schule zu schicken.

Wittlichs Trinkergesicht hatte sich im selben Augenblick verwandelt. In die abstehenden Ohren war das Blut geschossen. Seine Lippen hatten über dem Kinn zu zittern begonnen. Schütz war nicht sicher gewesen, ob der Mann Angst hatte oder ob er wütend war.

»Niemals«, hatte Wittlich gestammelt. »Das Irma geht nicht weg. Das bleibt hier.« Beim letzten Satz war aus den zögernden Worten ein Grollen geworden.

Wittlich, soviel war Schütz sofort klar, ging es nicht darum, dass Irma für die Familie die Heidelbeeren zu verkaufen hatte, dass sie wie ihre Schwestern die Ziegen zu hüten, die Kartoffeln zu klauben und den Kaninchen das Fell abzuziehen hatte. Es ging nicht um die Angst, Schulgeld zahlen zu müssen oder im Dorf für Neid und Missgunst zu sorgen. Gegen diese Einwände hätte der Lehrer, der immerhin in Düsseldorf das Seminar besucht hatte, Argumente bereit gehabt. Er musste sich eingestehen, dass er sich ausgemalt hatte, Irma werde eines Tages als kluge, bescheidene, mit haushälterischen Kenntnissen ausgestattete Frau in großer Dankbarkeit zu ihm zurückkehren. Der alte Wittlich hatte verstanden, dass der Lehrer ihm seine Tochter wegnehmen wollte. Und Schütz wiederum hatte verstanden, dass Irmas Vater in dieser Sache das letzte Wort behielt.

»Der Alte Wittlich ist ein Säufer«, sagte Schütz. »Er hat alle Mühe, die Münder seiner sieben Kinder satt zu kriegen. Drei Pfennige bekommen die Mädchen für das Pfund Heidelbeeren in Arlich – für das, was der Vater nicht selber zu Schnaps brennt.« Der Lehrer tippte gegen sein Glas.

»Ich interessiere mich für seine Tochter«, sagte der Herr geradeheraus, so dass den Lehrer Angst ergriff. Doch gleich fasste er sich wieder, weil er meinte, das sicher ohnehin nur oberflächliche Interesse des reichen Städters bremsen zu können.

»Eine müsste im heiratsfähigen Alter sein ...«

»Sie ist dreizehn.«

»Irma«, entfuhr es Schütz, und als hätte Vahlen das nicht gerade gesagt: »Sie ist erst dreizehn.«

»Sehr hübsch«, sagte der andere. »Ich komme wieder, wenn sie sechzehn ist. Richten Sie das August Wittlich aus. Und geben Sie ihm das hier.« Er ließ einen Taler auf den Tisch rollen und sah Schütz prüfend an. Dann zog er einen zweiten und einen dritten Taler aus der Tasche und stapelte sie neben der anderen Münze übereinander. »Das ist für Ihre Umstände«, sagte Vahlen und ging.

Nach einer durchwachten Nacht machte sich der Lehrer am Morgen auf den Weg, um den Auftrag auszuführen. Ein Hahn krähte. Vor den Häusern im Unterdorf hängten junge Mädchen ihre Wäsche zum Trocknen auf. Die Frauen am Burplatz schwatzten über den schönen Rock des Fremden. Ansonsten war mit seiner hastigen Abfahrt und einigen Talern für den Gemeindevorsteher und den Bauern Gehrke, der die Reparatur des Landauers übernommen hatte, im Dorf wieder Ruhe eingekehrt. Die Sonne schien warm auf die aufgeweichten Wege. Die Waldhänge standen dampfend über den Feldern des Aulbachtals. Das Tosen der Obermühle drang bis zum Marktplatz vor.

Als Schütz mit pochenden Schläfen, den Morbelswein noch in allen Gliedern, den glitschigen Pfad zur Hüh heraufkam, empfing ihn der Hund mit aufgeregtem Bellen. Schütz trat das Tier beiseite. Dann fiel sein Blick auf die kleine Wittlich, die mit traurigen Augen und einem geheimnisvollen Lächeln eine Ziege hinter sich herzog.

»Guten Morgen, Herr Lehrer«, sagte sie.

»Guten Morgen, Irma«, sagte Schütz, den die unerwartete Begegnung aus dem Konzept brachte. »Ist dein Vater auf dem Acker?«
»Im Haus.« Irma zeigte auf den mit Sacktuch verhängten Eingang. Sie lächelte noch immer, die Sonne auf den Wangen, als wäre dieses matschige, mühsame Leben, wie sie es nie anders gekannt hatte, nur eine Übergangslösung, die Vorbereitung auf eine entfernte, schönere Zukunft.
»Danke, Irma.« Er sah lange in ihre Augen. Und in diesem Moment wuchs Schütz, der sich bisher nicht klar darüber gewesen war, was er dem alten Wittlich tatsächlich von Vahlens Vorhaben sagen wollte, über sich hinaus. Als er Irmas Lächeln sah, nahm der Lehrer sich feierlich vor, alles zu tun, um ihr das Fortkommen aus Sehlscheid zu ermöglichen.

Kittels Mädchen (Februar 2007)

Wie so oft hatte Wieland das Gefühl, Kittel habe auf ihn gewartet, als er die Tür zum Büro seines Doktorvaters öffnete. Der Raum lag in einem abgelegenen Flur des Institutsgebäudes, und das Licht der Straße fiel nur spärlich durch die Fenster. Der Professor saß, die Arme auf die Lehne gestützt, rücklings auf seinem Stuhl und blickte den Doktoranden über einen Haufen von Bonbonpapieren hinweg an. Kittel hatte weißes, volles Haar, sein Gesicht wirkte klug, beinahe gerissen. Hartnäckig hielt sich an der Universität das Gerücht, er bevorzuge hübsche Studentinnen. Aber das nervöse Kichern, das seine auffällige Erscheinung bei den Erstsemestern auslöste, schien er gar nicht zu bemerken. Und Wieland war an seinem Professor vor allem die trotzige Nachlässigkeit desjenigen aufgefallen, der ganz mit sich selbst beschäftigt ist.

Mehrere fleckige Kaffeetassen waren über den Tisch verteilt, die Bürolampe stand auf einem aufgeschlagenen Buch. Am Institut war allgemein bekannt, dass Kittels Sekretärin vor einer Weile gekündigt hatte, und Wieland sagte sich, dass der Professor mit seiner Unordnung gegen die Verwaltung protestieren wollte, die sich nicht beeilte, die Stelle neu zu besetzen. Hans Ullrich Kittel war kein namhafter Germanist. Er hatte in Frankfurt studiert, nach einer wenig beachteten Monographie einige Aufsätze zur klassischen Dramentheorie veröffentlicht und sich seit der Übernahme des Postens in Duisburg ausschließlich um seine Vorlesungen gekümmert. Die meisten seiner Studenten wussten es zu schätzen, dass er ihnen viel Freiraum ließ. Im kommenden Jahr würde eine einzige Postdoktorandenstelle vergeben werden. Die Fördergelder waren genehmigt. Wieland rechnete sich gute Chancen aus, auch wenn seine Konkurrentinnen sicher nur darauf warteten, dass er mit seinem Dissertationsprojekt scheiterte. »Kittels Mädchen« wurden sie genannt, und Wieland ärgerte sich, dass er als einziger männlicher Anwärter wie selbstverständlich dazugezählt wurde. Er konnte nicht einmal behaupten, die drei Frauen seien unqualifiziert oder unkollegial. Und doch kam es ihm vor, als wären alle ihre Überlegungen zu Schillers Tragödien, zu Hauptmanns Realismus oder zur Polyglossie in Shakespeares Königsdramen allein gegen seine wissenschaftliche Laufbahn gerichtet.

»Noch immer Vahlen?«, fragte Kittel.

»Noch immer Vahlen«, sagte Wieland.

Der Nachlass Peter Vahlens enthielt sicherlich die interessantesten Briefe Gert Gellmanns. Aber bisher blieben alle Anfragen, die Wieland über den Verlag an die Familie des Schriftstellers gestellt hatte, unbeantwortet. Der Lektor hatte ihm lediglich mitgeteilt, es handele sich um eine »schwierige Witwe«, da könne man nichts machen. Inzwischen ließ der Mann sich von seiner Sekretärin verleugnen, wenn Wieland anrief. Er ahnte langsam, warum sich kaum einer seiner Kollegen mit Gegenwartsliteratur beschäftigte.

Etwas Ähnliches schien Gellmann gemeint zu haben, als er ihn bei ihrem ersten Treffen so seltsam begrüßt hatte. Wieland hatte den Dramatiker angeschrieben, und dieser lud ihn umgehend zu einem Theaterfestival im Ruhrgebiet ein. Verloren hatte der Doktorand nach der Vorstellung im Foyer gestanden. Gellmann war umringt von Freunden, mit denen er sich lachend unterhielt. Wieland stellte sich an die Bar und wartete, bis Gellmann etwas bestellen kam. Aber als der Dramatiker schließlich neben ihm stand, wagte Wieland es nicht, ihn anzusprechen. Eine große, schlanke Frau war Gellmann gefolgt, und er legte den Arm um ihre Taille. Dabei sah er Wieland an, als wisse er längst, wer vor ihm stand.

»Wie geht's?«, fragte Gellmann nach einer Weile. Die Frau musterte Wieland mit herablassender Neugier, während er seinen Namen nannte.

»Ach«, rief Gellmann übertrieben laut. Sein Blick schweifte dabei über den Saal, als wolle er auf diese kuriose Begegnung auch andere aufmerksam machen. »Das ist also der Mann, der mich unsterblich machen will.«

Der Professor zog jetzt einen Ordner aus dem Stapel auf seinem Schreibtisch und ließ ihn in den Mülleimer zu seinen Füßen fallen. »Da haben Sie es wohl mit einer schwierigen Witwe zu tun«, sagte er.

»Wenn ich wenigstens wüsste, wo diese Witwe zu finden ist. Niemand will mir ihre Adresse geben. Es ist, als gebe es sie gar nicht. Sagen Sie, ist das ein feststehender Begriff, ›schwierige Witwe‹?«

»Mein Lieber, es gibt ganze Studien über ›schwierige Witwen‹«, sagte Kittel. »Zumindest sollte es sie geben. Haben Sie noch nie von der Stummer-Witwe gehört? Oder von der des Kanzlers Sandheim?«

»Das sind doch Politiker«, sagte Wieland.

»Ja, aber es geht letztlich immer um dasselbe«, antwortete Kittel. »Verbitterte, renitente, geldgierige Frauen mit allen möglichen Befindlichkeiten und überzogenen Vorstellungen vom Wert ihres Besitzes. Die sitzen auf dem Nachlass und keiner kommt ran. Hat es immer gegeben. Wird es wohl immer geben. Interessant wäre nur zu wissen, wie es mit den Witwern berühmter Frauen aussieht. Den Fall gab es bisher selten.«

24

»Hat denn niemand die Witwe zumindest aufgesucht? Vahlen war doch ein wichtiger Autor.«

»Sicher. Vielleicht ist sogar alles vollständig durchgesehen, und es hat sich nichts weiter gefunden. Die Witwe behauptet einfach, dass sie niemand an den Nachlass heranlässt, um dem Ganzen eine geheimnisvolle Aura zu geben. Darüber freuen sich Journalisten und junge Wissenschaftler wie Sie. Das hebt den Marktwert, denkt die Witwe. Und vielleicht hat sie sogar recht.«

»Ah, so«, sagte Wieland wenig überzeugt.

»Auf jeden Fall sind Sie mit Ihrer Arbeit schon weit gekommen. Sie können eine kleine Fußnote einfügen, in der Sie anmerken, dass die Erben keine Anstalten gemacht haben, Ihnen zu helfen. Damit werden Sie zum Fortbestehen des Mythos der ›schwierigen Witwe‹ beitragen.«

Kittels Gleichmut begann Wieland zu ärgern. Der Professor wusste doch genau, was die Anstellung am Lehrstuhl für ihn bedeutete und wie sehr sie vom Erfolg seiner Arbeit abhing.

»Da fällt mir etwas ein«, rief Kittel plötzlich. »Kennen Sie Freddy?«

»Nein. Wer ist das?«

»Freddy – der Philosophische Gärtner aus *Villa Westerwald*.« Mit einer schlecht durchgehaltenen Fistelstimme sprach der Professor weiter: »Die Margerite denkt im Rosenbeet mehr Licht zu bekommen. Aber sie hat vergessen, dass es sich um ein Rosenbeet handelt.«

Wieland verstand nicht, wovon sein Doktorvater redete.

»Mein Armer«, rief Kittel. »Sie kennen *Villa Westerwald* nicht? Und Sie wollen über Vahlen schreiben? Ach, ja. Die Studenten halten heutzutage nichts vom Fernsehen. Schauen Sie sich das an. Das ist eine Wahnsinns-Sache. Nach drei Folgen können Sie nicht mehr abschalten. Ich bin gerade bei der vierten Staffel. Und noch immer ist die Alte nicht mit ihrer Jugendliebe zusammengekommen. Das Verlagshaus wird vom Urenkel in den Ruin gefahren. Die Tochter schläft mit allem, was zwei Beine hat, Sie verzeihen, aber so geht es da zu.«

»Ich hatte bisher nicht die Zeit ...«, entschuldigte sich Wieland.

»Quatsch«, unterbrach ihn Kittel. »Es reicht nicht, Adorno, Foucault und Schiller zu lesen. Das sage ich den Studenten immer wieder. Das Leben! Das Leben müsst ihr kennen! Wie wollt ihr sonst die Penthesilea verstehen?«

Wieland fand Kittels Ausbruch unpassend.

»*Westerwald* ist etwas anderes als so eine Verfilmung im Fernsehen«, sagte er.

»Ja, ja. *Westerwald*«, antwortete Kittel. »Peter Vahlen ist ein wunderbarer Romancier. Aber das Buch geht höchstens bis zur Mitte der zweiten Staffel. Da kommt die Tochter zum Beispiel noch gar nicht richtig vor. Ich sage Ihnen, holen Sie sich den Jubiläums-Schuber mit Staffel eins bis fünf. Das lohnt sich.«

Wieland nickte. Er packte seine Papiere zusammen und klopfte auf den Ordner, der das vierte Kapitel seiner Arbeit enthielt und den er dem Professor zum Lesen auf den Schreibtisch gelegt hatte. Er ging gerade aus der Tür, als Kittel ihm noch etwas hinterherrief.

Wieland drehte sich um.

»Das Drehbuch hat übrigens Vahlens Frau geschrieben, die schwierige Witwe.« Dem Doktoranden schien es, als habe der Professor wieder die Stimme des Philosophischen Gärtners imitieren wollen. »Und die Serie spielt – das wissen Sie ja sicher, wenn Sie das Buch gelesen haben – im Westerwald, in Peter Vahlens Heimatort Sehlscheid.«

Wer ist Peter Vahlen? (Januar 1967)

Die Kundgebung hatte bereits angefangen, als Gellmann dazustieß. Er nickte Seeler und Kolpers zu, die weiter vorne auf den Tischen saßen und rauchten. Der Mann hinter dem Pult war ein langhaariger, bebrillter Student der Geschichte. Gellmann hatte ihn schon einmal gesehen. Er konnte nicht reden. Spuckend sprach er von der »marxistisch-leninistischen Grundordnung«, vom »aufrechten Gang« und von der »Revolution«. Aber nach spätestens drei Sätzen merkte jeder, dass er nichts von all dem begriffen hatte.

Gellmann sah einige Mädchen beim Eingang stehen und ging zu ihnen hinüber.

»Läuft das schon lange so?«, flüsterte er der Blondine neben sich ins Ohr.

»Schon eine ganze Weile«, sagte sie gelangweilt.

»Hast du Lust, mit vor die Tür zu gehen?« Die Frau schien Gellmann plötzlich sehr begehrenswert.

»Nein, ich warte auf den nächsten«, sagte sie.

Gellmann verdrehte die Augen. Er hörte dem Studenten noch eine Weile zu, damit es nicht wie ein Rückzug aussah. Dann kämpfte er sich weiter nach vorn in Richtung Seeler.

»Hast du eine Zigarette für mich?«

»Hast du die Handzettel?«

»Nicht gedruckt, wenn du das meinst. Ich habe ein paar Texte mitgebracht. Was Einfaches mit Pointe und so. Sollte funktionieren. Drucken müsst ihr selber.«

»Praxis, Mann, Praxis«, sagte Seeler.

»Ist das etwa keine Praxis?« Gellmann reichte ihm einen Packen zerknitterter Zettel, die er in der Hemdtasche getragen hatte.

Jetzt ging der nächste Redner auf die Bühne zu – ein großer, verdrießlich aussehender Typ mit halblangen Haaren und abgewetztem Jackett. Als er das Treppchen hochstieg, stolperte er und fiel fast hin.

»Das ist Peter Vahlen aus Frankfurt«, sagte Kolpers an Seeler gewandt.

»Wer ist Peter Vahlen?«, fragte Gellmann.

»So einer wie du. Bloß effektiver.«

Gellmann überlegte kurz, ob er die Beleidigung ernstnehmen sollte. Kolpers war einer der Asta-Sprecher. Er fühlte sich zuständig für die Verbindung der Universität mit den Arbeitern. Aber vor allem hatte er schon mehrere wichtige Partys organisiert. Gellmann grinste und wollte einen Witz machen, als Kolpers ihn mit einer Geste in Richtung der Bühne unterbrach.

»Es geht los.«

Der Typ räusperte sich und ruckelte umständlich am Pult herum. Seine Schultern waren hochgezogen, trotzdem wirkte er gelassen. Gellmann hatte ihn noch nie gesehen. Aber den Namen Vahlen meinte er schon einmal gehört zu haben.

Er sah zu der Blondine hinüber, die den neuen Mann auf der Bühne nicht aus den Augen ließ. Aus der Ferne hatte sie eine ziemlich dicke Nase und gar keine Brust. Sie flüsterte ihrer Freundin etwas zu. Ihre Freundin lächelte. Sie hatte ebenfalls hellblondes Haar, war aber schlanker und hatte feinere Züge. Sie sah großartig aus.

»Scheiße«, sagte Gellmann leise.

Jetzt faltete der Typ ein Blatt Papier auseinander, zog eine halbleere Flasche Bier aus seiner hinteren Hosentasche und nahm einen langen Schluck. Er las eine Geschichte. Irgendetwas von einem jungen Paar, das kein Hotelzimmer bekommen konnte, weil es nicht verheiratet war. Und am Ende sagte er, wenn diese Gesellschaft es weiterhin verbot, dass Menschen, die sich liebten, zusammen sein konnten, dann werde das ganze autoritäre Scheißsystem trotz der Springerpresse und trotz des imperialistischen Vietnamkriegs bald von allein zusammenbrechen.

Vahlen würde recht behalten. Das dachte Gellmann an diesem späten Morgen im Januar 1967. Und vielleicht konnte Vahlen mit seinen schlichten, einleuchtenden Ideen sogar dazu beitragen, dass es so kommen würde. Vielleicht mehr als Gellmann, der halbherzig Sprüche für Fabrikarbeiter verfasste und mit dem revolutionären Straßentheater durch die Republik tingelte. Seit Wochen fanden an den Berliner Universitäten keine Vorlesungen mehr statt. Von morgens bis abends wurden neue Formen des Zusammenlebens debattiert. Aber dass ausgerechnet hier alle Blicke an Vahlens Lippen hingen – ein Typ aus Frankfurt, der einen drittklassigen Text vorlas, als ob es Ibsen wäre –, darüber kam Gert Gellmann nicht hinweg.

28

Die schönste Frau (April 2007)

Der Salon der Witwe glich einer Bibliothek, so vollgestellt war er mit Bücherregalen und Sofas, auf denen sich Bücher in ungeordneten Haufen stapelten. Der Esstisch war mit Landkarten, Zeitschriften und schweren Bildbänden bedeckt. Vor einem der Regale stand ein Mädchen, etwa vierzehn, fünfzehn Jahre alt, und blickte zu ihnen herüber. Sie trug ein rosa Kleid, von dessen Rücken zwei Stoff-Flügel herunterhingen. Ihr Gesicht war wie das Kostüm von einer geradezu synthetischen Lieblichkeit und erinnerte Wieland – er brauchte eine Weile, um sich darüber klar zu werden – an die Handschuhe, die seine Mutter ihm als Kind vor dem Schlafengehen angezogen hatte, damit er sich nicht zerkratze.

»Bist du gar nicht bei den Pferden, Alexia?«, fragte die Witwe.

Das Mädchen stellte zunächst das Buch, das es in der Hand hielt, zurück in das Regal, dann erst wandte es sich ihnen langsam wieder zu. »Montags nicht«, sagte es, als müsste die Witwe Bescheid wissen.

Alexia setzte sich in einen der Sessel am Fenster, zog ihre überlang wirkenden Arme und Beine an und blickte den Doktoranden weiterhin unverwandt und beinahe unhöflich an. Wieland überlegte, ob sie nicht doch jünger war, als er zuerst gedacht hatte.

In diesem Moment sah er vom anderen Ende des Raumes eine Frau auf sich zukommen, kaum älter als er. Sie war schmal und ähnlich feenhaft wie das Mädchen, nur wirkte sie auf reifere Art entschlossen. Über dem ärmellosen Kleid trug sie einen breiten Schal. Sie reichte ihm die Hand.

Wieland räusperte sich. Es fiel ihm schwer, ihr in die Augen zu schauen. Ihre Schönheit irritierte ihn. Er drückte die Tasche an seine Brust, zwang sich, seine Rechte auszustrecken, merkte zu spät, dass sie ihm die Linke gegeben hatte, verdrehte ungeschickt seinen Arm und schrak bei der ersten Berührung gleich wieder zurück.

»Ich beiße nicht«, sagte sie lachend.

»Nein, entschuldigen Sie.« Er schaute unwillkürlich nach der rechten Hand der Frau, die sie offenbar in den Schal gewickelt hatte. Und dann dachte er, dass dort vielleicht gar nichts war.

»Herr Wieland aus Duisburg«, sagte die Witwe mit einem Lachen, als habe er einen Witz gemacht. »Der Herr Doktorand publiziert zu Gellmann und sucht seine Briefe. Also hat er beschlossen, uns zu besuchen.« Sie warf ihm einen bedeutungsvollen Blick zu. »Judith, meine Tochter. Und das ist Alexia, meine Enkeltochter.«

»Wieland.« Er hustete. »Entschuldigung. Wieland.« Die plötzliche Gelöstheit der Witwe beunruhigte ihn fast mehr, als die Nähe ihrer schönen Tochter und deren fehlende Hand.

»Judith Gellmann-Vahlen.« Sie lächelte. »Nennen Sie mich Judith.«

»Gellmann?«

»Ich war früher mit Gert Gellmann verheiratet. Wussten Sie das nicht?«

»Ich glaube nicht, dass Herr Wieland die Zeitungen nach Details aus dem Privatleben von Schriftstellern durchsucht«, sagte die Witwe, und er wusste nicht, ob das ironisch gemeint war.

»Herr Wieland hätte ja, wenn er über Gellmann schreibt, davon hören können, dass ich seine Stücke übersetzt habe.«

Es war nie ganz einfach, über lebende Autoren Informationen zu finden. Aber sicher musste Wieland irgendwo gelesen haben, dass Gellmann mit Vahlens Tochter zusammen gewesen war. Er hatte nicht aufgepasst, weil es in der Biographie des Dramatikers weit nach dem Untersuchungszeitraum von Wielands Dissertation liegen musste. Aber warum hatte Gellmann es ihm nicht selbst gesagt? Hatte er wirklich, wie er Wieland gegenüber mehrfach versichert hatte, den Kontakt zu den Vahlens und sogar zu seiner Exfrau vollständig verloren?

Gellmann war ein attraktiver, erfolgreicher Mann. Er hatte viele Frauen gehabt, das wusste Wieland. Und er wunderte sich, wie sehr es ihn ärgerte, dass Gellmann nicht einmal davor zurückgeschreckt war, die so viel jüngere Tochter seines Freundes zu verführen. Eindeutig musste Judith der Grund für das Ende der Freundschaft gewesen sein.

»Sie übersetzen?«, fragte er.

Judith hatte sich zu ihrer Tochter hinuntergebeugt, um ihr etwas zuzuflüstern. Wieland beobachtete, wie sie den rechten Arm geschickt hinter ihrem Oberkörper verbarg. Die Eleganz ihrer Bewegungen berührte ihn.

»Früher habe ich übersetzt«, sagte sie, als sie sich wieder aufrichtete. »Ins Englische. Heute tue ich gar nichts mehr.« Sie blickte ihre Mutter an.

»Judith hat mit uns in den USA gelebt. Sie ist zweisprachig aufgewachsen. Damit hätte sie eine ganze Menge anfangen können«, sagte Hella Vahlen, mehr zu ihrer Tochter als zum Doktoranden.

Der Ton kam Wieland bekannt vor. Seine Mutter hatte während ihrer Besuche im Altersheim auf diese Weise mit seiner Großmutter gesprochen. Nur einmal hatte er versucht, für seine Oma Partei zu ergreifen. Aber sofort wandten sich beide Frauen gegen ihn. Erst viel später war ihm klar geworden, dass ihre Feindschaft vor allem Verbundenheit bedeuten musste, eine gemeinsame Stärke, die ihn, den Sohn und Enkel, zum Außenstehenden machte.

»Das interessiert den Mann doch gar nicht, Mama«, sagte Judith. »Sie kommen wegen Gellmanns Briefen?«

»Ihre Mutter hat mich schon gewarnt, dass es kaum Aussicht auf Erfolg hat, Sie zu bitten …«

»Nein, warum?«, sagte Judith, ohne die Witwe auch nur anzusehen. »Es ist alles ziemlich durcheinander. Aber wir haben nie etwas weggeworfen. Die Briefe müssten zu finden sein.«

Hella Vahlen war zum Fenster gegangen und stand nun fast hinter Wieland.

»Du vergisst, dass wir nicht wissen, was in den Briefen drinsteht. Wenn sie überhaupt noch existieren«, sagte sie.

»Ich habe vor dem Herrn Doktor nichts zu verbergen«, entgegnete Judith. Wieland fragte sich, ob ihre Worte so zweideutig gemeint waren, wie sie klangen.

»Das kann ich mir vorstellen«, sagte die Witwe. »Aber vielleicht habe ich ja etwas zu verbergen? Es geht nicht immer nur um dich.«

»Ich würde natürlich alle Funde von Ihnen prüfen lassen, bevor ich sie selbst ansehe«, sagte Wieland.

»Es steht völlig außer Frage, dass Sie selbst den Nachlass durchsuchen«, sagte Hella Vahlen. »Auch für die Briefe meines Mannes im Archiv gilt, dass Sie fürs erste kein Wort daraus zitieren dürfen.«

Wieland biss sich auf die Lippe. Er sah sich nach der Tochter um. Judith schaute aus dem Fenster. Das Bild erinnerte ihn an Gemälde niederländischer Meister, oder an diese amerikanische Schauspielerin, deren Name ihm nie einfiel und die in den großen Literaturverfilmungen immer die Hauptrolle spielte. Aber dann dachte er, dass die Vahlen-Tochter einfach zu schön war. Ihre Perfektion erschien ihm nahezu unwirklich, in jedem Fall für ihn unerreichbar. Wenn er Glück hatte, würde Judith bei ihrer Mutter ein gutes Wort für ihn einlegen. Alles, was er wollte, waren Gellmanns Briefe. Wieland hatte es schon immer zu seinen Vorzügen gerechnet, dass er wusste, wo er hingehörte.

Erster Teil

Irma Vahlen

Melsbacher Hohl (Winter 1870)

Der Tag, an dem der junge Vahlen nach Sehlscheid gekommen war, erschien Irma Wittlich schon bald wie ein entfernter, merkwürdiger Traum. Allein die regelmäßigen Geldsendungen aus Koblenz zeugten davon, dass ihre Verlobung mit Johann Georg Vahlen echt war. Wie schon immer bestand Irmas Leben aus Warten und Aushalten. Aber gerade die bevorstehende Hochzeit bewirkte, dass sie sich in Sehlscheid, mehr noch als je zuvor, allein fühlte. Keiner der jungen Männer und nicht einmal die Älteren wagten es, sie auf der Kirmes zum Tanz aufzufordern. Wenn sie mit ihrer Wäsche auf den Burplatz kam, verstummten die Gespräche der Frauen. Und obwohl Irma weiterhin mit den anderen Mädchen in die Wälder zum Beerensammeln ging, sprach kaum eines von ihnen mehr ein Wort mit ihr.

Wenn sie auf dem Markt in Arlich an den Auslagen vorbeilief, das Geld für die Heidelbeeren bereits in ihrer Schürzentasche, dann war es, als wollte das Zischen und Pfeifen der Händler, das Starren auf ihre nackten Beine und Schultern nie aufhören. Dabei wäre sie gerne stehen geblieben, um die Finger über den Arlicher Bims streifen zu lassen, der dort in allen Größen, Farben und Formen verkauft wurde: Der stumpfgraue feine, der grobe weiße und der weiche cremefarbene Bims, ein karstiges, laues Gestein, das sich anfühlte wie die Einsamkeit selbst.

Seit das Geld aus Koblenz da war, überließ August Wittlich die Feldarbeit ganz den Frauen. Ihre Schwestern wollten mit Irma nicht mehr das Strohbett teilen. So bekam sie einen Platz in der Küche. Und wenn der Alte am Abend mit den Mädchen lachte, sie an den

Hüften packte und sich auf den Schoß setzte, saß Irma auf ihrem Lager und fror.

Ein einziges Mal nur, nachdem zu Allerheiligen wieder ein Brief von Vahlen eingetroffen war, zerrte der Vater sie nachts nach draußen. Den ganzen Abend hatte er in der Vorküche gesessen und getrunken. Jetzt stieß er Irma vor sich her in den Hühnerstall und drückte sie rasch zu Boden. Die Hennen auf ihren Stangen gackerten und flatterten mit den Flügeln, dann fiel die Tür des Verschlags zu, und es wurde dunkel und still. Schnaufend legte sich der Alte auf sie. Er versuchte einige Bewegungen, aber Irma brauchte sie kaum abzuwehren, da war er schon eingeschlafen. Lange blieb sie reglos liegen. Außer der Kälte fühlte sie nichts. Erst als der Atem ihres Vaters wieder regelmäßig wurde, wagte sie, sich unter ihm hervorzuwinden. Mit einem rasselnden Schnarchlaut rollte er ins schmutzige Stroh. Sie öffnete leise die Stalltür. Über ihr war der Himmel so klar, dass die Sterne in allen Größen zu erkennen waren. Es roch nach Erde und fauligem Laub. Vor ihr lag der abschüssige Pfad, der bis zur Hohl und weiter ins Tal hinunter führte. Ihre Beine begannen zu zittern. Sie schlich zurück in die Hütte, legte sich in der Küche auf das Stroh und zog die Beine eng an ihren Körper.

Am Morgen schimpfte die Mutter, als sie den Alten im Stall fand. Aber dann half sie Irma doch, das vom Hühnerdreck verschmierte Nachtkleid im Zuber zu waschen.

Ein Colloquium im Taunus (August 1968)

Gellmann dachte, er brauche nur abzuwarten. Wenn niemand mehr einen Platz frei hatte, musste Vahlen ihn wohl oder übel mitnehmen. Auch wenn der auf seine Freundin aufpasste wie ein Luchs. Hella von Nesselhahn war es schließlich wert. Schon ihr Name sorgte bei Gellmann für Gänsehaut. Ihre Art, sich das Haar aus dem Gesicht zu streichen, das etwas harte Kinn – mit Sicherheit war er nicht der einzige, der den Blick nicht von ihr lassen konnte. Anders als bei den meisten Frauen, die mit den Autoren herumfuhren, hatte er von Hella noch nie eine Geschichte gehört. Aber irgendwann, dachte Gellmann, würde Vahlen sich doch einmal für eine andere interessieren und abgelenkt sein.

Die Türen der letzten Wagen schlugen zu. Seeler und Kolpers waren bei Pfaff eingestiegen und wollten während der Fahrt an der Resolution feilen. Gellmann war froh, damit nichts zu tun zu haben. Nach drei Tagen Diskussion und Revolution hatte er genug. Betont langsam schlenderte er zu dem weißen VW herüber, in den Vahlen gerade eine Tasche lud.

Pelzers Opel Kadett, mit dem Gellmann in den Taunus gekommen war, hielt neben ihm an. Barbara beugte sich über die heruntergekurbelte Scheibe des Beifahrersitzes und rief in laszivem Tonfall, er solle aufpassen, dass er »nicht zu früh komme«. Sein Interesse für Hella war also nicht unbemerkt geblieben. Umso besser, dachte Gellmann. Er spielte gern mit offenen Karten.

»Sag mal, Vahlen, ihr habt doch nichts dagegen, mich mitzunehmen?«

Vahlen sah ihn an. Während der gesamten Tagung hatte er kaum etwas gesagt. Gellmann hatte ihn beobachtet, wie er sich mit den Veranstaltern unterhalten hatte, mit einem Verleger aus Köln, der gerade selbst einen Roman veröffentlicht hatte. Aus den politischen Gesprächen hatte Vahlen sich herausgehalten, was Gellmann ungewöhnlich erschien.

Peter Vahlen war inzwischen einer der unbestrittenen Anführer der Debatte um die politische Wirksamkeit von Literatur. Gellmann und auch Pelzer und Seeler waren viel länger dabei und hatten sicher mehr Praxis zu bieten. Aber Vahlens Gedichte ließen die Frauen dahinschmelzen, und auch einen Großteil der Männer machten sie ganz weich. Seine politische Lyrik war besser als die der meisten anderen. Obwohl das deshalb für Gellmann noch lange nichts mit Revolution zu tun hatte. Überhaupt hielt er das Theater nach wie vor für die beste Methode, um die Menschen aufzurütteln.

»Mann, habt ihr viel Gepäck«, versuchte Gellmann es mit Hella, die bereits auf dem Beifahrersitz Platz genommen hatte.

»Wir fahren noch woanders hin«, sagte Vahlen, ohne aufzusehen, während er eine Tasche in den hinteren Fußraum drückte.

»Das macht nichts«, antwortete Gellmann. »Ich hab eine frische Unterhose dabei und nichts weiter vor.«

»Wir haben was Wichtiges zu erledigen«, sagte Vahlen.

»Komm schon, die anderen sind alle weg. Ihr werdet mich doch hier nicht alleine sitzen lassen?«

»Wir können dich zum Bahnhof in Koblenz mitnehmen, wenn es nicht anders geht.«

Gellmann blickte sich um. Nur Pfaff, in dessen Auto bereits fünf Leute saßen, ruckelte noch an seinem Rückspiegel herum. Alle anderen waren schon weggefahren. Mit dem Pedanten könnte er es keine acht Stunden im Auto aushalten, dachte Gellmann. Er drehte sich wieder zu Vahlen. »Koblenz? Das ist echt große Scheiße, Mann.«

»Du hättest dich eben früher um die Rückfahrt kümmern müssen.«

Am liebsten hätte Gellmann ihm eine runtergehauen. Er verstand wirklich nicht, was die Leute an diesem Klugscheißer mochten. Aber mit einem Seitenblick auf Hella dachte er, die Rache kommt noch, du kleiner Spießbürger. Noch bist du mich nicht los. Er zuckte mit den Schultern und sagte: »Also los, dann eben nach Koblenz.«

Die Fahrt war ruhig. Keiner der drei begann ein Gespräch. Gellmann hatte sich auf der Rückbank zwischen seinen Seesack und ein paar Taschen gezwängt. Sie fuhren über Land. Auf den Wiesen grasten Kühe. Einmal, weit weg von jeder Ortschaft, kam ihnen ein Pferdegespann entgegen. Auf dem Bock saß ein alter Mann mit verkniffenem Gesicht.

Die Straßen wurden kurviger, die Felder überschaubarer, die Landschaft war im weichen Nachmittagslicht von einer so malerischen Schönheit, dass man sie, wie Gellmann meinte, kaum beschreiben konnte, ohne pathetisch zu werden. Er blickte abwechselnd auf die Taunushügel und auf Hellas schmalen Nacken. Ihr Hals wirkte weich, zerbrechlich, das Haar hatte sie locker am Hinterkopf festgesteckt, und in den einzelnen Strähnen fingen sich Sonnenstrahlen. Er stellte sich vor, wie sie es vor dem Zubettgehen löste. Er wünschte, er könnte daran riechen.

Sie waren nur wenige Kilometer über Anspach hinausgekommen, als das Auto plötzlich anfing zu holpern. Hella klammerte sich an ihren Sitz. Vahlen begann laut zu fluchen. Kurz vor dem Graben brachte er den Wagen zum Stehen.

Gellmanns Schreck dauerte nur kurz. Sobald wieder Stille war, rief er nach vorn:»Immer mit der Ruhe. Der Reifen ist geplatzt. Das ist doch kein Unglück. Ich mach schnell den Ersatzreifen drauf.«

»Das war der Ersatzreifen, du Klugscheißer«, schnauzte Vahlen nach hinten.

Sehlscheid 2000 (April 2007)

Für die drei Tage, die Andreas Wieland in Sehlscheid verbringen wollte, hatte er sich im Gasthof Brink eingemietet. Das Hotel war ein hellgestrichener, hoher Fachwerkbau, wie sie in den Romanen Peter Vahlens häufig vorkamen. Wielands einfaches, aber komfortables Zimmer war als einziges belegt. Die Wirtsfamilie pflegte den alten Ruf des Luftkurortes, auch wenn die Kurtaxe, so sagte Frau Brink mit einem Augenzwinkern, längst abgeschafft war.

Die Wirtin erzählte, dass die anderen Gasthäuser und Restaurants im Ort schon seit zwanzig Jahren von Italienern und Türken betrieben wurden – seit kurzem sogar von Chinesen. Von Zeit zu Zeit kämen Neugierige auf den Spuren von *Villa Westerwald* in den Ort, aber die meisten zögen bald wieder ab.

Mehrfach hatte die Gemeinde in Neuerungen investiert. Zuletzt habe man die Wanderwege zu Biosphären-Erkundungspfaden ausgebaut. Das Wellenbad am Hahn sei schon vor Jahren zu einem Erlebnisbad erweitert worden, jetzt sei es geschlossen und warte auf Investoren. Inzwischen böten natürlich die großen, außerhalb der Ortschaften gelegenen Hotels alle Wellness- und Entschlackungs-Programme an. Abgesehen von alleinerziehenden Frauen, denen die Kasse das Mutter-Kind-Heim am Rande von Sehlscheid bezahle, mache trotzdem so gut wie niemand mehr Urlaub im unteren Westerwald.

Der Doktorand fühlte sich schon nach der ersten Nacht in dem kleinen Hotelrestaurant zu Hause. Gleich morgens unternahm er einen längeren Spaziergang durch das Dorf. In der hellen Frühlingssonne begannen seine empfindlichen Augen zu tränen. Aber er genoss diese leichte Irritation.

Er hatte sich absichtlich ein paar Tage Zeit genommen für die Forschungsfahrt. Das Hotel war nicht teuer, und er hatte gemeint, ein wenig Erholung und Abstand nötig zu haben. Er hatte durchaus damit gerechnet, dass die Suche nach Gellmanns Briefen in Vahlens Nachlass einige Zeit in Anspruch nehmen würde. Aber er hätte nie gedacht, dass der Besuch bei der Witwe eine solche Herausforderung darstellen könnte.

Bisher schienen die meisten Menschen, die Wieland persönlich aufsuchte, nur darauf gewartet zu haben, dass er, ein Unbekannter, ihre privaten Briefe las und sie ausfragte über die Vergangenheit. Die Geschichten, die er zu hören bekam, erschienen ihm oft geschönt. Ohne dass es auf ihn wie eine Absicht wirkte, vertauschten die Leute in ihrer Erinnerung die Rollen und verteilten die Schuldigkeiten neu. Aber gerade das mühsame Abgleichen seiner Forschungsergebnisse mit ihren Erinnerungen erwies sich als einträglich für seine Arbeit.

Erst nachdem er vor einigen Monaten eine der frühen Geliebten Gert Gellmanns angerufen hatte, waren ihm zum ersten Mal Zweifel an dieser Arbeit gekommen. Die Frau, eine Musiklehrerin aus Frankfurt, war wohl sehr verliebt in Gellmann gewesen. Sie sprach mit dünner, wie gesprungen wirkender Stimme, als wäre das alles nicht lange her. Dann sagte sie, dass Gellmann damals ein anderer gewesen sei. Wieland bat sie, die Veränderung doch genauer zu beschreiben. Da war die Frau unvermittelt laut geworden. Er solle ihr doch wenigstens diese Erinnerung lassen, sagte sie. Sie sei alles, was ihr von damals geblieben wäre.

Eine Zeit lang hatte Wieland daraufhin nur noch mit den Briefen gearbeitet. Vielleicht hatte die Frau recht gehabt. Vielleicht bedeutete das Weitergeben zugleich auch das Hergeben der Erinnerungen. Es könnte die Menschen verletzen, wenn ihre Schilderungen, mit Anmerkungen versehen, bereinigt und an die Öffentlichkeit gebracht, auf sie zurückfallen würden. Vielleicht würden einige der Zeitzeugen es bereuen, mit ihm gesprochen zu haben.

Nach Monaten der Schreibarbeit, die er konzentriert und allein in seiner kleinen Wohnung, in den Archiven und Bibliotheken verbracht hatte, nahm Wieland seine Unsicherheit, die längst in Gereiztheit umgeschlagen war, immer deutlicher wahr. Sein Doktorvater hatte sicherlich recht, wenn er behauptete, dass Wieland lediglich unter einer klassischen Promotionsdepression litt.

Er hatte sich diesen kurzen Ausflug verdient, dachte Wieland, als er kräftig ausschreitend die zentrale Geschäftsstraße von Sehlscheid erreichte. Ganz erfolglos war die Reise schon jetzt nicht mehr. Immerhin hatte er Vahlens Familie getroffen und gesehen, wie sie lebte. Er hatte Judith kennengelernt, die Gellmanns Werk als Übersetzerin und Frau beeinflusst haben musste.

In der Drogeriefiliale am Marktplatz kaufte Wieland Zahnseide, die ihm ausgegangen war, legte nach kurzem Zögern einen DVD-Schuber mit der ersten Staffel von *Villa Westerwald* auf das Laufband, der im Sonderangebot war, und fragte an der Kasse nach einem Blumengeschäft.

»Stenzel. Gleich links runter, am Ende des Kirchwegs«, sagte die junge Kassiererin. Sie lachte, als habe er vor, die Blumen für sie zu kaufen.

»Natürlich, Stenzel.« Auch Wieland lächelte. An den Namen des Floristen, über den er endlich an die Adresse der Vahlens gekommen war, hätte er sich gleich erinnern müssen. Außerdem fand er die Drogistin mit ihren kleinen, runden Brüsten unter dem schlichten Kittel gar nicht übel.

Doch dann sah die junge Frau die DVDs. Ihr Gesicht verzog sich zu einer undeutlichen Grimasse. Sie holte tief Luft. »Haben Sie das noch nicht gesehen?«

»Ich habe den Roman gelesen«, sagte Wieland.

»Sie wissen, dass das in Sehlscheid spielt?«, fragte die Frau, plapperte aber sofort weiter. »Gedreht haben die natürlich größtenteils in Kroatien. Das war billiger. Aber Henning Karge, der da mitspielt, Greta Filber und sogar Minna Maria Garns waren mal mit dem Filmteam in Sehlscheid. Meine Freundin hat mir erzählt, in Koblenz hätten sie die Hochzeit nachgestellt, sie wissen schon.«

Wieland nickte nur. Die Verkäuferin schien ihm jetzt etwas Vulgäres, Ungepflegtes auszustrahlen.

»Wenn Sie das hier gesehen haben, kommen Sie wieder«, sagte sie, als gelte es, eine Wette abzuschließen. Und etwas anzüglich fügte sie hinzu: »Wir haben auch noch die anderen Staffeln.«

Zurück auf der Straße bemühte sich Wieland, den Zwischenfall nicht überzubewerten. Wenn er schon nicht an die Briefe herankam, wollte er sich zumindest erholen. Er hatte Zeit, sagte er sich. Zu Hause, diese Tatsache empfand er zum ersten Mal als befreiend, wartete ohnehin niemand auf ihn.

Nur eine Frau hatte Wieland in seinem Leben wirklich etwas bedeutet. Er hatte Maike kurz nach seiner Ankunft in Duisburg kennengelernt, vor dem Anschlagbrett, wo sie gerade einen Zettel plaziert hatte. Sie suchte einen neuen Mitbewohner. Er mochte ihre lustige und unkomplizierte Art auf Anhieb. Und so zog er bei ihr ein.

Zwei Jahre waren sie zusammen gewesen. Dann war es vorbei. Erst wollte Maike nicht mehr mit ihm schlafen. Dann wollte sie ihn nicht einmal mehr anfassen. Und als er anfing, ihr deshalb Fragen zu stellen, war sie schon so gut wie ausgezogen.

Drei Monate lang litt er wie ein Tier. Alles in der Wohnung erinnerte ihn an die gemeinsame Zeit. Jeden Moment meinte er, Maike wieder hereinkommen zu hören. Alle seine Kleider schienen nach ihr zu riechen.

Dann rettete ihn seine Mutter. Ausgerechnet Gisela Wieland, die in dem Düsseldorfer Stadtrandviertel ihr Leben lang dafür gearbeitet hatte, die perfekte kleine Familie in ihrem perfekten kleinen Haushalt vorzuführen, wie Wieland es gerne formulierte. Ihm war erst später klar geworden, wie schwierig es für sie gewesen war, dieses Bild aufrechtzuerhalten mit einem Sohn, auf dessen Neurodermitis die Nachbarn mit verstohlenem Ekel reagierten, und einem Mann, der kaum genug verdiente, dass seine Frau zu Hause bleiben konnte.

Wenn Wieland an seine Mutter dachte, dann sah er sie Kleider in die Waschmaschine stopfen oder nasse Laken daraus hervorzerren. Jeden Morgen hatte sie ihn gefragt, ob er Wäsche für sie habe. Wielands Vater hatte die Familie verlassen – wegen einer Fleischfachverkäuferin aus Unna. »Kurz vor dem Ruhestand«, wie seine Mutter betonte, als hätte er nur noch ein paar Wochen durchhalten müssen, und dann wäre alles anders gekommen.

»Schick Maike Blumen«, riet sie ihrem Sohn am Telefon. Wieland hatte versucht abzuwiegeln. Blumen passten wirklich nicht zu Maike. Sie sprach gerne über Gefühle und über modernes Theater. Sie war es, die Wieland überredet hatte, seine Doktorarbeit über Gellmann zu schreiben, anstatt über Kleist, wie es eigentlich geplant war.

»Jede Frau liebt es, Blumen zu bekommen«, sagte seine Mutter.

»Ich würde mir albern dabei vorkommen. Als würde ich ihr hinterherlaufen.« Wieland kam sich schon albern dabei vor, mit seiner Mutter über diese Dinge zu sprechen.

»Willst du sie zurück?«, fragte Gisela.

»Ja.«

»Dann schenk ihr Blumen. Und lass es keine billigen sein. Wenn ihr ein Jahr zusammen seid, schenkst du ihr einen Ring.«

Über die Sache mit dem Ring musste Wieland lachen. Auch

43

wenn er durchaus die Bestimmtheit bemerkt hatte, mit der seine Mutter ihm Anweisungen gab.

Maike war tatsächlich zu ihm zurückgekommen. Schon bald schien wieder alles wie vorher. Und dann zog Wieland aus. Plötzlich war ihm alles zu viel geworden. Ihre Wäscheberge im Schlafzimmer, die halbleeren Joghurtbecher im Kühlschrank, das ständig plärrende Küchenradio. Er trennte sich von Maike und fühlte sich noch im selben Augenblick stark und frei. Aber den Tipp von seiner Mutter hatte er nicht vergessen.

Hinter dem Brunnenplatz unweit des Kirchhügels fand er das Geschäft des Floristen. Im Schaufenster hingen Trauerkränze. Eine dickliche Frau war hinter der Theke mit einem Gesteck beschäftigt. Wieland ließ drei Sträuße binden, helle Rosen für die Kleine, einen Frühlingsstrauß mit duftenden Hyazinthen für die Tochter, und einen aus orangefarbenen Gerbera und Lilien für die Witwe.

»Sagen Sie, ich meine es hier beim letzten Mal mit einem Herrn zu tun gehabt zu haben?«, fragte Wieland beim Zahlen. Er hatte gehofft, den hilfreichen Floristen ein wenig ausfragen zu können.

»Das war mein Vater. Er ist vor kurzem verstorben«, sagte die Frau.

»Entschuldigen Sie. Das tut mir leid …« Wieland wunderte sich, wie sehr ihn die Nachricht erschrak.

Die Frau winkte ab. »Sie sind ja nicht von hier.«

»Dürfte ich Sie trotzdem noch etwas fragen?« Er beugte sich zu der Floristin über die Theke. »Kennen Sie die Vahlens ein wenig? Ich möchte sicher gehen, dass ich kein Familienmitglied vergessen habe.«

»Haben Sie nicht.« Die Frau grinste nun wieder.

»Wissen Sie das genau?«

»Weiß ich. Meine Schwägerin hat dort geputzt.«

»Ach.« Wieland tat erstaunt. »Wissen Sie vielleicht auch, wie lange die Tochter nun schon nicht mehr mit ihrem Mann zusammenlebt?«

»Judith? Ich weiß gar nicht, ob die je zusammengewohnt haben.

Der war ihr wohl nicht gut genug. So war die schon immer. Ich bin mit ihr zur Schule gegangen.« Wieland musterte die dicke, unscheinbare Frau, die bereits erste graue Haare hatte. »Dann ist die Tochter also gar nicht von ihm?«

»Doch, doch, die wird schon von dem Gellmann sein, die Alexia. Zumindest trägt sie seinen Namen. Und man hat ihn am Anfang auch öfter mit der Kleinen gesehen. Ein liebes Mädchen war das. Jetzt ist sie schon so groß. Zu traurig, dass sie sie auf ein Internat schicken. Und dann so weit weg.«

»Ja, das ist traurig«, pflichtete ihr Wieland schnell bei, um dann weiter zu fragen. »Es ist mir zwar unangenehm, aber vielleicht können Sie mir sagen, wie das Unglück mit Judiths Hand passiert ist?«

»Das war schon immer so. Da gewöhnt man sich dran. In der Schule hat sie sich trotzdem mit den anderen gekloppt.«

»Wer kümmert sich denn jetzt um die Damen, wenn ihre Schwägerin es nicht mehr tut?«, fragte Wieland.

»Die können für sich selber sorgen«, rief die Dicke. »So fein sind die gar nicht. Die kommen ja hier aus der Gegend, auch wenn sie immer so tun, als kämen sie aus Amerika oder wer weiß woher. Es gibt eben solche und solche.«

Zurück auf der Straße lief Wieland langsam den Hügel herauf zu seinem Gasthof. Er machte Fortschritte, dachte er zufrieden. Zumindest ließ er sich nicht aus dem Konzept bringen. Die Erforschung von Gegenwartsliteratur, die Arbeit mit lebendigen Autoren oder zumindest deren direkten Erben erforderte eben andere Mittel als die klassische Wissenschaft. Es war mehr Feingefühl als Fleißarbeit gefragt. Und in manchen Fällen brauchte es einfach Zeit.

Stumpf (August 1874)

Johann Georg Vahlen lag noch im Bett, als Irma in sein Zimmer kam. Die Vorhänge waren zur Hälfte zugezogen. Von draußen drang das Lachen der Kutschersöhne herein. Schnapp bellte übermütig.

Irma stellte das Glas Milch für ihren Mann auf den Nachttisch. Die dunkle, glatte Haut seines Oberkörpers war zu sehen, erst am Hals ging sie in das aufgeriebene Rot eines Trinkergesichts über. Seine Augen schienen noch ganz frei von Wut. Das zerlegene Haar, der Geruch nach Schlaf und Nacktheit reizten Irma, ihn zu berühren.

»Lass das«, sagte er leise, als sie sich über ihn beugte. Sie richtete sich wieder auf, fuhr aber mit der Hand langsam über das Laken, wo es seinen Bauch bedeckte. »Irma ...«, sagte er kaum hörbar, und es erinnerte sie an den Anfang, als sie nichts hatte falsch machen können.

Das Paar hatte sich nach den Flitterwochen in Baden-Baden zunächst in einem kleinen Haus an der Rheinpromenade von Koblenz niedergelassen. Aber nach der Krise von 1873 liefen die Geschäfte schlecht. Tagelang strich Johann Georg Vahlen mit finsterem Gesicht über die Flure und sprach kaum ein Wort. Dann wieder lud er Freunde ein, ging aus und kehrte erst in der Nacht zurück. Der Onkel versetzte ihn schließlich in sein neues Blechwalzwerk in Arlich. Ein letztes Mal großzügig, wie Sebastian Gotthelf Vahlen mit ernstem Blick betonte, überließ er dem Neffen sein hübsches Jagdhaus im Aulbachtal. Und so hatte Irma, kaum dass sie sich an den Hausstand und die Angestellten in Koblenz gewöhnt hatte, wieder ganz in die Nähe ihres Heimatortes Sehlscheid zurückkehren müssen.

Sie spürte Vahlen unter der Decke weich und locker werden und wollte sich schon zu ihm legen. Doch dann verkrampfte sich sein ganzer Körper. Er warf sich herum, fiel aber wieder auf den Rücken. Irma schreckte zurück. Unter dem Laken zeichnete sich jetzt deutlich einer der Stümpfe ab.

46

Es gelang ihr nicht, den Blick abzuwenden. Ihr war schwindelig. Vahlen selbst hatte nie über den Unfall in der Fabrik gesprochen. Nur einmal ganz am Anfang hatte sie das Walzwerk von innen gesehen, die dunklen Öfen mit den glühenden Öffnungen, das funkensprühende Metall. Männer in Lederschürzen, mit Helmen und Eisenstangen, bewegten die Brammen zu den Pressen, drehten mannshohe Stahlräder, schoben die Halbzeuge an Ketten durch die Halle. Es war während des Kontrollgangs passiert. Das wusste sie von der Köchin. Vahlen hatte sicher getrunken, denn es kam selten vor, dass er nicht trank. Sein Rock war nachlässig mit einem Kittel geschützt, das Haar am Ansatz versengt von der Hitze. Oft hatte sie sich lustig gemacht über die feinen, nach Rauch und Leim riechenden Löckchen, die sie abends auf seiner Stirn entdeckte. Er schimpfte über sie. Aber meistens konnte sie ihn doch zum Lachen bringen.

Der Aufseher lief mit Direktor Vahlen zwischen den Maschinen hindurch. Er wies den jungen Herrn auf die Mängel an der Hauptwalze hin. Ein Bolzen, ein verbogener Knüppel. Grien war an allem schuld, dem war nicht zu trauen, sagte die Köchin. Ein stiller, unberechenbarer Mann aus dem Osten. Die dritte Schicht war gerade an die Arbeit gegangen. Plötzlich habe man Grien schreien hören. Dann den Herrn Direktor und dann wieder Grien. Nie zuvor habe man einen Menschen so schreien hören, hatte die Köchin gesagt. Dabei war sie gar nicht dabei gewesen.

Trotz seines Arms hatte man Grien gleich verhaftet. Vahlen selbst entlastete ihn später. Niemand wusste genau, wovon. Aber da war der Aufseher schon verblutet. Die Köchin sagte, was viele im Werk dachten. Grien, den Irma sich dunkelhaarig vorstellte, mit narbiger, schmutziger Haut, musste den Herrn Direktor gestoßen haben. Denn wie sonst hätte Vahlen zwischen die Köpfe der Hauptwalze geraten können? Und wer hatte den Mechanismus entriegelt? Nur Irma ahnte, dass ihr Mann vielleicht selbst den Hebel betätigt haben könnte.

»Ich habe gesagt, du sollst es lassen«, donnerte Vahlen, als er Irmas Blick noch immer auf seinem Körper spürte. »Was willst du?« Irma fror. Sie wollte etwas sagen. Aber Vahlen war so wütend, dass sie stumm blieb.

Wieder zerrte er heftig am Bettpfosten, wand sich und hielt plötzlich einen der kleinen Jagdrevolver in der Hand, die er sonntags stundenlang zu säubern pflegte. Nur kurz schien er zu zögern, dann richtete er die Waffe auf seine Frau.

»Raus«, sagte er.

Sie rannte aus dem Zimmer. Beinahe fiel sie die Treppe herab, weil ihre Augen sich noch nicht an die Dunkelheit gewöhnt hatten. Dann hörte sie den Schuss.

Der Onkel kam für die Beerdigung auf. Er war aus Koblenz eingetroffen, um die Formalitäten zu regeln. Irma hatte nicht sofort verstanden, dass sie das Haus verlassen musste. Der alte Vahlen, der nun jede Nacht in ihr Zimmer kam, erklärte ihr alles. Er wollte dafür sorgen, dass Irma niemandem etwas schuldig blieb. Er kümmerte sich um die Verabschiedung der Angestellten, um den Verkauf der Wagen, der Pferde und des Schmucks. Etwas Wäsche, die Kleider und den Hund, der ja wohl ihr gehöre, könne sie mit sich nehmen. Er werde ihr fürs erste eine monatliche Summe zahlen, damit sie über die Runden kam, könne ihr auch eine kleine Wohnung in Koblenz besorgen. Selbstverständlich müsse sie sich diskret verhalten. Irma nickte nur stumm.

Am siebten Abend nach der Beerdigung Johann Georg Vahlens stand dessen Onkel im knielangen Nachthemd vor der verschlossenen Tür der jungen Witwe. Doch auch als Sebastian Gotthelf Vahlen härter zu klopfen begann, antwortete Irma nicht.

Am nächsten Morgen reiste der Onkel ab, und von der kleinen Wohnung und der monatlichen Summe wurde nie wieder gesprochen. Irma hatte eine Woche Zeit, bevor das Haus im Aulbachtal verkauft war. Der Notar fuhr sie mit ihren drei Koffern, einer Wäschetruhe und dem Hund in ihr nahegelegenes Heimatdorf, wo sie fürs erste in der Pfarrstube unterkommen konnte.

Dünn und sehr blass stieg sie am Kirchplatz aus dem Wagen des Notars. Ihre Schönheit war nun vor allem Eleganz, und in ihren Augen spiegelte sich eine so tiefe und gleichzeitig stolz wirkende Traurigkeit, dass kaum eine ihrer Schwestern von der Hüh es noch wagte, mit ihr zu sprechen. Die Bauernweiber tuschelten über die feine Garderobe der Witwe, über ihre Art, das Haar hochzustecken, und über ihre auf den matschigen Wegen von Sehlscheid unpassend hohen Absätze. Und obwohl sie ihr täglich in der Hohl und auf dem Weg zur Kirche begegneten, waren sie überzeugt, dass die Vahlen nicht vorhatte, tatsächlich in ihr Dorf zurückzukehren.

Der Lehrer Schütz war der einzige, der nur ein paar Worte mit Irma wechselte, wenn er sie im Oberdorf traf. Einmal besuchte er die junge Witwe sogar in der Pfarrstube, wie die Haushälterin des Pfarrers, das Fräulein Runkel, erzählte. Nachdenklich und schwer atmend verließ er das Haus erst einige Zeit später. Lange glaubte man, als nächstes würde der Lehrer ihre Verlobung bekannt geben. Aber letztlich fühlten sich die Sehlscheider in ihrer Ahnung bestätigt, dass Irma hochmütig geworden war, denn offenbar hatte sie das gute Angebot des Lehrers abgelehnt.

Schon bei der Beerdigung ihrer Mutter zwei Monate später waren Irmas feine Absätze abgelaufen, ihre Kleider verdorben, das wenige Geld, das sie von den Bäuerinnen für ihre Wäsche bekommen hatte, aufgebraucht. Es war zu dieser Zeit, dass im Dorf Gerüchte aufkamen, die Witwe erhalte Herrenbesuch.

Die Haushälterin des Pfarrers bestätigte, dass die Besucher alle anständig gekleidet waren und offenbar aus der Stadt kamen. Einer der Herren habe angegeben, es gehe um Geldangelegenheiten des verstorbenen Johann Georg Vahlen. Man ging davon aus, die Witwe werde nun erben und ein Haus oder zumindest eine Wohnung in der Stadt beziehen. Aber das Fräulein Runkel vermutete, dass es sich eher um Schulden handele. In jedem Fall hätten die Herren ohne Ausnahme merkwürdig aufgewühlt gewirkt, wenn sie aus der Stube der Witwe heraustraten.

Als dann auch noch die jungen Männer von Sehlscheid auf ihrem nächtlichen Weg vom Gasthaus vor ihrer Tür zu lärmen begannen, und als der alte Brink der mageren Witwe auf dem Schlachtfest in aller Öffentlichkeit eine frischgestopfte Mettwurst zusteckte, war klar, dass es so nicht weitergehen konnte. Die Frauen von Sehlscheid waren sich einig, dass die Vahlen zumindest eine Mitschuld am schlimmen Ende ihrer Ehe traf. Und spätestens jetzt konnte man sich vorstellen, worin diese Schuld bestanden haben könnte. Man beschloss, dass Irma eine Gefahr für den Dorffrieden darstellte.

Keine zwei Tage nach dem Vorfall auf dem Schlachtfest bat der Pfarrer die Witwe höflich, die Räume der Kirche zu verlassen, da diese für die Treffen der Jungmädchengruppe des vaterländischen Vereins benötigt würden. Irma zog zurück in das Lehmhaus ihrer Familie, zu ihrem aufgedunsenen Vater, der sich kaum noch von seinem Lager erheben konnte, zu ihrer älteren Schwester und den zwei schwachsinnigen Nichten. Es hieß, der Lehrer Schütz beknie sie noch immer, bei ihm einzuziehen. Inzwischen schüttelten selbst die Männer im Dorf den Kopf über seine Gutmütigkeit. Und dann sahen die älteren unter den Sehlscheiderinnen bereits, dass die Witwe schwanger war. Je runder ihr Bauch wurde, desto mehr beruhigten sich die Dorffrauen. Und auch Irma Vahlen selbst wirkte nicht mehr so leidvoll und zerbrechlich, als sie im kalten Januar 1875 einen gesunden, wenn auch schmächtigen Sohn zur Welt brachte.

Eloxal (August 1968)

Irgendwo zwischen Kraftsolms und Grävenwiesbach wurden sie Freunde. Hella hatte nicht allein beim Wagen zurückbleiben wollen, und Vahlen hatte sie nicht mit Gellmann gehen lassen, und schließlich hatten sie sich alle zusammen auf den Weg gemacht, um Hilfe zu holen.

Ihre Füße schmerzten schon nach wenigen Kilometern. Gellmann versuchte es mit Autostop, aber die Fahrer antworteten nur mit wütendem Hupen. Auch die wenigen Menschen, die ihnen auf Fahrrädern entgegenkamen, mit ihren verbeult wirkenden, misstrauischen Gesichtern, waren nicht bereit, den Fremden zu helfen.

Als sie am späten Nachmittag endlich in Kröffelbach ankamen, schickte man sie gleich weiter in das fünf Kilometer entfernte Grävenwiesbach, wo es eine Autowerkstatt geben sollte.

»Ich habe gleich gesagt, wir dürfen nicht die Landstraße nehmen.« Es war das erste Mal, dass Hella seit der Panne das Wort an Vahlen richtete.

»Soweit ich weiß, hast du nicht einmal den Führerschein«, antwortete der.

»Du doch auch nicht.«

»Deshalb fahre ich Landstraße.«

Einige Schritte lang sagte keiner etwas. Bis Gellmann es nicht mehr aushielt:»Seht es mal so. Wer über die Landstraße fährt, fällt nicht auf. Und wer über die Landstraße geht, der kann sowieso alles tun, was ihm Freude macht.« Die beiden zuckten nur müde mit den Schultern.

Gellmann zog eine Flasche russischen Wodka aus der Manteltasche.»Warum trinken wir nicht erst mal einen. Dann läuft es sich besser.« Jetzt sahen Vahlen und Hella ihn dankbar an.

Gellmann wusste nicht mehr, wer eigentlich mit dem Singen angefangen hatte. Aber bei»Marmor, Stein und Eisen bricht« grölten Vahlen und er bereits in brüderlicher Vertrautheit über die dämmrige Hügellandschaft. Auch Hella schien das Laufen wieder leichter zu fallen. Sie hatte sich zwischen den beiden Männern eingehakt.

Bald konnte Gellmann kaum noch die Straßenränder erkennen. Er versuchte sich zu konzentrieren. Bei jedem vorbeisausenden Wagen sprangen sie kreischend in die Böschung, als müssten sie sich retten. Schließlich fielen sie sich albern lachend in die Arme.

Dann wurde es kalt, die Flasche war leer, und die ersten Lichter von Grävenwiesbach wurden sichtbar. Vahlen begann zu reden: Nur der Augenblick zähle. So einer wie dieser hier. Drei Menschen, die Arm in Arm eine Straße entlanglaufen.

»Weine nicht, wenn der Regen kommt, dam dam, dam dam. Es gibt einen, der zu dir hält, dam dam, dam dam.«

Auch bei Gellmann löste das Gehen unter dem klaren Sternenhimmel ein Gefühl von Bedeutsamkeit aus. Er spürte Hellas Arm an seiner Jacke. Vahlens Stimme hatte etwas Festes, Verlässliches. Vielleicht war er doch ganz in Ordnung, dachte Gellmann. Vielleicht war er gar kein solcher Schaumschläger. Vielleicht drängten ihn nur die anderen in den Vordergrund. Vahlen hier, Vahlen da. Immer brauchten sie einen, der etwas symbolisierte, einen Wert, eine Tragweite, hinter der sie sich aufbauen konnten. Einen wie Vahlen, der ernst und ganz anders war. Der alles gelesen zu haben schien, von den französischen Existentialisten bis zu den italienischen Avantgardisten, von Goethes Briefen bis zu Gert Gellmanns neuesten Theaterstücken. Der irgendwo aus dem Schwarzwald kam und ein bisschen auch aus Amerika, wo sein Vater, der berühmte Architekt, lebte. Einer mit einer Frau, die er auf eine besitzergreifende, etwas altmodische Weise liebte. Mit Talent für das richtige Wort im richtigen Augenblick. Einer, der eigentlich viel zu schade war für die Revolution. Zumindest für diejenige, die sich immer deutlicher am Horizont abzeichnete.

Gellmann hätte Vahlen jetzt gern gepackt und ihm gesagt, er solle sich nicht verheizen lassen von der Politik. Er hätte ihm gerne von seiner eigenen Sehnsucht nach Glück erzählt. Nach einem Glück, wie er es jetzt empfand. Einem wie Vahlen es in seinem Leben mit Hella ganz selbstverständlich zu besitzen schien.

»Das ist die Art von Utopie, mit der wir weiterkommen«, sagte er stattdessen. »Während die Kapitalisten ihr Geld vermehren, während die Generäle und Kriegsverbrecher in Vietnam Orden sammeln, während die Spießer ihre Erbsen zählen, müssen wir denen vormachen, was es bedeutet zu leben. Hier und jetzt in Grävenwiesbach.«

»Jawohl Genosse«, brüllte Vahlen. »Dieser Augenblick in Grävenwiesbach.«

Hella kicherte.

»Sagt mal, wo fahrt ihr eigentlich hin, wenn es kein Geheimnis ist?«, fragte Gellmann nach einer Weile.

»Es ist ein Geheimnis«, sagte Hella.

»Hella hat ein Haus geerbt«, lallte Vahlen.

»Dachte ich es mir doch. Frau Hella von Nesselhahn kann ja nicht ganz mittellos sein. Nicht bei diesem Namen. Schämt euch. Ihr habt das Erbe nicht ausgeschlagen?«

»Wir wollen es uns erst einmal ansehen«, sagte Hella nun ernster. »Es ist ein altes Haus und es gehört der Familie schon lange. Außerdem liegt es sehr verlassen.«

»Klingt gut«, sagte Gellmann. »Klingt ziemlich gut. Ansehen schadet ja nichts. Solange es nicht Krupp oder Siemens gehört hat. Um ehrlich zu sein, ich wäre froh, wenn ich auch endlich erben würde. Dann wäre ich wenigstens sicher, dass mein Alter nicht mehr die NPD wählen kann.«

Einen Moment lang schwiegen alle. Dann mussten sie wieder kichern.

»Marmor, Stein und Eisen bricht!«, grölte Gellmann.

»Aber unsere Liebe nicht!«, fiel Vahlen ein.

»Was braucht man schon außer Liebe«, flüsterte Hella mit übertriebenem Pathos Richtung Sternenhimmel.

»Vielleicht ein warmes Bett für die Nacht?«, fragte Gellmann.

»Vielleicht noch ein wärmendes Gedicht«, rief Vahlen.

»Ein Gedicht!«, brüllte nun auch Gellmann.

»Ein Gedicht!«, brüllten alle zusammen, obwohl sie längst gar nicht mehr so betrunken waren.

In der Gastwirtschaft richteten sich alle Blicke auf die langhaarigen Städter, die müde und frierend in den verrauchten Saal traten. Am Tresen bestellten sie doppelten Korn und Bier. Dann baten sie um zwei Zimmer für die Nacht.

Der Mann schaute sie prüfend an. »Zwei Zimmer? Wer teilt denn da mit wem?«, fragte er angriffslustig. Vahlen wurde unruhig. Aber dann drückte Gellmann ihm unauffällig etwas Kleines, Rundes in die Hand.

»Die beiden sind verheiratet, Herr Wirt«, sagte Gellmann mit fester Stimme. »Ich bin der Bruder der Dame und hätte gern ein Einzelzimmer.«

Hella hatte den zweiten der Eloxalringe, die Gellmann wohlweislich immer bei sich trug, bereits übergestreift. Mit einem vieldeutigen Lächeln, als befände sie sich in den Flitterwochen, füllte sie den Meldezettel aus, den der Wirt ihr über den Tresen gereicht hatte.

Statisten (April 2007)

Hatte es geklopft? Wieland rieb sich die Augen. Es war dunkel, er hatte vergessen, das Licht anzumachen. Nur das grünliche Flackern des Bildschirms erhellte das Hotelzimmer. Im Fernseher stritten sich die beiden Kinder. Wieland war sicher, die Tochter würde am Ende gewinnen. Das war immer so. Schon in Vahlens Romanen waren die Frauen die Stärkeren. Aber in *Villa Westerwald* fungierten Männer nur noch als Statisten. Sie waren das Objekt der Begierde – der wohlmeinende Freund, der nichtsnutzige Schwiegersohn, der Philosophische Gärtner, der am Ende die Handlung zusammenfasste –, während die Frauen handelten.

Gleich morgens war Wieland, den Schlaf noch in den Augen, in die Drogerie-Filiale geeilt und hatte sich, ohne auf das triumphierende Grinsen der Verkäuferin zu reagieren, die restlichen vier Staffeln besorgt. Im Frühstücksraum des Hotels schlang er zwei Hörnchen herunter. Endlich zurück in seinem Zimmer, warf er sich aufs Bett und drückte den Knopf der Fernbedienung.

Schon seit zwei Folgen musste er dringend auf die Toilette. Aber er brachte es nicht über sich, die DVD anzuhalten. Die Details der Handlung schienen ihm oft an den Haaren herbeigezogen. Auch die Figuren waren merklich platter als im Roman. Das wollte er auch Kittel sagen, wenn er ihn das nächste Mal traf. Aber die Dialoge waren gut geschrieben, das Dekor war gelungen, und die Frauen der

Familie Krieger waren ihm schon nach wenigen Folgen so vertraut, dass er meinte, sie tatsächlich zu kennen. Die Art, wie die Alte das Unternehmen leitete, ihren Freund und die Kinder herumkommandierte und die Villa Westerwald vor Unheil, inzestuösen Verbindungen und schleichendem Bankrott mehr schlecht als recht bewahrte, beeindruckte ihn, ohne dass er genau gewusst hätte, warum.

Aus dem Hotelrestaurant drang das Scheppern und Klappern von Tellern und Töpfen herauf. Sicher schlossen sie gerade die Küche. Aber Wieland war ohnehin schlecht, seit er mittags den Thunfischsalat, die Kartoffelchips und dann auch noch alle Schokoriegel aus dem Drogeriemarkt aufgegessen hatte. Außerdem wollte er unbedingt wissen, ob »die Tochter« mit ihrem nichtsnutzigen Halbbruder oder mit dem geheimnisvollen Fremden geschlafen hatte und ob »die Alte« tatsächlich den Immobilienhändler hatte umbringen lassen, weil er ihr Geheimnis verraten hatte.

Vielleicht war es seine Einsamkeit am Schreibtisch, die ihn so anfällig werden ließ für die doch eher schlichten Reize einer Fernsehserie, dachte Wieland – eine Art Liebesersatz, Freundschaftsersatz, Geschwisterersatz für Unglücks- und Einzelkinder wie ihn. Vielleicht war es auch nur der Schlafmangel der letzten Tage, der ihn so weit gebracht hatte, dass »die Familie« fast zu seiner eigenen geworden war. Nur sein Herzklopfen, wenn »die Tochter« die Szene betrat, das schien ihm eindeutig echt. Er musste an Judith denken, wie sie ihn angelächelt hatte. Und fast kam ihm sein Besuch bei den Vahlens nun wie eine weitere, merkwürdige Folge der Serie vor.

Jetzt meinte Wieland doch, ein Klopfen an der Tür zu vernehmen. Er warf die Bettdecke zur Seite und sprang auf. Bestimmt machte sich die Wirtin Sorgen, weil er nicht zum Mittagessen erschienen war. Das war das Schlimme daran, wenn die Leute ihn mochten, dachte er. Viele konnten es einfach nicht lassen, sich in seine Angelegenheiten einzumischen.

Er kämpfte mit dem Knopf der Jeans, zog kurzerhand das T-Shirt über die offenstehende Hose und suchte im Bett nach der

Fernbedienung. Hoffentlich wollte die Wirtin nicht den DVD-Spieler ihres Sohnes zurückhaben, dachte er. Schließlich hatte er ihn nur für den gestrigen Abend ausgeliehen. Er fand die Fernbedienung unter der Packung Kekse, hielt die DVD an und stellte den Fernseher stumm. Jetzt war das Klopfen deutlich zu hören.

»Ich komme!«, rief er in etwas verärgertem Tonfall, um das Vordringen der Wirtin vorsichtshalber gleich zu bremsen. Er lief zur Tür, drehte dann aber noch einmal um und wischte hastig die Krümel vom Bett. »Wer ist denn da?«

»Judith«, antwortete eine leise Stimme.

Im Gebück (Jahreswechsel 1903–1904)

Im kalten November von 1903 überzog eine klamme Wolkendecke den unteren Westerwald. Morgens verschwand der Reif nur langsam von den Feldern. Bis zu den Fesseln eingesunken stand das Vieh im aufgeweichten Grund. Nachts zog der Frost in das Dorf herunter, sickerte durch die Türen und Fenster bis in die spärlich beheizte Stube des kranken Lehrers.

Ferdinand Schütz hatte nie geheiratet. Wenn Irma ihn erhört hätte, sagte man sich auf dem Burplatz, dann hätte ihr Sohn einen Vater gehabt. Und vielleicht wäre überhaupt alles anders gekommen.

Doch als die Vahlen-Witwe am Abend nach Allerheiligen mit ihrer Brühe ins Gebück kam, um nach dem alten Lehrer zu schauen, war es bereits zu spät. Schütz saß reglos im Lehnstuhl. Sein ungekämmtes Haar ließ an mehreren Stellen die bläuliche Kopfhaut durchschimmern. Es sah aus, als würden seine Augen sie noch erkennen. Irma schüttelte ihn sanft, aber seine hageren Schultern waren bereits steif und kalt.

In Sehlscheid wurden zu dieser Zeit die ersten Wochengehälter ausgezahlt. Die Knopffabrik Hingst vergab Heimarbeit. Die jungen

Männer gingen bei Vahlen in Arlich, bei Fockenbach oder beim Fabrikanten Kemmstein in die Lehre, der Dosen für die in Japan beliebte Haarpomade herstellte. Und auch der alte Kehl konnte mit seinem Kolonialladen im Oberdorf inzwischen zwei Angestellte beschäftigen.

Nachdem Sehlscheid offiziell zum Luftkurort erklärt worden war, ließ der Verkehrs- und Verschönerungsverein an den Waldwegen Ruhebänke aufstellen. Gleich neben dem neuen Schulgebäude weihte einer der Brink-Söhne mit Kapelle und Tanz das dritte Gasthaus mit über zwanzig Fremdenzimmern ein. An heißen Tagen fuhr ein Sprengwagen über die Straßen, damit der Staub den Sommergästen nicht in die Kleider geriet. Der Bürgermeister ließ ein Ehrenmal für die Toten von 1870 sowie einen Zierbrunnen errichten. Und am Hahn wurde ein Tennisplatz angelegt, auf dem noch im Herbst die Damen aus der Stadt in weiten Röcken umherliefen und spitze Schreie ausstießen.

Wenn Jud Wolf mit seinem Wagen voller Kochtöpfe, Rasiermesser und fester Stoffe von der Melsbacher Hohl herauf kam, sah er die Bäuerinnen des Unterdorfes in ihren Vorgärten nun Tulpenzwiebeln setzen. Samstags harkten sie die Höfe. Und wo bisher immer dieselbe Uhr und dieselbe handbestickte Schürze von Vater zu Sohn und von Mutter zu Tochter weitergereicht worden waren, begann sich für den Händler das Geschäft mit Bordüren und Schleifen, mit Broschen und Hüten nach städtischer Mode in Sehlscheid zu lohnen.

Nie waren die Frauen von Sehlscheid prächtiger herausgeputzt als für die Hochzeit der hübschen Kläre Brink mit dem einzigen Sohn der Witwe Vahlen. Schließlich handelte es sich um die Tochter des reichsten Bauern im Ort. Und auch wenn Adam Vahlen ein Junge von der Hüh blieb, so trug er doch zumindest den Namen der berühmten Fabrikantenfamilie seines Vaters.

Adam hatte dunkles Haar und einen schnellen Verstand. Das vorstehende Kinn, die lange Nase, der breite Mund kamen ganz offensichtlich von Seiten der Wittlichs. Seine zarten Hände und feinen Glieder schrieb man dem Vater zu, an den sich die Frauen des Dorfes noch gut erinnerten. Doch Adams schönes Lächeln hatte man so nur bei Irma Vahlen gesehen.

Der Junge war von klein auf vorlaut. Er kniff und boxte seine Mutter, und in der Schule sorgte er häufig für Aufruhr. Aber wenn Irma am Sonntag mit ihrem hübschen Sohn zur Kirche ging, fühlte sie sich wie eine der vornehmen Mütter auf der Koblenzer Rheinpromenade.

Adam begann früh damit, in der Gastwirtschaft zu prahlen, was er alles anstellen wollte mit seinem Leben. Dabei war bekannt, dass ihn keiner der Lehrer an die höheren Schulen empfohlen hatte. Er brachte es nicht weiter als bis zum Hilfsarbeiter bei Fockenbach. Und auch die Geburt seiner beiden Söhne Hermann und Rudolf änderte nichts daran, dass er jeden Wochenlohn vertrank.

Einmal benahm sich Adam auf einer Vatertags-Fahrt mit dem Gesellschaftswagen durch die Dörfer derart schlecht, dass hinterher keiner seiner Freunde mehr bei ihm sitzen wollte. Die Dienstpflicht in der Preußischen Armee leistete er im linksrheinischen Koblenz ab. Ansonsten kam der junge Vahlen über die Grenzen des unteren Westerwalds nie heraus. Statt dem Bauern Brink bei der Ernte zu helfen, legte er sich mit den Schwägern an. Statt seine Frau zu ehren, sah er anderen hinterher. Statt seine Mutter auf dem Hof zu unterstützen, bat er sie regelmäßig um Geld.

Und dann wurde Adam eines Morgens im Stall seines Schwiegervaters kotverschmiert und vom Vieh zertrampelt aufgefunden. Am Vorabend hatte man ihn noch das Gasthaus verlassen und wankend durch das Gebück ins Unterdorf gehen sehen. Die hochschwangere Kläre wartete zu Hause mit den Kindern vergeblich. Schwer betrunken und in dunkelster Nacht musste Adam in den Brinkschen Bullenverschlag geraten sein.

Vielleicht hatte einer seiner Freunde sich einen bösen Scherz mit ihm erlaubt. Für wahrscheinlicher hielten es die Bewohner von Sehlscheid, dass der Bauer Brink selbst dem Kummer seiner Tochter ein Ende setzen wollte.

Für Kläre war es sicher so das Beste, und schon bald schien der unglückliche Vorfall im Dorf wieder vergessen. Nur meinten sich später einige der Frauen zu erinnern, dass etwa zu diesem Zeitpunkt die alte Irma Vahlen mit ihrem endlosen, unzufriedenen Geschimpfe begann.

Die Straßen von Sehlscheid waren noch immer mit Schnee bedeckt, als Martha im Frühjahr geboren wurde. Gleich nach dem Unfall ihres Mannes hatte Kläre Vahlen den großen Hof der Eltern im Unterdorf verlassen, um mit ihren Söhnen zur Schwiegermutter zu ziehen. Die Hebamme war für die Geburt auf die Hüh gekommen. Hermann und Rudolf saßen in der Kohlenkiste und horchten mit erschrockenen Gesichtern auf die Schreie ihrer Mutter. Zeternd hantierte die alte Vahlen mit Schüsseln und Tüchern. Schließlich musste das Kind an den Füßen herausgezogen werden, so dass es Kläre dabei heftig zerriss. Das fettleibige, schwächliche Mädchen, so hieß es im Dorf, sei wohl das letzte Übel, das Adam Vahlen seiner Frau hinterlassen hatte.

Am folgenden Tag trieb der alte Brink seiner Tochter ohne ein weiteres Wort drei Kühe und fünf Mastschweine auf den Hof. Durch diese späte Mitgift mit dem Nötigsten ausgestattet, bemühten sich die beiden Witwen nun gemeinsam um das Überleben der neu entstandenen Familie. Wie zwei ungleiche Schwestern blieben sie in Trauer gekleidet. Dabei war man sich im Dorf einig, dass es den Vahlens auf der Hüh bald besser erging als je zuvor.

An den Apfelbäumen hingen bereits winzige, harte Früchte, und auch die Kirschen waren längst verblüht, als die kleine Martha sich eines Tages rollend und schiebend auf ihrer Sackdecke fortzubewegen begann. Gleißendes Sonnenlicht hatte sich über die Hügel gelegt und schlug helle Schneisen durch die Buchenwälder. Das Leuchten des satten Grüns, der Duft des Holunders und das Rufen der Vögel erfüllten die Luft. Der alte Schnapp, den die Großmutter mit der Aufsicht des Kindes betraut hatte, döste im Schatten des Vordachs. Irma rupfte hinter dem Haus ein Huhn und kam gerade noch rechtzeitig, um Martha aufzuhalten, bevor sie sich den steilen

Hügelpfad hinunterrollen konnte. Sie riss das strampelnde Bündel hoch und strafte erst den Hund, dann das Mädchen mit einem Blick, in dem sich Strenge und Stolz mischten.

»Denkst, du kannst dich fortmachen?«, schimpfte sie, so dass Martha in ihren Bewegungen innehielt und die Großmutter mit aufgerissenen Augen betrachtete. Irma setzte das Kind auf den Boden zurück. Zufrieden trat sie einen Schritt zur Seite, um zu beobachten, wie es sich von neuem abmühte vorwärtszukommen. »Na, wirst schon sehen«, sagte sie.

Staub (April 2007)

Wieland blinzelte. Sein rechtes Augenlid hörte nicht auf zu zucken. Seine Haut brannte vom Schweiß, sein Nacken schmerzte.

Über die ganze Länge des Dachbodens waren Stapel von Aktenordnern, Papierrollen und riesige Bücherkisten verteilt. Ein Raubvogel, vielleicht ein Kauz, musste hier sein Nest haben. Im Licht der Glühbirnen, die das wenige Tageslicht nur dumpf verstärkten, sah Wieland die Überreste seiner Mahlzeiten herumliegen – kleine Gewölle aus Mäusefell und Knochen. Im breiten Sonnenstrahl, der durch das einzige Dachfenster trat, wirbelten Staubkörner. Ein weiterer, ungewöhnlich warmer Frühlingstag erhitzte draußen, knapp über ihren Köpfen, das Dach.

Judith saß auf zwei übereinander gestapelten Holzkisten und nummerierte die Papiere, die Wieland in den einzelnen Ordnern fand. Wenn er ihr etwas zeigen musste, oder sie etwas vorlas, war es ihm unangenehm, ihr nahezukommen, so verschwitzt fühlte er sich. Erfolglos versuchte er, mit einem Räuspern seine Luftröhre vom Staub zu befreien. Seit seiner Ankunft in Sehlscheid vor drei Tagen hatte er nicht mehr als ein paar Stunden geschlafen.

Nachdem Judith am Vorabend gegangen war, hatte Wieland in seinem Hotelzimmer noch lange darüber nachgedacht, was sie eigentlich von ihm wollte. »Wenn Sie mir helfen, helfe ich Ihnen«, hatte sie gesagt. Und für Wieland klang das verführerisch. Dann hatte sie ihm angeboten, gemeinsam den Nachlass zu sichten und die Briefe zu suchen. Natürlich hatte er sofort eingewilligt. Erst hinterher war ihm aufgefallen, dass er gar nicht wusste, worin genau sein Teil der Abmachung bestehen würde.

Auch Alexia schien sich für die Papiere auf dem Dachboden zu interessieren. Sie hatte Wieland kaum begrüßt, als er morgens für die Arbeit ins Haus gekommen war. Aber jetzt hockte sie im Schneidersitz unter der Dachschräge und blätterte durch handbeschriebene Karteikarten in langen Holzkästen. Das Register stammte aus dem Aurum Verlag, den Judiths Großvater mütterlicherseits gegründet hatte. Einmal, sagte Judith, habe er ihre Großmutter mehrere Monate lang hier oben eingesperrt. Alexia hatte auf die Geschichte gleichgültig reagiert, als wäre sie ihr längst bekannt. Und Wieland hatte es nicht gewagt nachzufragen, so merkwürdig erschien sie ihm.

Auch die Ordnung auf dem Dachboden kam ihm undurchsichtig, ja fast schon unglaubwürdig vor. Allein die Unterlagen des Verlags mussten einen unschätzbaren Wert für jedes Archiv haben, aber sie waren hoffnungslos eingestaubt. Vahlens Papiere waren ebenso achtlos untergebracht, in ausgeblichenen Mappen, manchmal auch in Plastikwannen, wie Wielands Mutter sie zum Aufhängen nasser Wäsche benutzte.

Da waren Manuskripte von Rohlich und Degenhardt, Briefe von Kühn, Fendrich und Pfaff, Handgeschriebenes, Notizen, Flugblätter. Wieland versuchte sich seine Aufregung nicht anmerken zu lassen. Der Anblick des dünnen, teilweise vergilbten Papiers, die leicht wiederzuerkennende Type von Vahlens Schreibmaschine, die mit Bleistift hingekritzelten Verbesserungen an einzelnen Wörtern und Sätzen – so etwas gab es gar nicht mehr. Sogar Gellmann hatte seine letzten Manuskripte nur noch auf Datenträgern an das Archiv gegeben. Wieland freute sich darüber, dass er in seinem Lebenslauf künftig diese Arbeit an dem Nachlass erwähnen konnte. Auch wenn das Sichten, Ordnen und Auflisten sich als aufwendiger erwies, als er es sich vorgestellt hatte.

»Geschäftskorrespondenz«, sagte er zu Judith. »Und hier auch: Verlag, Literaturhaus, Verband, Akademie.« Er machte eine Pause und nahm weitere Papiere zur Hand, die er in eine der vornummerierten Mappen legte. »Ordner acht: Schulzeugnisse, Handwerkerrechnungen, Briefe der Kinder und der Eltern, nennen wir es ›Privates‹«. Er versuchte Judith gewinnend anzulächeln. Wieder musste er husten. »Hier etwas anderes, Ordner neun: Hörspiele. Wahrscheinlich in Zusammenhang mit seiner Tätigkeit für den Rundfunk. Dieses ist offenbar von Kühn. Und hier eins von Gellmann. Das kenne ich. ›Der Sohn des Industriellen von Thronheim‹. Ein tolles Stück. Es wäre mir lieb, wenn wir Gellmann gleich separat angelegt ließen. Ist Ihnen das recht?«

»Natürlich, Herr Doktor«, lächelte Judith.

Er betrachtete ihr hübsches, im Halbdunkel des Dachbodens leuchtendes Gesicht. Machte sie sich über ihn lustig? Judith trug ein langärmeliges Baumwollkleid. Ihr Haar war mit einer Spange hochgesteckt. Wieder hatte sie einen Schal um die Schultern gelegt, mit dem sie ihre Behinderung verdeckte.

»Sind Sie sicher, dass Ihre Mutter nichts dagegen hat, dass wir hier sind? Wo ist sie eigentlich?«, fragte er aus einer plötzlichen Unruhe heraus.

Judith lachte. »Hella hat eine Besprechung mit Reinier Westphal, dem Produzenten von *Villa Westerwald*. Wahrscheinlich in dessen Haus in Köln, vielleicht auch in Italien.«

»Sie denken also, sie ist einverstanden?«

»Ich musste ihr versprechen, dass Sie nichts mitnehmen.«

»Das ist alles? Warum war sie dann zuerst dagegen, dass ich die Sachen sehe?«

»Meine Mutter hat schlechte Erfahrungen gemacht.«

Es klang, als wolle Judith nicht weiter darauf eingehen.

»Stimmt es, dass nie jemand den Nachlass durchgesehen hat? Was ist mit den Archiven?«

»Sie melden sich immer mal wieder. Aber die wissen genau, dass sie nur abwarten müssen. Spätestens, wenn wir alle tot sind, bekommen sie die Sachen ohnehin. Sehen Sie mal.«
Sie hielt ihm ein Gedichtmanuskript hin, auf dessen Rückseite eine Kinderzeichnung war. »Judith« stand in krakeliger Schrift darunter geschrieben. Wieland lächelte. Aber nach einer Pause, die er für angemessen hielt, sagte er: »Es ist unvorstellbar, wie viele Nachlässe durch Wasserrohrbrüche, Feuer oder allein durch Umzüge verloren gehen. Mir scheint es doch das Beste, wenn wichtige Papiere in Archiven geordnet, sachgemäß gelagert und vollständig zugänglich sind.«

»Was heißt für Sie vollständig?«

»Na«, sagte Wieland etwas irritiert. »Ich meine, dass alle Informationen und nachgelassenen Dokumente, die man zu einem Autor und seinem Werk finden kann, möglichst an einem Ort zusammengefasst sein sollten.«

»Sind Sie sicher?«, fragte Judith.

Wieland verstand nicht.

»Sagen wir, Ihre Mutter stirbt morgen, und jemand hat alle Papiere gesammelt, die sie aufbewahrt hat. Und stellen Sie sich vor, der behauptet dann, das wäre die vollständige Information über sie.« Judith sah ihn an. Sie schien ihn abschätzen zu wollen. Aber Wieland war sich noch immer nicht sicher, worauf sie hinauswollte.

»Verstehe«, sagte er.

»Gut. Die meisten verstehen es nicht. Wussten Sie, dass meine Mutter als schwierige Witwe gilt? Und das nur, weil sie nicht gleich jedem Zeitungsvolontär oder Studenten alles zeigen will.«

»Wer war denn hier?«

»Hier oben war noch niemand.«

»Und wer wollte den Nachlass ansehen?«, fragte er noch einmal.

»Ein paar Wissenschaftler und Verlagsleute. Oft nur Praktikanten. Die meisten melden sich ein einziges Mal. Meine Mutter sagt dann, sie hätte erst in ein paar Wochen Zeit, und bis dahin haben die es dann wieder vergessen.«

»Warum?«

»Ich weiß nicht. Die denken wohl, wir müssten ihnen hinterhertelefonieren. Oder sie meinen es nicht wirklich ernst.«

»Und was bringt Sie dazu zu denken, ich würde es ernst meinen?«

Sie strich sich das Haar aus dem Gesicht. Mit der anderen Hand, oder eher mit dem, was an ihrer Stelle war, wie Wieland mit Unbehagen feststellte, hielt sie das Notizbuch geöffnet.

»Schwer zu sagen. Ich weiß nicht, ob Sie es ernst meinen. Es scheint Sie zumindest zu interessieren. Sie sind hierhergekommen. Auf eine etwas merkwürdige Art, aber immerhin. Sie sehen klug aus, und Sie scheinen Verständnis zu haben für unsere Situation.«

Wieland war verlegen. »Es muss seltsam für Sie sein, sich die Papiere Ihres Vaters anzusehen«, sagte er, um das Thema zu wechseln.

»Ja«, sagte Judith. »Ich mochte meinen Vater sehr und habe seine Arbeit bewundert.« Sie machte eine kurze Pause. »Ist Ihr Vater auch an der Universität?«

»Er war Steuerprüfer beim Finanzamt. Er ist im Ruhestand«, sagte Wieland.

»Oh.«

»Ja. Das ist nicht besonders spannend.«

»Das kann spannend sein«, sagte Judith. »Es kommt nur darauf an.«

»Bei ihm war es nicht spannend«, sagte Wieland.

»Sie scheinen Ihren Vater nicht zu mögen?«

Wieland dachte, im Grunde habe sie recht. Bewundert hatte er ihn zumindest nie.

»Er hat meine Mutter verlassen«, rutschte es Wieland heraus. Er glaubte nicht, dass Judith sich wirklich dafür interessierte, woher er kam und wie sein Verhältnis zu seinem Vater war. Sie stellte die Fragen aus einer für sie selbstverständlichen Freundlichkeit heraus.

»Und Sie? Warum sind Sie nicht Steuerprüfer oder Jurist geworden wie Ihr Vater?«, fragte Judith weiter. »Was hat Sie zur Literaturwissenschaft gebracht?«

Wieland kannte diese Frage. Schon seine Schulfreunde hatten ihn belächelt, weil er lieber mit einem Buch zu Hause blieb, als mit ihnen im Fußballstadion zu frieren. Aber die Mädchen hatten sich beeindruckt gezeigt, wenn sie mit ihren Fingern über die Buchrücken in Wielands Regal gestrichen waren, als würden sie die Witterung von etwas Hintergründigem aufnehmen. Und schon bald hatte er damit begonnen, die Bücher bewusst auszuwählen, die er auf seinem Nachttisch liegen ließ. Wann immer er an seine Kindheit dachte, sah er sich mit einem Buch in einer Ecke der Wohnzimmercouch sitzen. Eigentlich nicht viel anders als sein Vater mit dem Fernseher. Still. Zufrieden. Unangreifbar.

»Ich glaube, ich bin von selbst darauf gekommen«, sagte er langsam. »Die Bücher gehörten mir ganz allein. Sie haben mich verändert, mir geholfen. Ich wollte immer herausfinden, wie sie das gemacht haben.«

»Das ist sehr schön, was Sie da sagen.« Judith kam näher. Sie roch nach Parfüm, Jasmin, dachte er. »Vielleicht hätten Sie lieber selbst schreiben sollen, statt Literaturwissenschaftler zu werden.« Sie legte ihren Kopf in den Nacken, und Wieland fragte sich, ob sie wusste, wie verführerisch sie dabei aussah.

»So ging es mir übrigens auch«, sagte Judith. »Obwohl bei uns die Bücher allen gehörten. Aber für jeden bedeuteten sie letztlich etwas anderes. Jeden machten sie auf andere Weise stark. Und am stärksten wurde am Ende meine Mutter.«

Warum die Mutter, fragte sich Wieland? Warum nicht Peter Vahlen, der Schriftsteller, oder sie selbst? Waren es die Drehbücher von *Villa Westerwald*, die Hella Vahlen zu dieser stolzen und überheblichen Witwe gemacht hatten? Aber in diesem Moment kam Judith noch näher, fühlte er ihren Atem an seinem Hemdausschnitt. Und dann küsste sie ihn.

Ihre Lippen drückten sich auf seine. Er schmeckte ihre Zunge. Ein leichter Schwindel erfasste ihn. Judiths Hand berührte seine Schulter, streichelte seine Brust. Am Rücken spürte er den sanften Druck ihres anderen Arms.

Mit einer etwas zu fahrigen Bewegung ließ Wieland die Papiere, die er noch in der Hand hielt, auf den Tisch fallen. Er wollte sich konzentrieren, bemühte sich, Judiths Kuss zu erwidern, geriet dabei in Panik und fasste, ohne es zu wollen, plötzlich hart zu.

Er nahm sich vor, jede Einzelheit dieses Kusses zu registrieren, um sich später daran zu erinnern. In *Villa Westerwald* wäre Judith »die Tochter« – dargestellt von der hinreißenden Minna Maria Garns. Es war, als sehe er sich selbst dabei zu, wie er am zarten Stoff ihres Kleides zerrte. Er tastete sich die Wirbel ihres Rückens herunter, fühlte ihre Hüftknochen, zog ihren Hintern mit beiden Händen an sich. Judith hing jetzt beinahe in seinen Armen.

Wieland öffnete die Augen und sah Alexia, die noch immer in der Ecke des Dachbodens saß, zu ihm herüberblicken. Er machte sich los.

»Einen Moment«, murmelte er. »Ihre Tochter. Sie langweilt sich bestimmt.«

Judith lachte auf. »Alexia langweilt sich sicher nicht«, rief sie zu ihr herüber. »Wolltest du nicht noch zum Reiten? Nimm dir Geld aus meiner Tasche, ja?«

Alexia ließ einige der Karteikarten in ihre Umhängetasche gleiten und stand auf.

»Lasst euch von mir nicht stören«, sagte sie kühl.

Dann verschwand sie polternd im Treppenaufgang und ließ weiter unten die Tür zum Dachboden zufallen. Judith, die aufmerksam gelauscht hatte, bis die Schritte ihrer Tochter nicht mehr zu hören waren, wandte sich wieder zu Wieland um.

»Sind Sie verheiratet?«, fragte sie.

»Nein, ich …, warum?«, sagte er verlegen.

»Weil Sie küssen, als wären Sie verheiratet.«

Wieland hätte gerne etwas Kluges entgegnet. Er stellte sich vor, wie Gellmann mit Judith zusammen gewesen war. Für einen wie Gellmann musste Körperlichkeit lediglich die natürliche Erweiterung seiner Empfindungen bedeuten. Jederzeit könnte der Dramatiker die Einzelheiten eines sexuellen Vorgangs in Sprache fassen.

»Machen wir weiter?«, fragte Judith.

Wieland verstand nicht gleich, was sie meinte. Aber dann antwortete er mit ebenso zweideutigem Bedauern:»Wenn wir heute Abend noch etwas anderes machen wollen, müssen wir uns ranhalten.«

»Jawohl, mein Doktorand«, sagte Judith erneut auflachend.

»Nennen Sie mich Andreas«, sagte Wieland und merkte, wie er wieder rot wurde. Gleichzeitig verspürte er Stolz in sich aufkommen. Aus dieser Geschichte könnte für ihn eine große Sache werden. Er ordnete einen wichtigen Nachlass, an den außer ihm niemand herangekommen war. Und er hatte das ganz allein erreicht. So verkrampft, wie er auf Leute wie Judith und Gellmann vielleicht wirken mochte, war er nicht. Sie würden das schon noch merken.

Das Haus im Aulbachtal (August 1968)

Im Grunde gefalle ihr die Idee, auf dem Land zu leben, sagte Hella beim Frühstück und blinzelte dabei in die Morgensonne, die durch das Fenster des Schankraums fiel. Sie erzählte von dem Haus, das sie geerbt hatte, und von ihrem Vater, den sie kaum gekannt habe. Er sei ein Nazi gewesen, sagte sie, und Gellmann wunderte sich, mit welcher Sanftheit sie das sagte.

Auch Vahlen tat, als wäre es gar nicht abwegig, inmitten von Spießern und reaktionären Bauern in einer Nazi-Villa im Westerwald zu wohnen. Er bestrich ein Brötchen nach dem anderen mit Marmelade, um es schnell herunterzuschlingen. Kauend sprach er vom Kontakt zur Natur, vom ruhigeren Arbeiten und – hier musste Gellmann lachen – von Schnittlauch und Radieschen aus dem eigenen Garten.

Längst war keine Rede mehr davon, Gellmann an irgendeinem Bahnhof abzusetzen. Vahlen hatte ihm noch vor dem Frühstück angeboten, für ein paar Tage mitzukommen. Und es hatte ausgesehen, als freue er sich nun tatsächlich über die Anwesenheit eines Zuschauers, eines neutralen Dritten bei ihrer Inbesitznahme des Hauses.

Gellmann dachte an Vahlens fahriges Gehabe zu Beginn der Fahrt und an Hellas fast überhebliche Verschwiegenheit. Das Erbe schien für Hella eine Belastung zu sein. Als würde sie etwas einholen, eine begraben geglaubte Erinnerung, eine unangenehme Geschichte. Oder war es nur das, was die meisten von ihnen fühlten, wenn sie an ihre Eltern dachten? Schließlich ging es um Nazis, bestenfalls um Mitläufer. Sie saßen, wie ein Großteil der Verbrecher, noch immer an den Schaltstellen oder zumindest auf ihren bequemen Couchgarnituren. Sie verlangten von der Politik nichts weiter als Ruhe und Ordnung. Sie faselten davon, wie schwer sie es gehabt hatten, und dass die Kinder es besser haben sollten. Aber in Wirklichkeit gönnten sie ihnen nichts. Nicht einmal den Kuppeleiparagraphen wollten sie abschaffen.

Gellmann selbst kam aus einer Akademiker-Familie. Sein Vater war autoritär. Ein echtes Arschloch. Die Uniformjacke des Großvaters und seine eigene hingen noch immer im Schlafzimmerschrank. Ob er wirklich die NPD gewählt hatte, wusste Gellmann nicht mit Sicherheit. Genau wie alle anderen beschwerte er sich häufig und lauthals über seine Eltern. Aber wenn Gellmann ehrlich war, hatten sie ihn nie daran gehindert, seinen eigenen Weg zu gehen. Und seinen Nazi-Onkel konnten sie genauso wenig ausstehen wie er.

Vielleicht war Hellas Geschichte doch komplizierter. Auf jeden Fall wirkte sie um einiges interessanter. Hella schaute ihn über ihre Kaffeetasse hinweg an. Ihre offensichtliche Verletzbarkeit, ihre Erwartungen an diese Freundschaft, ihre Schönheit beschämten Gellmann. Der Wunsch, sie anzufassen und mit ihr ins Bett zu gehen, wirkte plötzlich banal und egoistisch auf ihn.

Nach dem Frühstück kümmerte Vahlen sich in seiner ruhigen Art, die in nichts an die Ausbrüche des Vortages erinnerte, um die Beschaffung eines Ersatzreifens. Gellmann gefiel die Vorstellung, die Kneipen, Demos und Diskussionen für eine Weile hinter sich zu lassen. Mit Vahlen könnte die eine oder andere Zusammenarbeit entstehen. Vielleicht würden sie tatsächlich Freunde.

Sie erreichten Sehlscheid, als das warme Nachmittagslicht schon in Dämmern übergegangen war. Allen dreien war etwas übel geworden von den kurvigen Straßen. Noch immer ein wenig verkatert überkam sie angesichts der Schönheit der Gegend und der Trostlosigkeit der verputzten Häuser eine beinah hysterische Fröhlichkeit. Als Vahlen sagte, er sei in dem Ort aufgewachsen, bevor er nach Amerika ging, hielt Gellmann das zuerst für einen Scherz. Das Haus seiner Mutter hatten sie vor langer Zeit abgerissen, erzählte er. Es gab nur noch eine Tante mit einem Gasthaus und ein paar entfernte Verwandte.

Wenige Kilometer nach dem Ortsschild bogen sie von der Landstraße in eine Auffahrt ein. Als der Wagen auf dem Kiesweg zum Stehen kam, wurde Gellmann einiges klar. Hellas Haus war wie der Traum von einem Haus. Eine heruntergekommene Fabrikanten-Villa umgeben von Laubwäldern, Hügeln und einem Bach. Der Garten war im vorderen Teil mit alten Blutbuchen und Eichen bepflanzt, weiter hinten standen Kirsch- und Apfelbäume.

Vahlen stieg aus. Mit den Beinen aufstampfend, die Arme in Dehnungsübungen wild um sich schleudernd, johlte er in den Himmel. Gellmann griff sich Hellas Mütze, und sie verfolgte ihn lachend über die Wiese. Sie kamen erst zurück zum Auto, als Vahlen sie mit gespielter Empörung zu sich rief.

Das Haus mit seinen ausgeblichenen Farben war heruntergekommen. Der Putz an der Fassade bildete Wellen. Das Dach hing an einigen Stellen durch, Schieferplatten waren zu Boden gefallen, einzelne Fensterläden fehlten. Am hinteren Teil rostete ein mit kaputten Gartenmöbeln verstellter Wintergarten vor sich hin.

»Rosebud«, sagte Gellmann, als sie die Treppe zum Eingang hinauftraten. Vahlen lachte, und Hella – plötzlich ernst geworden – lächelte immerhin. Der Schlüssel passte, die schwere Tür öffnete sich.

Das hereinfallende Abendlicht erhellte die Räume nur teilweise.

Dunkler Staub lag auf den Wandvorsprüngen und bedeckte die Handläufe der Treppe. Im hinteren Teil der Eingangshalle waren Möbel gestapelt. Das Haus musste lange Zeit leergestanden haben, aber die meisten Zimmer waren nur halbherzig geräumt. Einzelne Stühle, ein Sofa und offene Kleiderkisten standen herum. Ein Arbeitszimmer war noch vollständig möbliert. An den Wänden hingen Jagdszenen in Öl und Gravuren von Industrieanlagen aus der Gründerzeit. In der Küche gab es fließend Wasser. Ein Mann aus dem Dorf hatte sich vor ihrer Ankunft darum gekümmert, dass auch Gas und Strom angestellt waren.

Hella drückte auf den Kippschalter neben der Küchentür. Im Licht der nackten Glühbirne reichte ihr Schatten bis hinüber zum Fenster. Sie hatten in Grävenwiesbach eingekauft – Wein, Fleisch, Kartoffeln, Tomaten und Obst. Schon bald hörte Gellmann Hella in der Küche hantieren, ihre Absätze auf den Steinfliesen, das routinierte Öffnen und Schließen von Schränken, das Klirren beim Auspacken von Schüsseln und Tellern. Vahlen und Gellmann setzten sich mit einer Flasche ins Arbeitszimmer, wo sie im Kamin Feuer machten.

»Sag mal, meint ihr das ernst, hier herziehen zu wollen?«, fragte Gellmann.

»Dir würde das auch gut tun, ein bisschen Nähe zu Mutter Natur. Das festigt den Charakter und glättet die Metaphern«, witzelte Vahlen.

»Ich halte nichts von Metaphern«, sagte Gellmann.

»Aber vielleicht würde dir eine Spur Sinnlichkeit gut tun? Auf Sinnlichkeit stehst du doch, oder?« Vahlens Provokation reizte Gellmann.

»Sinnlichkeit ja. Idylle nein. Willst du hier zum Naturdichter werden? Und das alles für Radieschen und Schnittlauch aus dem eigenen Garten?«

»Warum nicht?«, fragte Vahlen. »Willst du etwa weiterhin eine Revolution machen, von deren Existenz nur ein knappes Prozent der Bevölkerung je etwas erfahren wird? Und das alles, um ein paar Arschlöcher zu ärgern, die ohnehin nichts anderes von dir erwarten?«

»Stattdessen soll ich die Rosen und Nelken von Sehlscheid besingen?«, fragte Gellmann.

»Alles ist möglich.« Vahlen schien nachzudenken. »Auch Naturdichtung hat ihre Berechtigung. Man kann heute nicht die Augen verschließen vor der Zerstörung durch den Fortschrittsglauben. Du selbst redest in deinen Stücken von nichts anderem. Gerade das macht sie so gut. Aber wo ist dieser Zerfall am deutlichsten zu sehen? An uns selbst und an unserem Verhältnis zur Natur.«

»Du findest meine Stücke gut?«

»Einige sind besser als alles, was in den letzten Jahren zum Thema geschrieben wurde«, sagte Vahlen.

»Du schmeichelst mir«, sagte Gellmann zufrieden.

»Ich schmeichele nicht. Ich konstatiere.«

Gellmann lachte und nahm einen Schluck. »Du hast recht, was die Natur angeht. Es gefällt mir hier. Vielleicht sollte ich ihr eine Chance geben.«

Vahlen nickte. Sie schwiegen.

»Wer waren die von Nesselhahns?«, fragte Gellmann nach einer Weile.

»Waschmittelproduzenten. Chemie für die Hausfrau. Später vor allem Salpeter, Ersatzstoffforschung und Munition.«

»Aha. Also doch Krupp und Siemens. Haben sie Dreck am Stecken?«

»Nicht Hellas Vater. Der ist rechtzeitig ausgestiegen. Zumindest aus dem Chemie-Geschäft. Er war Verleger. Ein Guter. Bis die Nazis kamen. Dann hat er die Memoiren von lokalen Partei-Bonzen veröffentlicht und Nazi-Theoretiker ins Programm genommen.«

»Und wie ging's weiter?«

»Sagt dir der Name Aurum was?«

»Der Verlag von Pellerts und Brabender.«

»Genau. In den fünfziger Jahren hat Nesselhahn den Verlag an Herlett verkauft. Hellas Mutter hat sich allerdings schon früher von ihm getrennt, mitten im Krieg. Er hat sie monatelang mit den Kindern auf dem Dachboden eingesperrt, keiner weiß so richtig, warum. Als er sie rausgelassen hat, ist sie gegangen. Er wollte sie zurückholen. Aber sie hat es vorgezogen, die Kinder allein aufzuziehen.«

»Daher Hellas starker Charakter.«

»Vielleicht.« Vahlen zögerte, als wolle er noch etwas sagen. »Aber die Millionen hat ihr der Vater vererbt?«

»Nennst du diese Bruchbude, für die wir uns bis ans Ende unserer Tage in Schulden stürzen müssen, Millionen? Die Millionen haben andere ausgegeben. Nesselhahn ist schon lange tot. Dass hier bereits der eine oder andere Erbe durchgegangen ist, sieht man ja. Hella hat das Haus von ihrer Mutter. Die ist erst kürzlich gestorben.« Vahlen senkte die Stimme. »Sie hat sich umgebracht.«

Mit einem Schlag war Gellmann klar, in was für eine Situation er hineingeraten war.

»Verstehe«, sagte er.

Einen Moment lang schwiegen beide. Vahlen blickte Gellmann an.

»Mach nicht so ein betroffenes Gesicht«, sagte er schließlich und schenkte nach.

Gellmann nickte. Das offene Feuer im Kamin vertrieb langsam die Kälte. Das Arbeitszimmer wirkte geheimnisvoll. Er bekam Lust, sich hier an die Schreibmaschine zu setzen. Wahrscheinlich hatte Vahlen recht. Was hatte er schon zu verlieren? Einige Tage auf dem Land könnten ihm guttun. Sobald die Stimmung umschlug, musste er eben gehen.

Mit den Fingern fuhr er über den angegriffenen Stoff des Sessels, in den Muster von Blumen und Zweigen gewebt waren. So etwas gibt es gar nicht mehr, dachte er. So etwas ist unbezahlbar. Er wollte diesen Gedanken, von dem er meinte, er könne Vahlen gefallen, gerade aussprechen. In dem Moment trat Hella mit einem Topf Gulasch in den Raum.

Zweiter Teil

Martha Vahlen

Zwei Brüder (Sommer 1914)

Als in Sehlscheid die Nachricht von der Kriegserklärung eintraf, zogen auch Hermann und Rudolf Vahlen johlend durch die Straßen. Aber während die anderen Mütter das Unterzeug der jungen Männer mit Wäschetinte zeichneten und man im Gasthaus den Frontverlauf voraussagte, wirkten die Vahlen-Frauen unbeteiligt. Großmutter Irma schaute kaum von dem Huhn in ihrer Schürze auf, als die Enkel mit erhitzten Gesichtern von ihrem bevorstehenden Einsatz erzählten. »Geht nur, wird eh nix aus euch werden«, sagte die Alte. »Lasst euch den Kopf wegschießen. Habt ja zwei da von.« Dann klemmte sie den frisch abgebrühten Hühnerleib fester zwischen ihre Knie und rupfte mit verkniffenen Lippen weiter.

Auch die Witwe Kläre melkte morgens wie immer die Kuh, setzte mittags Weißkäse an und leerte abends wortlos die Futtereimer in die Tröge. Wenn Hermann und Rudolf bei Tisch die neuesten Fortschritte bei der Mobilmachung besprachen, traf sie der strenge Blick ihrer Mutter. »Ihr geht zusammen«, sagte Kläre. »Keiner von euch kommt mir ohne den anderen wieder. Und damit Schluss. Ich will vom Krieg nichts mehr hören.«

Am schlimmsten schien Martha zu leiden, dass Hermann und Rudolf sie verlassen würden. So groß und imposant die Brüder mit den Jahren geraten waren, so traurig wirkte die kleine Martha. Ihr geblähter Bauch ließ die Beine aussehen wie dürre Stäbe. Die Augen wirkten übergroß, Gesicht, Hals und Arme waren von Rötungen und Knoten überzogen. Außer Irma Vahlen, die ihre einzige Enkelin schon früh an ihre Seite genommen hatte, ahnte niemand etwas von Marthas nur langsam wachsender Schönheit.

Die Dorfkinder ärgerten das dickliche Mädchen. Sie versteckten Marthas Schuhe, und sie musste barfuß nach Hause gehen. Sie benannten die hässlichsten Fratzen auf ihren Schiefertafeln nach ihr. Und manchmal waren ihre Hänseleien so schlimm, dass Martha die Worte nicht einmal vor ihren Brüdern wiederholen konnte. Aber erst, wenn die Kinder ihren toten Vater beleidigten, wenn sie Adam Vahlen einen Nichtsnutz und Trinker nannten, wehrte sich Martha. Mit aufgeblasenen Wangen rannte sie den Quälgeistern auf dem Pausenhof hinterher, und in ihren Augen blitzte eine Wut auf, die zu ihrem stillen Wesen gar nicht passen wollte.

Wann immer sie in der Nähe waren, traten Rudolf und Hermann für Martha ein. Den Mädchen drohten sie, die Jungen verprügelten sie. Einmal musste Hermann die Schwester aus dem Ziegenstall des Kolonialwarenhändlers Kehl befreien. Lange wurde in Sehlscheid darüber gelacht, wie Rudolf daraufhin den jungen Kehl, der eigentlich zu alt war, um kleine Mädchen wie Martha zu ärgern, für eine ganze Nacht in sein Plumpsklo eingesperrt hatte.

Rudolf und Hermann übertrafen sich gegenseitig in den Bemühungen um ihre Schwester. Sie stritten auch um das Lob der Mutter, und einer wollte der Großmutter besser zur Hand gehen als der andere. Ihr Ehrgeiz wurde immer größer, der Kampf rücksichtsloser. Schließlich standen die Vahlen-Brüder im Wettstreit um die Zuneigung überhaupt jeden weiblichen Wesens im unteren Westerwald.

Der schöne, hochgewachsene Hermann gewann im allgemeinen die Herzen der Mädchen als erster. Weil er aber zurückhaltend war, während Rudolf die Verehrerinnen seines Bruders neckte, ihnen schmeichelte und Geschichten erzählte, machte am Ende der jüngere Vahlen die meisten Eroberungen. An manchen Tagen beobachtete ihre Mutter, wie Hermann in sich gekehrt auf dem Hof die Arbeit verrichtete, während Rudolf am Gatter mit den Mädchen scherzte, als wolle er den Bruder absichtlich reizen. Und in solchen Momenten sorgte sich Kläre, dass aus den Spielchen ihrer Söhne eines Tages bitterer Ernst werden könnte.

In Marthas Vorstellung dagegen gehörten die drei Geschwister, trotz der Streitereien, untrennbar zusammen. »Eines Tages«, hatte Rudolf halb im Spaß gesagt, »wird unsere kleine Martha dieses Dorf verlassen. Auf dem Rücken eines weißen Pferdes trabt sie davon, und ihre Brüder werden sie auf allen ihren Wegen begleiten.« Martha errötete, ganz wie Rudolf es gewollt hatte. Von ihrem Traum, wie die Großmutter Irma einen Mann zu heiraten, der sie aus Sehlscheid fortbringen würde, erzählte sie niemandem.

Die ruppige Zuneigung der Großmutter war sie gewohnt. Und auch der Gleichmut Kläres, die ihrer Tochter nur selten ein freundliches Wort zukommen ließ, hatte Martha nie etwas anhaben können. Aber ohne ihre Brüder schien ihr das Dasein selbst, das Aufstehen und das Zubettgehen, das Ziegenmelken und das Rübenstechen, die Nachmittage am Burplatz, an denen sie die Röcke und Tücher wie dunkle Blumen im Wäschebecken hin und her bewegte, nicht vorstellbar.

Am Tag ihrer Abreise weigerte sich Martha, von ihrem Strohbett aufzustehen. Hermann und Rudolf, die gekommen waren, um nach ihr zu sehen, fanden die kleine, rundliche Gestalt, die Knie angezogen, die Hände fest vor das Gesicht gepresst, wie sie ihnen im Halbdunkel der Kammer den Rücken zuwandte. Erst als sie begannen, Martha am ganzen Leib zu zwicken und zu kitzeln, brach sie in ein plötzliches und von Schluchzen begleitetes Lachen aus, mit dem sie lange nicht mehr aufhören konnte.

Die Witwe Kläre hatte ihren Söhnen für den Weg nach Koblenz einen Beutel mit Broten und eine Flasche Morbelswein eingepackt. Als Martha, die darauf bestanden hatte, sie bis zur Hümmericher Mühle zu begleiten, endlich laut heulend kehrt gemacht hatte, setzten die jungen Männer sich als erstes an den Wegrand und tranken die Flasche mit großen Schlucken aus. Sie versicherten einander mehrfach, dass es ihnen nicht schwer fiel, Sehlscheid zu verlassen. Schließlich mussten sie ihr Land verteidigen. Im Dorf, sagten sie sich, würde das Leben seinen alten Lauf nehmen. Die Männer waren fast alle eingezogen, aber die Frauen waren es gewohnt zuzupacken. Zumindest, meinte Rudolf, könnte ihnen zu Hause niemand die Mädchen wegschnappen.

Müde machten sie sich wieder auf den Weg, und nun begann auch der Hund Schnapp zu fiepen und zu jaulen. Noch vor Straßenhaus musste Rudolf das Tier mit Schimpfen und Tritten in Richtung des Dorfes zurückjagen.

Bereits im Oktober 1914 kamen die Vahlen-Brüder, dürftig an der Waffe ausgebildet, in Flandern an die Front. Sie ließen einander im Gefecht nie aus den Augen, teilten die Verpflegung und zogen sich abends in den Unterständen gegenseitig die nassen Stiefel von den Beinen.

Als Hermann wenige Wochen später bei Ypern unter ein Kartätschgeschütz geriet, glaubte Rudolf einen Moment, er läge selbst im kalten Schlamm. Er zerrte den Körper des Bruders unter den Rädern hervor und schleppte ihn im Lärm der Geschosse durch die Schützengräben, zwischen Drahtverhauen und Granatenkratern hindurch bis ins Feldlazarett.

Hermanns linkes Bein hing als zerquetschte Masse aus Leder, Stoff und Fleisch an seinem Körper. Die Ärzte wollten sofort amputieren, aber Rudolf stellte sich ihnen in den Weg, und schulterzuckend zogen sie die Vorhänge um das Bett des Verletzten wieder zu. Hermann begann, im Fieber von der Schönheit der Heimat zu reden, und Rudolf musste sich die Ohren zuhalten, um nicht selbst verrückt zu werden. Bei seinem nächsten Besuch konnte er eine Krankenschwester überreden, seinem Bruder Spritzen gegen den Schmerz zu geben. Als er Hermann wiedersah, sagte der gar nichts mehr. Rudolf rief die Ärzte zurück, aber die schüttelten nur noch den Kopf.

Mehrfach wollte der Lazarettobere den Kanonier Rudolf Vahlen an die Front zurückschicken, Jedes Mal konnte er ihm einreden, er müsse bei seinem sterbenden Bruder bleiben. Dann erholte Hermann sich doch. Seine Verletzung, das wurde den Brüdern klar, hatte ihnen beiden das Leben gerettet. Die Kameraden aus ihrem Bataillon waren alle gefallen. Rudolf wurde einem neuen Regiment zugeordnet, das sich auf die moderne Angriffstechnik mit Giftgas konzentrieren sollte, und zog etwas weiter westlich erneut in die Gräben. Hermann aber hatte den Krieg hinter sich, bevor das Schlimmste begann.

Ernst und erwachsen kam der ältere Vahlen-Sohn im Februar 1915 nach Hause zurück. Im Invalidenheim hatte man ihm für das narbenglänzende Bein eine Manschette angefertigt, die er mit einer Schnalle gleich unter der Hüfte befestigte. Die Schmerzen blieben. Tagsüber sah man Hermann oft minutenlang teilnahmslos. Noch lange schrie er nachts im Schlaf. Er kroch durch den Schlamm des Feldes und suchte nach seinem Bein. Manchmal meinte er beim Aufwachen, die Rückkehr nach Sehlscheid wäre nur ein Traum. In Wirklichkeit wäre er im Krieg gefallen, und sein Körper faule in einem der Gräben von Flandern.

Für andere war unter den weiten Hosen lediglich eine Steifheit zu bemerken. Auf der Hauptstraße und in der Hohl hielt Hermann sich aufrecht, wenn er die Nachbarn grüßte, und verzog beim Gehen keine Miene. Er heiratete Emmy Gehrke, eine tüchtige und kluge Frau, deren Eltern einen großen Hof im Unterdorf besaßen. Das Walzwerk beförderte Hermann schon kurz nach seiner Einstellung zum Aufseher. Und bald war der Vahlen-Sohn als einer der ersten Kriegsrückkehrer trotz seines geringen Alters und des verkrüppelten Beines hoch angesehen.

Hermann war immer gleich zur Stelle, wenn im Dorf wegen der Vagabunden um Hilfe gerufen wurde. Fasste man einen Dieb, dann kümmerte er sich selbst um die Überstellung an die Wache in Arlich. Man dürfe keine Schwäche zeigen, sagte er oft. Das sei man dem guten Frieden schuldig. Und der werde nicht mehr lange auf sich warten lassen.

Hermann machte im Brinkschen Gasthaus kein Geheimnis daraus, dass er den deutschen Kaiser verehrte. Aber die Politik und ihre Berliner Misswirtschaft, die schlechten Berater, das sagte er jedem, der es hören wollte, seien seine Sache nicht. Und außer dem jungen Kehl, der in Koblenz für kriegsuntauglich erklärt worden war, und dem alten Baumgart, dessen Vater schon Sozialdemokrat gewesen war, stimmten ihm alle zu.

Wenigen der Bewohner von Sehlscheid fiel es auf, dass Hermann kaum noch von seinem Bruder sprach, der allein an der Front war. Nur die Mutter bemerkte, wie sein starrer, bis zur Anmaßung stolzer Ernst alle anderen Eigenschaften Hermanns nach und nach auslöschte. Und die Witwe Kläre begann, die neue Strenge ihres Sohnes, die im Gasthaus so leichthin mit Aufrichtigkeit und Moral verwechselt wurde, zu fürchten.

Funde (April 2007)

»Wir waren stehen geblieben bei Ordner achtundvierzig. Manuskripte anderer. Hier ist noch eine ganze Mappe mit Briefen, die mir recht geordnet erscheint. Zeitraum – sagen wir 1968 bis etwa …«, Wieland blätterte die Papiere durch, »… 1975. Und da ist wieder ein Brief von Gellmann.« Er sah Judith triumphierend an, sie beugte sich zu ihm herüber und küsste sein Ohr.

Schon am Morgen des zweiten Tages war Wieland auf einen Stapel Briefe mit der ihm inzwischen vertrauten Type von Gellmanns alter Reiseschreibmaschine gestoßen. Sie waren in einen Extra-Ordner abgelegt. Wieland hatte zu Judith herübergeblickt, die gerade selbst in einen Brief vertieft war. Dann hatte er den Stapel durchgesehen.

Die meisten der Luftpostbögen stammten aus den siebziger und frühen achtziger Jahren. Sie kamen aus Frankfurt, London, Italien. Auch Vahlen war herumgekommen. New York, Berlin, die Gastdozentur in Texas, der Aufenthalt in Kalifornien. Die Freunde mussten sich fast wöchentlich geschrieben haben. Manche der Briefe Gellmanns waren mehrfach geknickt und angegriffen, als habe Vahlen sie tagelang bei sich getragen. Am liebsten hätte Wieland sie gleich gelesen. Aber er wollte Judiths Vertrauen nicht missbrauchen.

80

»Ich habe hier Briefe von Gellmann«, hatte er mit nachdenklicher Stimme gesagt, als hätte er gerade erst festgestellt, worum es sich handelte. Und sie hatte aufgeschaut und ihn angestrahlt, so dass auch Wieland grinste.

Seit vier Tagen arbeiteten sie nun am Nachlass. Die Vahlen-Witwe war in dieser Zeit nicht aufgetaucht. Judith schien auch gar nicht zu wissen, wann ihre Mutter wieder kommen würde. Alexia, die Schulferien hatte, fuhr am Morgen mit dem Fahrrad zum nahegelegenen Reiterhof, und sobald sie in der Eingangshalle die Tür zufallen hörten, liefen Wieland und Judith die Treppen vom Dachboden hinunter in Judiths Schlafzimmer. Abends tat der Doktorand aus Rücksicht auf das Kind, als würde er im Gästezimmer lesen. Ungeduldig in Manuskripten und Briefen blätternd, wartete er auf ein Zeichen von Judith. Dicht an ihren Körper gedrängt schlief er nachts ein und erwachte nur, weil Judith sich mit nackten Brüsten über ihn beugte und er sein Glied schwer werden spürte.

Wielands Befangenheit gegenüber Judiths fehlender Hand entwickelte sich schnell zu einer verschämten Neugier, einer Faszination, die ihn in der kurzen Zeit ihrer Trennungen kaum losließ. Noch immer hatte er den missgebildeten Arm nicht richtig gesehen. Eines Morgens im Bett hielt er ihn fest.

»Wie ist das passiert?«, fragte er.

»Da ist nichts passiert«, sagte sie. »Das war schon immer so.«

»Ist es schlimm für dich?«

»Nein.«

Wieland fand, sie hätte etwas eingehender antworten können. Aber dann war er doch froh, als sie nach einem kurzen Moment des Schweigens vorschlug, mit dem Nachlass weiterzumachen.

Tagsüber unterbrachen sie die Arbeit nur, um sich zu küssen, sie machten kurze Spaziergänge am Wiesenbach oder schoben sich gegenseitig kleine Brothappen in den Mund. Am Nachmittag bestellten sie Pizza aus der Dorfgaststube und öffneten eine Flasche Wein.

Jetzt, wo sie einen Großteil der Papiere bereits aufgelistet hatten, arbeiteten sie ruhig und schweigend vor sich hin. Wieland stellte nur noch Fragen, wenn er unsicher war. Judith kannte das Werk ihres Vaters gut, ebenso die meisten Daten und Ereignisse aus seinem Leben. Sie antwortete knapp, aber freundlich. Und manchmal rückte sie mit ihrer Kladde dicht an ihn heran, so dass ihre Schultern sich berührten.

Häufig hielt Judith beim Ordnen inne, um eine Erzählung ihres Vaters zu lesen, einen Brief oder ein Gedicht. Wieland sah sie eintauchen in diese Welt vor ihrer Zeit. Das Haar fiel ihr ins Gesicht. Ihre Züge wurden weich, der Mund kindlich.

Wenn er selbst las, glaubte Wieland manchmal, dass die Witwe recht gehabt hatte. Einige dieser Briefe gingen tatsächlich niemanden etwas an. Ihn nicht und vielleicht nicht einmal Judith. Gerade Gert Gellmanns Briefe waren von einer Klugheit und Ehrlichkeit, wie Wieland sie bei ihm kaum für möglich gehalten hätte. Dann empfand er Eifersucht, Bedauern, denn er hatte eine solche beinah zärtliche Verständigung unter Männern nie erlebt, obwohl er schon älter war als Vahlen und Gellmann damals.

Manchmal ärgerte er sich über seine Neugier, die ihm dann vor allem als Gier erschien. Für seine Arbeit hatte er genug Material. Die Briefe an Vahlen warfen ein ganz neues Licht auf Gert Gellmann. Aber jetzt begann Wieland, sich zunehmend für Peter Vahlen zu interessieren. Er bekam Lust, sein ursprüngliches Forschungsziel zu vernachlässigen zugunsten dieser einmaligen Gelegenheit, mehr über den zu seinen Lebzeiten so bekannten Romancier zu erfahren. Er wollte unbedingt herausfinden, warum die so besondere Freundschaft zwischen Gellmann und Vahlen zu Ende gegangen war und was genau Judith damit zu tun hatte.

Wieland versuchte, nicht darüber nachzudenken, was während der Tage, die er im Haus der Vahlens verbracht hatte, mit ihm passiert war – und noch weniger, was passieren würde, wenn die Witwe wiederkam. Er wollte sich nicht verrückt machen. Schließlich hatte sie es zugelassen, dass er den Nachlass gemeinsam mit Judith ordnete.

Als er mit der Auflistung der Hörspielmanuskripte fertig war, zerrte er eine der großen Plastikwannen unter der Dachschräge hervor, die sie bisher übersehen haben mussten. Zuerst meinte er, es handele sich um Unterlagen des Aurum Verlags. Beim Öffnen der ersten Mappe fielen ihm alte Fotos und Dokumente entgegen. Die Schwarzweißaufnahmen verschwammen an den Rändern, ihr Papier war kunstvoll geriffelt. Die Postkarten stammten aus der Vorkriegszeit. Aber dann fand Wieland auch Aufnahmen in Farbe und Notizbücher, die sämtlich in der flachen, jungenhaften Handschrift Peter Vahlens beschrieben waren. Es schien sich um Textentwürfe zu handeln, auch Jahreszahlen, Namen und Orte waren notiert.

»Notizen und Entwürfe«, sagte er laut. »Ich würde sagen, von deinem Vater. Was denkst du? Und das sind wohl Familienfotos?«

»Der Mann da sieht meinem Vater ähnlich«, sagte Judith und kam näher. »Lustiger Schnurrbart. Das ist meine Großmutter. Mütterlicherseits. Martha von Nesselhahn.«

Auf dem Foto sah man eine junge Frau in einem hellen, knielangen Kleid mit auffallend tiefem Ausschnitt. Sie hatte schmale Lippen und harte, beinahe trotzige Gesichtszüge. Ihre etwas wirre Frisur sah aus, als wäre sie um die Jahrhundertwende modern gewesen.

»Das ist die, die hier auf dem Dachboden eingesperrt war?«

»Genau.«

Wieland legte die Bilder zurück. »Schöne Fotos.«

»Das kann man wohl sagen. Alexia wird sich freuen.«

Dann entdeckte er eine weitere Mappe. Sie war hinter die Wäschewanne gerutscht. Wieland musste sich strecken, um sie herauszuziehen. Als er sie öffnete, lag vor ihm ein Stapel engbeschriebener Manuskriptseiten.

Spielchen (August 1968)

Gellmann pflückte eine Himbeere vom Strauch und streckte sie Hella entgegen. Sie standen dicht beieinander, er roch ihre gecremte Haut. Hella lachte, schloss die Augen, schob die Zunge heraus, und er legte die Himbeere mit übertriebener Geste darauf. Er fühlte ihre Lippen, wie sie sich um seine Finger schlossen, und schrie auf, als habe sie ihn gebissen.

Vahlen, der von einem kurzen Spaziergang am Wiesenbach zurückgekommen war, sah zu ihnen herüber. Dann wandte er sich ab und ging ins Haus. Gellmann und Hella sahen ihm nach.

»Er geht arbeiten«, sagte Hella .

»Einer muss es ja tun«, sagte Gellmann.

Vahlens Wachsamkeit Gellmann gegenüber schien einer leichten Abscheu vor Hellas Flirtereien gewichen zu sein. Er machte Gellmann keine Vorwürfe. Fast wirkte er dankbar, dass der Freund es mit Hella nicht zu Schlimmerem kommen ließ.

Ihr Spiel ging nun schon seit zwei Wochen. Aber die Freundschaft und die angenehme Ruhe auf dem Land waren Gellmann zu wichtig geworden, um sie für ein Abenteuer zu riskieren. Auch wenn Hella noch so reizvoll war. Er mochte Vahlen. Er mochte das Haus. Und die Tage in Sehlscheid gehörten zum Schönsten, was er seit langem erlebt hatte. Die Gespräche mit Vahlen über das Schreiben machten Gellmann zu einem Schreibenden. Die Neckereien mit Hella gaben ihm das Gefühl, jung und frei zu sein, obwohl Hella und Vahlen nur wenig älter waren als er.

Die Ironie, der leichte Spott, mit dem sie über die Revolution in den Städten sprachen, ließen Gellmann aufatmen. Sein eigenes Fortkommen, die Arbeit, die Freunde, der Sex waren ihm, waren allen letztlich wichtiger als die Lohnabrechnung eines Arbeiters in Wuppertal. Sie, die Autoren, hatten schon zu viel von ihrer Kraft und Zeit auf fruchtlose gesellschaftspolitische Diskussionen verwendet. Es konnte doch nur darum gehen, da war er ganz Vahlens Meinung, die Sprache für ein anderes, besseres Leben einzusetzen.

Gellmann arbeitete nachts, konnte sich ohnehin erst zum Schreiben hinsetzen, wenn er etwas getrunken hatte. Aber er war sicher, nun seinen Rhythmus gefunden zu haben. Und er meinte, dass es Vahlen ähnlich ging.

Auch Hella schien froh zu sein, dass Gellmann da war. Ihre anfängliche Unsicherheit, dem Haus und den Menschen auf dem Land gegenüber, legte sich. Sie sprach von ihrer Mutter. Und obwohl Gellmann sah, dass sie unter dem Verlust litt, gefiel es ihr offenbar, sich ihm gegenüber unbeschwert zu geben. Sie erzählte, wie Martha von Nesselhahn ihren Mann verlassen hatte. Die Geschichte klang wie ein Gründungsmythos, wie die Befreiung aus einem falschen Paradies.

Gellmann begleitete Hella zum Einkaufen ins Dorf und machte Ausflüge mit ihr zu den Burgen der Umgebung. Morgens strichen sie eins der vielen Zimmer, rissen die Tapete von den Wänden, strichen, brachten Lampen an, während Vahlen im Garten oder in der Bibliothek arbeitete und erst gegen Nachmittag mit Durst und Hunger zu ihnen stieß.

Nur einmal versuchte Gellmann herauszubekommen, wie weit Hella gehen würde. Sie hatten am Abend mehrere Flaschen Wein geleert und saßen noch lange vor dem kalten Kamin. Wie üblich hatte Vahlen sich als erster zurückgezogen. Hella saß auf dem Boden, die Knie angezogen, an Gellmanns Sessel gelehnt. Sie hatten über das Buch von Pfaff geredet, eine misslungene Kolportage seiner Kneipengänge der letzten Jahre.

Gellmann ließ das Gespräch in einem angenehmen Schweigen auslaufen. Erst als er meinte, Hella werde sich nun gleich nach ihm umdrehen, beugte er sich langsam zu ihr hinunter. Er pustete über ihr Ohr, berührte ihren Hals mit der Zungenspitze und strich gleichzeitig mit einer Hand herunter zwischen ihre Beine.

Er spürte, wie Hella zusammenzuckte und glaubte schon, sie würde ihn jetzt küssen. Aber sie stand auf, drehte sich zu ihm um und schlug ihm mit der flachen Hand ins Gesicht.

Am nächsten Tag fuhren die Mähdrescher über die Straße hinter dem Waldstück auf die Felder im Tal. Die Luft war voll Strohstaub, die Hitze schon mittags drückend. Hella überredete Vahlen, mit ihnen spazieren zu gehen, rollte sich während des Picknicks mit ihm auf der Wiese herum und begann zweimal, ihn vor Gellmanns Augen abzuküssen. Gellmann lag im Schatten einer Eiche und blickte in den Himmel. Er war nicht der Typ für Eifersuchtsdramen. Und schon bald begann die Situation ihn zu langweilen.

Nachlass (April 2007)

Judith las einen Absatz, blätterte in den beidseitig mit Schreibmaschine beschriebenen Seiten, um zu sehen, wie lang das Kapitel noch sei. Die Frau, um die es ging, war eindeutig ihre Mutter. Der Mann, in den sie verliebt war, Gellmann. Judith lachte, ausgerechnet Gellmann.

Sie lag auf ihrem Bett, neben ihr die große Plastikwanne, in die Wieland sämtliche Papiere gepackt hatte, die offenbar zum Manuskript gehörten: Die Mappe mit dem Typoskript, eine weitere mit losen Zetteln, ein halbes Dutzend zum Teil nur angefangener Notizbücher und zwei Schuhkartons. In den einen hatten sie die Fotos gelegt, in den anderen die historischen Dokumente – Arbeitsbescheinigungen, Feldbriefe, Zeitungsausschnitte – fast immer ging es um einen Vahlen. Zwei kleine Gedichtbände aus den zwanziger Jahren waren dabei, die Memoiren eines Feldwebels aus dem Ersten Weltkrieg, und eine kleine Blechdose mit der Aufschrift »Kemmsteins feine Haarpomade«.

Wieland hatte recht. Es schien sich bei dem Manuskript ihres Vaters tatsächlich um eine Fortsetzung von *Westerwald* zu handeln, die Familiengeschichte wurde bis in die nahe Vergangenheit weitererzählt. Aber die Namen waren nicht mehr als oberflächlich verschlüsselt. Martha war Maria, Hella war Herta und Judith selbst, da gab es keinen Zweifel, war Julia Voss.

Das Manuskript bestand aus einzelnen Szenen, die nur teilweise ausgearbeitet waren. In den Notizen konnte Judith Vorstufen erkennen, manchmal aber auch neue Entwürfe, Dialoge in Stichworten.

»Herta im Bahnhof«, stand in der hastigen Schrift ihres Vaters am Ende der Szene, die sie gerade gelesen hatte. »Grossmann sieht sie nicht.« Einige Sätze waren durchgestrichen. Dann: »Herta sehnt sich nach Rettung.«

Judith überlegte, was sie davon halten sollte. Hatte Hella wirklich etwas mit Gellmann gehabt? Die Frau, die ihren Mann so sehr liebte, dass sie noch fünfzehn Jahre nach seinem Tod keinen anderen gelten ließ? Hella, die Vahlen für Judiths Geschmack zu vieles verziehen hatte. Die trotz aller Stärke so empfindlich war und noch immer unter dem Selbstmord ihrer Mutter litt. Judith wollte es nicht glauben. Gellmann war ein netter Kerl. Lustig und klug. Aber sicher war die ganze Geschichte nur Spiel. Peter Vahlen hatte seine Ängste und Phantasien im Romanmanuskript aufgebracht, um sie für seine Familie unschädlich zu machen.

Einmal, ganz am Anfang ihrer Übersetzungsarbeit, hatte Judith mit ihrem Vater über Gellmanns Stück *Finger* gesessen. Es war einer der wenigen Momente, in denen sie das Gefühl gehabt hatte, Vahlen nahe zu sein. Zum ersten Mal behandelte er sie wie eine Erwachsene. Sie verglichen die schwierigen Textstellen, diskutierten jeden ihrer Vorschläge. Oft ging es dabei um die Motivation einer der weiblichen Figuren, die Judith überzogen schien. Sie verstand nicht, welches Interesse die Frau daran haben konnte, ständig die Männer zu hintergehen und zu belügen.

»Das ist in Gellmanns Kopf«, hatte ihr Vater gesagt. »Du kennst ihn doch. Er will die Frauen besitzen, weil er glaubt, sie auf diese Weise kontrollieren zu können. Aber er versteht sie nicht. Sie machen ihm Angst.«

»Du meinst, Gellmann hält Frauen für heimtückisch und verlogen?«

»Nein, so einfach ist es nicht. Er liebt sie ja, die Frauen. Aber wenn er diese Zicke hier auftreten lässt, dann ist das wie ein Bannspruch. Er schreibt ihr alle Eigenschaften zu, die er an Frauen fürchtet, und am Ende hat er weniger Angst.«

Sie erinnerte sich noch genau, wie sie ihren Vater damals bewundert hatte. Er sah, was sonst keiner bemerkte. Er redete über Dinge, die sonst niemand aussprach. Und er traute den Worten Macht zu, als wäre es selbstverständlich.

Judith hatte sich immer gewünscht, schreiben zu können. Sie hatte es mehrfach versucht, hatte sich schon als Kind Geschichten ausgedacht von Indianern, Tieren, Raumschiffen, Königen. Über ihre Fabeln hatte ihr Vater gelacht. Die Gedichte zeigte sie ihm gar nicht erst.

Von Anfang an war sie sich bewusst gewesen, wie ungewöhnlich es war, dass ihr ein so wichtiger Text wie *Finger* als erste Übersetzungsarbeit anvertraut wurde. Der amerikanische Verlag war zunächst dagegen gewesen, aber Gellmann und Vahlen hatten sich für sie eingesetzt. Am Ende hatte der Lektor kaum Einwände gegen ihr Manuskript gehabt. Es war ja auch in enger Zusammenarbeit mit dem Autor entstanden.

Trotzdem hatte Judith manchmal das Gefühl, ihr Vater wäre enttäuscht von ihr. Sie war ihm nicht klug, nicht gewissenhaft genug. Sie las, aber nicht dieselben Bücher wie er. Er unterhielt sich gerne über »den Fortschritt«, »die Gesellschaft«, »die Zeit«, während sie die täglichen Nachrichten mehr beschäftigten. Nur selten konnten sie über Politik sprechen, über Kunst oder Bücher, ohne sich am Ende zu streiten.

Einmal hatte Vahlen ihr bei einer dieser Diskussionen sogar vorgeworfen, nicht weiter als bis zu ihrer hübschen Nasenspitze zu sehen. Hella hatte ihn zurechtgewiesen. Dafür, dass ihre Tochter eine »hübsche« Nasenspitze habe, könne sie ja wohl nichts. Judith war sofort klar gewesen, worum es eigentlich ging. Hellas Eingreifen erinnerte sie an die hastig überspielte Ungeduld, mit der sie ihr schon immer begegnet war. »Ich helfe dir schnell«, sagte sie oft, weil es zu lange dauerte, wenn Judith es allein versuchte. Ihr Vater dagegen hatte nie solche Andeutungen gemacht, nie, solange sie denken konnte, hatte er auch nur ein Wort über die Hand verloren. Aber Judith war sicher, es war ihm nicht gleichgültig, dass seine Tochter, ausgerechnet die einzige Tochter des von allen so bewunderten Peter Vahlen, eine missgebildete Hand hatte.

Oft wünschte sich Judith, ihr Vater hätte Alexia kennengelernt. Sie glaubte, er hätte sie gemocht. Ihre Tochter war so viel gelassener und auf so viel natürlichere Weise intelligent als sie. Alexia las jetzt schon Bücher, an die Judith sich nicht herantraute. Sie spielte Schach wie Vahlen und war im Internat eine der Besten. Sie gewann sogar Reitturniere. Für die kleinen Unsicherheiten und Probleme, die das Mädchen hatte, gab Judith sich selbst die Schuld. Sie war damals nicht bereit gewesen für ein Kind, so sehr sie auch vor anderen darauf bestanden hatte. Früh hatte sie begonnen Alexia abzugeben. Und sie wusste noch, wie sie, als sie ihre Tochter zum ersten Mal ins Internat brachte, auf dem Rückweg gehofft hatte, das Gröbste nun hinter sich zu haben.

Ob es ihrem Vater mit ihr ähnlich ergangen war? Was wusste sie schon über Peter Vahlen, über seine Befürchtungen, seine Wünsche, seine Pläne? Für sie war er immer nur ihr Vater gewesen, eine ruhige, überlegene Gestalt, hoch angesehen unter Künstlern, Journalisten, Politikern und auch im Dorf. Ein Mann, mit dem viele Menschen etwas verband. Bei den Frauen, das hatte sie inzwischen begriffen, war es meistens eine Hoffnung auf mehr gewesen.

Judith konnte selbst nicht verstehen, warum sie nie auf den Dachboden gegangen war. Da musste erst ein Fremder kommen, ein hübscher Doktorand aus Duisburg, und sie bei der Hand nehmen. Wieder zwang sie sich weiterzulesen, aber schon bald merkte sie, wie sie denselben Satz zum dritten Mal las. Sie liebte Vahlens Gedichte, seine Sprache, die ihr so vertraut war. Und doch konnte sie seine Bücher nie wirklich genießen. Jedes Mal, wenn sie einen Text von ihrem Vater vor sich hatte, musste Judith nach einem Hinweis suchen, der ihr etwas über ihn, über die Mutter oder über sich selbst verraten könnte.

An manchen Tagen fühlte sie sich durch seinen Tod betrogen, meinte, wenn er noch lebendig gewesen wäre, hätte sie ein wichtigeres Leben führen können. Ein Leben ohne die großen Fehler, die Abhängigkeiten von ihrer Mutter und immer wieder, das musste sie sich eingestehen, von den unterschiedlichsten Männern, von denen keiner auch nur entfernt an Peter Vahlen heranreichte. Zugleich war sie wütend auf sich selbst, dass sie ihre Zeit mit ihm nicht ausreichend genutzt hatte.

In dem Manuskript würde sie sicher mehr über sich selbst und ihre Familie finden, als ihr lieb war. Aber es wirkte noch sehr roh. Ganze Szenen waren zusammenhanglos, oft nur in Stichpunkten notiert oder brachen in der Mitte ab. Die auf den ersten Blick so offensichtlich wirkenden Namensentsprechungen erwiesen sich als Täuschung. Einiges ließ sich beim besten Willen nicht einordnen.

Das hatte er also zurückgelassen, der wunderbare Peter Vahlen. Vereinzelte Bilder, Andeutungen und Skizzen – eine verworrene Geschichte, voller Risse und Lücken. Aber vielleicht musste es so sein am Ende eines Lebens. Was hatte sie denn gedacht, im Nachlass zu finden nach all den Jahren? Einen Abschiedsbrief? Ein Geheimnis, das ihr Leben verändern würde?

Sie versuchte, einige Teilstücke des Manuskripts anhand ihrer Überschriften in eine sinnvolle Reihenfolge zu bringen. Sie begann, das Ende eines Dialogs, den ihr Vater nur stichwortartig festgehalten hatte, auszuformulieren. Aber ihre Sätze klangen hölzern und bemüht.

Sie schloss die Mappe und warf sie zurück in die Plastikwanne. Jemand anderes würde das Fragment bearbeiten müssen. Judith wünschte sich, dass dieses Manuskript zu einem Buch würde. So lückenhaft und gebrochen es war, es würde Vahlens Worten wieder einen Platz in den Köpfen verschaffen.

Wieland wäre vielleicht der Richtige für diese Aufgabe, der etwas seltsame, aber doch sympathische und vor allem zuverlässig wirkende »Herr Doktor«, wie sie ihn ironisch nannte. Es gefiel ihr, mit ihm zusammenzuarbeiten. Zumindest, dachte sie jetzt, war es angenehmer, jemanden an ihrer Seite zu haben, als allein in diesen Erinnerungen zu stöbern, die nirgends hinführten.

Sie griff nach einem der Notizbücher und begann zu blättern. »Die Erfindung des Glücks«, stand da in Bleistift geschrieben und mit blauem Kugelschreiber unterstrichen. Und es folgte ein Eintrag, mehrfach überarbeitet mit Streichungen und Änderungen zwischen den Zeilen, die Liebeserklärung eines Vaters an sein ungeborenes Kind.

Der Kanonier, die Walze und das Mädchen (Herbst 1916)

Ein dumpfer Knall. Rudolfs Ohr schien sich nach außen zu stülpen. Ein Sausen wie von einem Sog, ein Fiepen. Dann nichts mehr. Ein dröhnendes, pochendes Nichts.

Die Haubitze auf seinen Beinen, musste er mitten im Nachtgefecht eingeschlafen sein. Kurz dachte er, ein Schrapnell hätte sein Trommelfell zerrissen. Er wäre taub oder wahnsinnig geworden oder beides gleichzeitig. Doch da setzte das Zischen, das Hämmern, das Flackern und Wimmern wieder ein. Und angesichts der Gesichter der Toten, die im kurzen Feuerleuchten über den Gräben zu sehen waren, schloss Rudolf Vahlen, Kanonier der 4. Kompanie des 2. Bataillons im 479. Infanterieregiment, wieder seine Augen.

Die Bataillone steckten in Ypern im Stellungskrieg fest. Eine Feuerwalze nach der anderen tobte über die Schützengräben hinweg. Was von den Mannschaften übrigblieb, wehrte mit Granaten die feindliche Infanterie ab, bis sie von den Kanonen eingeholt wurde. Unter den festgefrorenen Schäften ihrer Stiefel begannen den Rekruten die Beine abzufaulen. In den Verschlägen und Erdhöhlen fraßen nachts die Ratten ihre Ohren an. Wochenlang zogen die Männer die Geschosse durch knietiefen Schlamm. Dann erst stand der Wind günstig für das Gas.

Als das Grünkreuz nichts mehr anrichtete, setzte Rudolf Blaukreuz ein, so dass die französischen Soldaten sich vor Husten das Mundstück herunterreißen mussten. Dann schoss er Gelbkreuz nach, bis sich in den Trichtern nichts mehr regte. Wie Geister suchten sich die zurückgebliebenen, mit Gasmasken geschützten Hunde und Pferde ihren Weg über das Schlachtfeld. Rudolf ertappte sich dabei, wie er beim Einschlafen hoffte, nicht wieder zu erwachen.

Schließlich schickte man ihn im Herbst 1916 nach Hause. In Arlich wurden inzwischen Schienen für das gesamte Kaiserreich hergestellt. Das Fockenbach-Werk hatte Rudolf als unabkömmlich für die Kriegswirtschaft angefordert. Die meisten Frauen von Sehlscheid arbeiteten im Walzwerk oder bei Hingst. Noch die jüngsten unter ihnen stanzten Munitionsbüchsen, sortierten Schrauben oder kümmerten sich wie Martha um die Küche der Arbeiter.

Die Felder lagen größtenteils brach. Zugtiere und Karren waren für die Front beschlagnahmt worden. Überall hungerten die Menschen, und fast täglich fielen Horden von Städtern in den unteren Westerwald ein, durchkämmten die Wälder nach Beeren und Pilzen, stahlen Kartoffeln und Rüben von den Äckern, Äpfel und Nüsse aus den Gärten. Die Bauern Brink und Gehrke empfingen auf ihren Höfen die feineren Herrschaften, die unter der Hand Speck, Würste, und Eier kauften. Für eine Schweinehälfte zahlten die Städter den Preis eines ganzen Ochsen. Mit Schnapsflaschen, Kartoffelsäcken und Speckseiten beladen, brausten sie nach abgeschlossenem Geschäft in ihren eleganten Wagen wieder ab.

Die Vahlen-Witwen dagegen zogen bald ihr letztes Kaninchen aus dem Schlag. Martha brachte von der Großküche Gemüseabfälle mit, die sie spätabends zu dünnen Suppen verkochte. Jede Nacht fürchtete Kläre, die Kuh könnte ihnen aus dem Stall gestohlen werden. Allein Hermanns Anwesenheit in Sehlscheid bedeutete für sie noch eine Sicherheit.

Als Rudolf im Oktober 1916 unversehrt aus Flandern zurückkehrte, um bei Nesselhahn die Walze zu bedienen, schien es ihnen, als wäre der Krieg so gut wie vorbei. Die alte Vahlen erteilte ihm Anweisungen, wie er nach Feierabend das Feld zu wässern, die Rüben zu lagern und die Scheune zu reparieren habe. Man sprach davon, im Frühjahr auf der Hüh zu bauen, um mehr Platz für ihn zu schaffen. Und die kleine Martha, die Rudolf gar nicht mehr dick oder hässlich vorkam, warf sich ihrem Bruder in die Arme und sagte, er dürfe sie nie wieder verlassen.

Aber auf seine Mutter Kläre machte Rudolf, anders als Hermann, den nicht einmal das Geschimpfe der Großmutter aus der Fassung brachte, einen unsicheren und ängstlichen Eindruck. Noch immer sprach Rudolf schnell und gewandt und zupfte an allem, was einen Rock trug. Aber sein Blick huschte dabei nervös hin und her. Seine Wangen wirkten fahl. Und während Martha und die anderen auf ihn einredeten, seinen kräftigen Körper, das lange Haar, die Schrammen und Narben bewunderten, die vorbeirasende Granaten auf seiner Haut hinterlassen hatten, sah auch Hermann den Bruder von Zeit zu Zeit die Augen zusammenkneifen, als würde er auf etwas lauschen – auf ein entferntes, nie enden wollendes Gebrüll.

Bald war klar, dass der Krieg keinesfalls zu Ende war. Die Produktion bei Fockenbach lief auf Hochtouren. Immer mehr Kriegsinvaliden wurden eingestellt, um die Walzen zu betätigen, dagegen rief man noch die ältesten und jüngsten unter den Männer an die Front. Auch Rudolf Vahlen, das war gewiss, würde wieder gehen müssen.

Martha versuchte ihren Bruder zum Desertieren zu überreden. Er könnte vorgeben, verrückt geworden zu sein wie der ältere Runkel-Sohn, der als Kriegszitterer aus den Ardennen zurückgekehrt war. Oder er würde sich in den Schiefermienen im Wald verstecken, bis alles vorbei war. Zuerst hatte Rudolf tatsächlich überlegt, nicht wieder fortzugehen. Doch schließlich zog er noch vor der Zeit und freiwillig zurück an die Front. Der Grund für seine Flucht in den Krieg war, wie alles, was Rudolfs Leben jemals bewegt hatte, ein Mädchen.

Lisbeth Gehrke war die Schwester von Hermanns Frau Emmy. Sie hatte sich von der kaum jüngeren Martha bei den Schulaufgaben helfen lassen, und seit kurzem vertrauten sich die beiden Mädchen ihre Träume und Geheimnisse an. Als Lisbeth den Bruder ihrer besten Freundin an jenem Oktobermorgen seiner Rückkehr von der Front die Dorfstraße in Richtung Hüh heraufkommen sah, hatte sie ohne nachzudenken den noch warmen Butterzopf aus der Backstube ihrer Mutter gegriffen und war ihm entgegengelaufen.

Auch Rudolf hatte nicht lange gezögert. Lisbeth war vierzehn Jahre alt. Die Zöpfe trug sie in Schnecken an den Hinterkopf gesteckt. Ihre schönen Hände, mit denen sie die Schrauben im Lager bei Fockenbach aushändigte, ihr schneller Schritt beim abendlichen Heimweg, ihr lachender Gruß, wenn sie morgens in der Hohl auf die anderen traf, gefielen Rudolf. Und ihre Brüste formten unter dem Kittel zwei feste Kugeln, an die er während seiner Arbeit an der Eisenwalze immer öfter denken musste.

Rudolf wollte Lisbeth heiraten. Selbstverständlich nicht gleich, denn sie war ja noch zu jung. Aber sobald sich eine Gelegenheit bot, wollte er mit dem Bauern Gehrke über ihre Zukunft sprechen. Wenn der Krieg vorbei war, würde er bei Fockenbach aufsteigen. Bis zum Aufseher wie sein Bruder Hermann würde er es schon bringen, dachte er. Auf der Hüh wollte er ein neues Haus bauen für sich und Lisbeth, für Martha und die Mutter. Zumal eine Gehrke-Tochter ja auch nicht ganz mittellos in die Ehe gehen würde. So wäre es nur eine Frage der Zeit, bis Lisbeth und er einen eigenen Hausstand und Kinder haben würden, ein zufriedenes Leben weitab der Gräben, der Schreie und der Giftgasgranaten. Jeden Morgen würde er an der Seite dieser warmen, vollen Brüste erwachen, und Lisbeths Lächeln wäre immer für ihn da.

Doch bevor Rudolf mit Lisbeths Vater sprechen konnte, kam sie eines Morgens Anfang Dezember nicht mehr zur Arbeit. Vorsichtig holte er bei Martha, die als einzige von den heimlichen Treffen der beiden wissen musste, Erkundigungen ein, und es zeigte sich, dass Lisbeth schwer erkrankt war.

Von einem Tag auf den anderen hatte das Mädchen keine Nahrung mehr bei sich behalten. Schon bald lag sie geschwächt und abgemagert im Bett. Ihre Mutter versuchte mit Wickeln und Kompressen das Leiden zu lindern. Denn alle Säfte und Tabletten, Suppen, Tees oder Inhalationen führten nur dazu, dass das Mädchen sich wieder über dem Eimer erbrach. Auch der alte Doktor Busch, der als einziger Arzt der Gegend nicht an die Front berufen worden war, fand keine Erklärung für Lisbeths seltsame Krankheit. Nach zwei aufeinanderfolgenden Besuchen stellte der halb erblindete Mann lediglich fest, die Symptome sprächen nicht für eine Darmgrippe.

Schließlich war es die Witwe Kläre, die ihrer Schwiegertochter Emmy gegenüber den Verdacht äußerte, es könne sich bei Lisbeth um einen Zustand handeln, der gar keinen krankhaften Ursprung habe. Denn obwohl das Mädchen von Tag zu Tag schwächer, dünner und ausdrucksloser wurde, ragten ihre Brüste doch prall und wie in vorwitziger Selbstbehauptung auf.

Mit der Feststellung ihrer frühen Schwangerschaft ging Lisbeths Leiden aber keinesfalls einer Besserung entgegen. An eine Prozedur, die den unglücklichen Umstand hätte beenden können, noch bevor er im Dorf bekannt geworden wäre, war bei der Schwäche des Mädchens nicht zu denken. Die Hebamme, die ihre Mutter ins Vertrauen gezogen hatte, und selbst die eilig herbeigeholte Engelmacherin aus Kurtscheid, rieten, das arme Kind erst einmal zu Kräften zu bringen. Vielleicht würde das, was da in Lisbeth wachse, ganz von alleine erkennen, wie ungünstig der Augenblick war.

Mit größter Mühe gelang es schließlich, Lisbeth tropfenweise stärkende Flüssigkeiten einzuflößen: Hühnerbrühe und Honig, Haselnussbrei und Hollensaft. Nach Wochen begannen die Augen des Mädchens wieder zu leuchten, Lisbeths Wangen bekamen Farbe, und das Haar glänzte wie vorher. Aber auch ihr Bauch zeigte nun die erste, untrügliche Rundung.

Gleich nachdem sie gemerkt hatte, dass die kleine Gehrke schwanger war, hatte die Witwe Kläre ihren Rudolf zu sich gerufen. Nichts wies darauf hin, dass ausgerechnet ihr Sohn für Lisbeths Zustand verantwortlich sein könnte. Aber seit sie vor vielen Jahren den Fehler begangen hatte, sich ausgerechnet in den hitzköpfigen Adam Vahlen von der Hüh zu verlieben, meinte Kläre sich in ihren Ahnungen und Urteilen nie wieder geirrt zu haben. Niemanden in Sehlscheid hielt sie für fähig, die Unschuld eines vierzehnjährigen Mädchens auszunutzen. Niemanden außer Rudolf, der, ganz wie sein Vater, im Grunde selbst noch ein Kind war.

Der Krieg hatte ihren Sohn verändert, da machte Kläre sich nichts vor. Und doch glaubte sie, dass es außerhalb des Dorfes keinen anderen Ort für ihn gab auf der Welt. Keinen anderen Ort als Flandern. Sie sah die verheulten Augen der Kriegswitwen, sah die dumpfe Verzweiflung der heimgekehrten Invaliden. Nichts fürchtete die Mutter mehr für ihren Sohn als den Krieg. Nichts außer dem Zorn seines inzwischen geradezu engstirnig rechtschaffenen Bruders Hermann.

Eine ganze Nacht wendete Kläre diese Gedanken hin und her, ohne dass sie ihr deshalb weniger wahr oder weniger falsch erschienen. Und am Morgen fällte sie die Entscheidung, von der sie sofort wusste, dass sie sie bereuen würde.

»Wenn dein Bruder von Lisbeth erfährt, wird er dich umbringen«, sagte sie, als Rudolf vor ihr stand. »Du musst so schnell wie möglich hier weg.«

Noch am selben Abend kam Rudolf nach der Arbeit nicht nach Hause. Und gleich am nächsten Tag meldete er sich im Arlicher Rekruten-Amt zurück an die Front.

Eine Bitte (April 2007)

»Andreas! Wo steckst du?« Carolines Stimme klang fröhlich.

Wieland zögerte. Eigentlich hatte er vorgehabt, seinen Professor um Rat zu fragen. Aber jetzt wurde er von einem unwiderstehlichen Drang gepackt, sich auch seiner Konkurrentin am Lehrstuhl anzuvertrauen.

»Ich bin im Westerwald, bei den Erben Peter Vahlens. Es gibt ein Problem.«

»Bist du krank? Hattest du einen Autounfall? Kann ich dir helfen?«

Caroline Schweizer war das talentierteste von »Kittels Mädchen«. Zumindest hatte sie Wieland immer am meisten beeindruckt. Groß und kräftig, mit einem offenen, freundlichen Gesicht, wirkte sie entwaffnend, wenn andere aggressiv auftraten. Eine respektvolle Reserviertheit hatte bisher seinen Umgang mit ihr bestimmt, der über die gemeinsame Kaffeepause nie hinausgegangen war. Vielleicht wollte Caroline nur herausfinden, wie weit er mit seiner Arbeit war, dachte Wieland.

»Das ist lieb, Caroline. Nein, es ist alles in Ordnung mit mir. Ich komme schon klar. Wenn ich zurück bin, erzähle ich dir alles. Jetzt würde ich gerne mit Kittel sprechen.«

»Okay, halt durch«, sie lachte hell, und Wieland bereute fast, ihr nicht doch mehr gesagt zu haben. »Ich verbinde.« Es knackte in der Leitung. Dann hörte er den Professor jemanden verabschieden.

»Wieland! Haben Sie etwas erreicht?«, kam Kittels Stimme aus dem Hörer.

»Ja, ich habe alles beisammen, zumindest alles, was ich für das Gellmann-Projekt brauche. Ich rufe wegen einer anderen Sache an.«

»Hatten Sie einen Autounfall? Eine Panne?«

»Nein. Warum denken alle, ich hätte einen Unfall gehabt?«

Am anderen Ende der Leitung vernahm Wieland das Knistern von Bonbonpapier.

»Ich habe ein unveröffentlichtes Manuskript in Vahlens Nachlass gefunden.«

Stille.

»Ich glaube, es handelt sich um so etwas wie einen Entwurf. Mehrere, zum Teil unzusammenhängende Textstücke. Ein Fragment, Notizen.«

»Soso? Phantastisch. Verstehe.« Kittel klang irritiert, beinahe verärgert.

»Die Frage ist, wie man das am besten macht. Es scheint sich um eine Fortführung von *Villa* …, äh, von *Westerwald* zu handeln. Judith Gellmann-Vahlen will, dass ich es veröffentliche. Herausgebe, meine ich. Mit dem ganzen Drum und Dran.«

»Hat sie schon mit Vahlens Verlag gesprochen?«

»Nein. Nur mit mir.«

»Und die Witwe?«

»Ich weiß nicht, die ist verreist. Es könnte kompliziert werden. Deshalb will ich ja wissen, wie ich mich verhalten soll.«

Ein lautes Hintergrundgeräusch, wie von einem fallenden Gegenstand.

»Das kann ich so nicht beurteilen.«

»Ich meine, gibt es die Möglichkeit so ein Manuskript, ich meine, so ein Fragment zu bearbeiten? Es geht um die Namen. Es scheint sich um einen Schlüsselroman zu handeln. Die Namen sind so gut wie unverschlüsselt. Womöglich ist es einfach noch sehr unfertig. Judith möchte, dass ich es bearbeite, bevor wir es jemandem zeigen.«

»Hören Sie mal, so etwas kann man nicht am Telefon besprechen. Bringen Sie mir das Manuskript vorbei, dann sehen wir weiter …« Die Stimme des Professors wurde leiser, als hätte er sich vom Hörer abgewendet. »Entschuldigen Sie, Wieland, der Dekan ist hereingekommen. Ich muss Schluss machen. Melden Sie sich, wenn Sie da sind.« Kittel hängte auf.

Wieland hatte sich ins Gasthaus Brink zurückgezogen. Die Wirtin freute sich. Da habe er aber Glück, dass sein Zimmer noch frei sei, hatte sie gesagt. Den DVD-Spieler habe sie auch noch nicht wieder herausgenommen. Er habe ja seine *Villa Westerwald*-DVD mitsamt der Hülle vergessen. Da habe sie sich schon gedacht, dass er zurückkommen würde.

Judith hatte er versprochen, bald wiederzukommen, er brauche etwas Zeit zum Nachdenken. Nach der ersten Aufregung über die Entdeckung wusste er nicht, was er von ihrem Vorhaben halten sollte. Er fühlte sich von seinem Doktorvater im Stich gelassen. Kittels Reaktion schien ihm seltsam unangemessen. Das Manuskript schien ihn kaum zu interessieren, er tat, als wäre Wielands Unsicherheit eine Zumutung.

Judith war dagegen nervös, geradezu erregt, so wie er. Aber ihre Begeisterung über den Fund wirkte berechnend. Sie hatte kaum gezögert, ihn darum zu bitten, das Fragment ihres Vaters zu veröffentlichen. Bei dem Gedanken, sie hätte ihn womöglich nur deshalb auf den Dachboden geführt, damit er das von ihr zurechtgelegte Manuskript entdeckte, wurde Wieland wütend. Er fragte sich, ob sie die ganze Zeit, während er gewissenhaft die Papiere sichtete, während sie zusammen im Bett waren, sich näher kamen, nur darauf gewartet hatte, dass er es endlich fand?

Mit trägen Handbewegungen begann er die Hosen und Hemden zu falten, die er achtlos in seine Reisetasche hineingeworfen hatte. Er stellte die Schuhe ordentlich ausgerichtet unter den Heizkörper und ging ins Bad, um sich die Zähne zu putzen. Vor dem Spiegel tastete er die dunklen Schatten unter seinen Augen ab. Sein Gesicht hatte sich nicht verändert. Warum auch. Er selbst hatte sich nicht verändert. Er hatte nur ein paar Tage lang gedacht, er wäre ein anderer.

Gleis 7 (März 1971)

Die Bahnhofshalle war erfüllt vom Zischen der Lokomotiven, dem Surren der Leitungen, dem rasselnden Geräusch der Gepäckwagen. Gemurmel, Rufe und Kindergeschrei in zwanzig verschiedenen Sprachen mischte sich zu einem einzigen, aufsässigen Brausen. Züge fuhren ein, andere kamen in Fahrt. Gruppen von Reisenden strömten heran, umarmten sich, glitten auseinander.

Hella sah Gellmann jetzt wenige Meter vor ihr den Zug entlanggehen, eine große Reisetasche über der Schulter. An einem Zeitungsstand blieb er stehen und las die Schlagzeilen. Absichtlich lief sie dicht an ihm vorbei in Richtung des Ausgangs. Aber er bemerkte sie nicht, schaute nicht auf.

Hella stellte sich vor, wie er gleich hinter ihr gehen würde. Er müsste sie sofort erkennen, so wie sie ihn in jeder Menge sofort erkannt hätte. Vielleicht würde er sie beobachten, wie sie langsam an den Schaufenstern vorüberging. Die Eiligen machten einen Bogen um sie, manche stießen sie an, einer schimpfte. Und Hella meinte, spätestens jetzt würde Gellmann auf sie aufmerksam werden.

Während des ersten Sommers im Haus hatte Gellmanns unverhohlenes Interesse Hella gleich gefallen. Sein Verlangen hatte nichts Höfliches, seine Zuneigung wirkte kompromisslos. Sie hatte nie verstanden, warum Gellmann damals von einem Tag auf den anderen weg und nach Frankfurt gegangen war.

An einem ihrer letzten Abende im Gasthaus war Vahlen zu den Bauern an den Ecktisch gegangen, um über die Kirmesvorbereitungen zu sprechen. Hella war am Tisch sitzen geblieben und rauchte. Als Gellmann nicht von der Toilette wiederkam, hatte sie sich gelangweilt. Sie verließ die Schankstube, um nach ihm zu sehen. Gellmann stand im Vorraum beim Telefon. Sobald er sie sah, legte er hastig den Hörer auf. Er habe nur mit einer Freundin gesprochen, sagte er. Hella war überrascht gewesen, dass er sie wegen eines Telefongesprächs warten ließ. Aber Gellmanns Reaktion hatte ihr Erstaunen wie Eifersucht aussehen lassen. Und die wegwerfende Geste, mit der er über die Andere sprach, traf Hella, als gehe es um sie selbst.

Nachdem Gellmann gegangen war, hatte sie die Enge und Einsamkeit mit Vahlen auf dem Land erst richtig gespürt. Sie sprachen nie aus, was offensichtlich war: Sie beide fühlten sich von dem Freund verlassen. Ihre festgefügte Zweisamkeit, dieses Miteinander, ohne das Hella sich ihr Leben einmal nicht mehr hatte vorstellen wollen, war zur Eintönigkeit geworden. Vahlen und sie waren auf sich selbst zurückgeworfen. Das perfekte Paar, wie sie von Freunden gerne genannt wurden, das perfekte Paar.

Vahlen hatte Gellmanns neue Freundin anfangs verteidigt. Eine im Grunde biedere Frau, die auf freien Sex bestand, als ginge es um Tischmanieren. Bei Demonstrationen war sie auf ihr Erscheinen im Vordergrund bedacht. Hella glaubte sie schon einmal gesehen zu haben, auf einer Party von Freunden. Sie erinnerte sich an indianerhaft glattes Haar, an ein schmales Becken. Gellmann wirke wie angebunden, sagte Vahlen, ein Hofhund der seine Wachsamkeit verloren hat.

Die Freunde wechselten regelmäßig Briefe. Als sie aus Amerika zurück waren, besuchte Vahlen Gellmann in Frankfurt. Er fand, Gellmann sei stabiler geworden, weniger chaotisch. Aber Hella hatte ihn sich abgestumpft vorgestellt. Bis sie ihn an diesem Nachmittag Jahre später im selben Waggon entdeckt hatte, in dem sie selbst nach Frankfurt unterwegs war. Gellmann hatte während der Fahrt in verschiedenen Büchern mehr geblättert als gelesen. Hella sprach ihn nicht an. Sie genoss es, ihn zu beobachten.

Neben den Schließfächern bei der Bahnhofsgaststätte blieb sie stehen. An einer der Werbesäulen lehnte ein Mann, der das Gesicht seiner Freundin mit beiden Händen festhielt und auf sie einredete. In den kurzen Pausen seines Sprechens küsste er sie. Die Fürsorglichkeit der Geste bewegte Hella, und fast schämte sie sich dieser Rührung, als müsse die Sehnsucht nach einer solchen Zärtlichkeit weit hinter ihr liegen.

Gellmann sollte längst aufgeholt haben, auch wenn er sich noch eine Zeitschrift gekauft hatte. Auf der Höhe des Feinkostladens spürte Hella plötzlich einen heftigen Schlag auf den Arm. Sie sah sich nach Gellmann um, als sie ein zweiter, unmissverständlich aggressiver Stoß gegen den Rücken fast aus dem Gleichgewicht brachte. Sie taumelte, fing sich aber wieder. Ein Mann in einem befleckten Blaumann stand vor ihr und sah sie stumm an. Erst jetzt verstand sie, dass Gellmann nichts damit zu tun hatte. Der Mann hatte sie – vielleicht unabsichtlich – angerempelt. Er entschuldigte sich aber nicht, sondern sah Hella, die sich vorsichtig über den schmerzenden Arm rieb, stumm an. Sein Gesicht war wie verwaschen von Alkohol und unterdrückter Wut.

Hella glaubte, Gellmann müsse nun ganz in der Nähe sein. Er würde eingreifen und sie von dem Kerl befreien. Vielleicht würde er sich mit ihm schlagen. Dann würde er so etwas rufen wie: »Was machst du bloß für Sachen, Hella?« Er würde sie umarmen und sagen, »Jetzt gehen wir erst einmal etwas trinken auf den Schreck«.

Aber Gellmann kam nicht, hatte den Bahnhof womöglich längst verlassen. Vielleicht war er sogar absichtlich an ihr vorbeigegangen.

Wenn einer geht, bleibt ein anderer zurück
(letzte Kriegsjahre 1917–1918)

Im Frühjahr des dritten Kriegsjahres waren im Gasthaus Brink anstelle der Pensionäre und Wanderfreunde aus der Stadt nur noch Kriegszitterer und Invaliden zur Erholung untergebracht. Mit ihren zerschossenen Gesichtern, ihren nur vorläufig gestützten Amputationen, ihren Grabenfüßen saßen sie stumm in ihre Decken gewickelt auf der Sonnenterrasse. Und auf die Frauen von Sehlscheid, die am Morgen im fahlen Februarlicht von der Feldwache zurückkehrten, wirkte ihr Anblick wie eine hämische Klage.

In den Städten, hieß es, seien die Menschen schon im Kohlrübenwinter von 1916 zu Tausenden verhungert. Darauf folgte im Spätsommer die misslungene Getreideernte. Selbst auf den größeren Höfen im Westerwald wurden die Vorräte knapp. Jede Nacht verjagten die mit schweren Forken bewaffneten Bäuerinnen die Plünderer aus dem Unterdorf und vom Birnbaumstück. Manchmal mussten sie ihnen bis hinunter zur Unteren Mühle folgen. Längst schreckten die Banden und Landstreicher nicht mehr davor zurück, auch brütende Hennen oder unreifes Obst zu stehlen.

Kaum einer sprach mehr von der Verteidigung des Vaterlandes. Der Hunger, die willkürliche Rationierung, die von der Kriegswirtschaft an der Feldarbeit gehinderten Männer, die Verletzten, Verstümmelten und nie aus dem Krieg Zurückgekehrten bestimmten die Gespräche. Hilda Gehrke hatte einen Sohn verloren, die Brinks und Lindes sogar zwei. Allein in Sehlscheid zählte man inzwischen über ein Dutzend Kriegsopfer, die Versehrten und auf immer Entstellten nicht mitgezählt.

Nachdem Rudolf sich wieder an die Front gemeldet hatte, war Kläre Vahlens Haar innerhalb weniger Wochen ergraut. Die alte Irma Vahlen sprach wochenlang kein Wort mehr. Und auch Martha sah man nur noch betrübt herumgehen. Wenn jemand fragte, was mit ihr sei, rief sie entrüstet, ob denn außer ihr niemand an Rudolf dachte, der an der Front um sein Leben kämpfte.

Hermann Vahlen ahnte, warum der Bruder freiwillig, überstürzt und ohne weitere Worte fortgegangen war. Er hätte auch wütend darüber werden wollen, aber in seinem Inneren spürte er nur Leere. Und an manchen Tagen kämpfte er wegen Marthas heftiger, ihn gänzlich ausschließender Sehnsucht nach dem abwesenden Bruder mit einer muffigen Eifersucht, derer er sich schämte.

Erst im April wurde bekannt, dass Rudolf bereits vor Monaten gefallen war. Die Frau des Gemeindevorstehers Linde, die frühmorgens mit der Neuigkeit aus den Listen des Kriegsministeriums in die Backstube der Gehrkes geeilt kam, erfuhr auch als erste im Dorf die Wahrheit über Lisbeths rätselhafte Empfängnis. Hermanns Frau Emmy begann gleich zu weinen, als sie vom Tod ihres Schwagers erfuhr. Die hochschwangere Lisbeth aber sackte ohnmächtig auf den Boden. Sofort stürzten die Schwester und die Frau Gemeindevorsteher auf sie zu, um ihr aufzuhelfen. Und endlich hörten sie das Mädchen, das auf Nachfragen bisher immer nur mit Schulterzucken oder stummen Tränen geantwortet hatte, den Namen seines Geliebten flüstern, der es so schändlich allein gelassen hatte.

Keine drei Wochen nachdem die Nachricht von Rudolfs Tod sie erreicht hatte, brachte Lisbeth im Mai einen Jungen zur Welt. Die Hebamme, die Bäuerin Gehrke, Emmy und die Witwe Kläre beeilten sich, das Kind in saubere Tücher zu wickeln und es der jungen Mutter an die Brust zu legen. Lisbeths Leib hörte nicht auf zu bluten. Es schien, als habe das Mädchen mit der Hoffnung auf Rudolfs Rückkehr auch den Willen zum eigenen Leben verloren. Wenige Stunden nach der Geburt starb sie mit einem leisen Schrei, der von dem ihres neugeborenen Sohnes Heinrich noch übertönt wurde.

Vor dem Winter 1917 nahm das Dorf in einer vom preußischen Ministerium beorderten patriotischen Aktion drei Dutzend unterernährte Kinder aus Koblenz und Köln auf. Die meisten der »Hungermäuler« kamen beim Gemeindevorsteher Linde, beim Pastor, in der Schulstube und auf den Höfen der Brinks und Gehrkes unter. Aber auch zu den beiden Witwen auf der Hüh brachte man ein vierjähriges Mädchen und ihren kleinen Bruder, der gerade erst das Laufen lernte. Hans Gisbert und Doris Kind hießen die beiden laut eines Zettels, den sie um den Hals trugen. Und das Vaterland wäre den Gastgebern dankbar, wenn die Kinder bis auf weiteres in ihrem Haus zu Kräften kommen dürften.

Doris weinte in den ersten Tagen viel. Aber sie lernte schnell, an der Seite der Vahlen-Frauen die Kaninchen und Ziegen zu füttern, Morbeln zu sammeln und Bucheckern mit Kartoffeln zu verstampfen, so dass alle davon satt wurden. Sie war ein tüchtiges, freundliches Mädchen und bald verschwand auch die städtische Blässe aus ihrem Gesicht.

Niemand wunderte sich, dass Doris nur wenig mit ihrem Bruder zu tun haben wollte. Ausgehungert und von den Eltern weggeschickt, hatten die Geschwister Kind eben früh gelernt, zuerst an sich selbst zu denken, sagte man sich. Hagis, wie man den Jungen der Einfachheit halber nannte, zeigte von Anfang an keinerlei Anzeichen von Heimweh. Er nahm die Freundlichkeit der Witwe Kläre und die Schimpferei der Alten Vahlen wie selbstverständlich hin. Statt an seine Schwester Doris hielt er sich vor allem an Martha, auf deren Schoß er saß, als würde er ihm gehören. Der kränkliche Heinrich, den die Vahlen-Witwen nach Lisbeths Tod zu sich genommen hatten, wurde sein bester Freund.

Heinrich hatte das greisenhafte Aussehen eines Neugeborenen nie abgelegt. Im Dorf hieß es, er habe »im Bauch seiner Mutter ein

Bein verloren«. Nur mühsam konnte er sich mit Hilfe seiner Arme und des schwachen rechten Beins am Boden vorwärts schleppen. Während das wenig ältere Hungermaul den ganzen Tag plapperte, sang oder tanzte, blieb Rudolfs und Lisbeths Sohn stumm. Hagis setzte den Freund in ein kleines Wägelchen, das er auf seinen unermüdlichen Wegen zwischen dem Hühnerstall und dem Ziegenverschlag, zwischen dem Apfelgarten und dem Rübenfeld hinter sich herzog.

Im November 1918 dankte in Berlin der Kaiser ab, der als preußischer König dem Gesetz nach auch in Sehlscheid regierte. Der Krieg war beendet. Letzte Meldungen von Gefallenen erreichten das Dorf. Nachrichten Überlebender trafen verzögert aus der Kriegsgefangenschaft ein. Und wer vergeblich wartete, fühlte sich zurückgelassener als zuvor.

Dann wurde eines Tages bekanntgegeben, dass die neue Republik gegründet war. Kopfschüttelnd diskutierte man in der Gastwirtschaft die Niederlage und dass nun auch den Frauen das Wahlrecht zugesprochen wurde. Hermann Vahlen schimpfte laut über den schlechten Frieden, der in Frankreich zustande gekommen war, und über die Demokraten, die das Reich auf dem Gewissen hätten. Aber in Sehlscheid, da waren sich die meisten Bewohner einig, würde sich so schnell nichts ändern.

Das kann nicht jeder (April 2007)

Wieland warf sich auf das Bett, zog die Decke bis zum Kinn und starrte auf das stummgeschaltete Fernsehbild. Die Nachrichten wurden verlesen. Bilder der Kämpfe in Afghanistan flackerten über den Fernsehschirm. Sie zeigten einen Mann im Krankenhaus, dem ein Geschoß Arme und Beine weggerissen hatte. Die weißbandagierten Stümpfe sahen aus wie angeklebt an seinem dunklen, von Brandflecken überzogenen Körper. Er blickte ängstlich in die Kamera. Die Frau neben seinem Bett hatte den Mund aufgerissen, sie hob ihre Hände vor das Gesicht. Danach sah man Panzer über staubige Pisten rollen. Internationale Politiker stiegen auf eine Bühne vor blauem Hintergrund.

Schon nach einem halben Tag im Hotel begann Wieland, Judith zu vermissen. Er wusste immer noch nicht, wie er mit ihrer Behinderung umgehen sollte, und fragte sich, wann sein Bedürfnis nachlassen würde, sie zu beschützen. Dann wieder schien es ihm, als reiche es abzuwarten, und alles würde sich wie von selbst ergeben.

Sein Vater hätte ihn für eine behinderte Frau wahrscheinlich verachtet. So einfach Jürgen Wieland es sich im Leben gemacht hatte, so streng war er mit seinem Sohn gewesen. Nichts, was Wieland gerne tat, hatte er je gut geheißen.

Seine Mutter würde etwas ironisch sagen: »Wo die Liebe hinfällt.« Und dann würde sie hinzufügen: »Hauptsache, es ist nicht erblich.«

Wieland musste lachen. Allein die Vorstellung, er würde mit Judith Gellmann-Vahlen eine Familie gründen, erschien ihm komisch. Sie hatten sich ja gerade erst kennen gelernt.

Er drückte den Knopf der Fernbedienung. Anstelle des Politikers erschien das Testbild des DVD-Spielers auf dem Bildschirm, dann augenblicklich die Szene der Folge, in der er vor nicht einmal zwei Wochen von Judith unterbrochen worden war. Die Gesichter waren ihm fremd, wie einem nur alte Freunde nach längerer Abwesenheit fremd werden können. Die Jugendliebe der Witwe Krieger, ein freundlicher älterer Herr, der zu glattgekämmt und zu braungebrannt war, um als Dorfbewohner überzeugend zu sein, schloss für immer seinen Gasthof. Die Alte selbst veranlasste gerade, dass einer ihrer Mitarbeiter, der sie betrogen hatte, in eine psychiatrische Klinik eingeliefert würde. In der folgenden Szene lag der junge Mann mit der Tochter im Bett. Ein Wagen mit Sanitätern fuhr bei der Villa vor. Als es an der Tür klopfte, sah man das schöne Paar in Großaufnahme. Mit fragendem Blick schauten die beiden in die Kamera.

In diesem Moment klingelte Wielands Handy. Zögernd griff er nach dem Telefon.

»Wieland? Hier ist Gellmann.«

»Herr Gellmann. Was für eine Überraschung.«

»Wie läuft es denn so? Was macht die Wissenschaft?«

»Stellen Sie sich vor, ich bin in Sehlscheid im Westerwald bei den Vahlens.«

»Was du nicht sagst. Im Westerwald. Wie geht es den Vahlen-Frauen?«

»Ich denke, es geht ihnen gut. Sie sind beschäftigt. Frau Vahlen meine ich. Und Judith, ich meine Frau Gellmann-Vahlen – ich wusste gar nicht, dass Sie mit ihr verheiratet waren.«

»Jaja. Ist schon eine Weile her. Und Alexia?«

»Alexia ist prima. Eine echte Schönheit. Sie sollten sie sehen.«

»Ganz klar. Aber deshalb rufe ich nicht an. Ich wollte wissen, wann mein Buch kommt.«

»Ihr Buch –«, Wieland brauchte einen Moment, um zu verstehen, was Gellmann meinte. Seine Doktorarbeit war also zu Gellmanns Buch geworden. »Ich habe neues Material. Einige sehr schöne Briefe an Peter Vahlen sind dabei. Ich hätte noch Fragen an Sie, wenn ich alles genau durchgesehen habe. Die Arbeit soll im Herbst fertig werden. Der Verlag plant für das späte Frühjahr. – Nur«, Wieland überlegte, ob er Gellmann einbeziehen sollte. »Es ist etwas dazwischen gekommen. Ich habe Vahlens Nachlass gesichtet, wegen Ihrer Briefe, und da habe ich, ich meine wir, Judith und ich, haben etwas gefunden.«

»Ist nicht wahr. Hatte Vahlen noch was? Einen Roman? Gedichte?«

»Ein Romanmanuskript. Eher ein Fragment.«

»Scheiße auch.«

»Die Frage ist, was damit geschehen soll.«

»Die Vahlen-Frauen sind doch nicht auf den Kopf gefallen. Denen fällt schon was ein. Ich müsste das erst sehen, um es beurteilen zu können.«

»Es ist so, mit Hella Vahlen war es etwas schwierig …«

»Ja ja, so ist sie.«

Wieland zögerte, mehr zu erzählen. Ihm war klar, dass der Dramatiker nicht ehrlich mit ihm gewesen war, obwohl er durchaus vorhatte, von Wielands Arbeit zu profitieren. Nicht einmal von Judith hatte er ihm erzählt. Aber was immer Gellmann auch plante, er wusste über Vahlen besser Bescheid als irgendjemand sonst. Wenn überhaupt, dann könnte nur er Wieland helfen.

»Frau Gellmann-Vahlen möchte, dass ich die Herausgabe des Manuskripts übernehme und es bearbeite«, sagte er. »Ich weiß nur nicht genau, wie weit man bei so einer Sache gehen kann.«

»Sie will, dass du es zu Ende bringst? Na, das ist doch eine schöne Sache!«

Er räusperte sich. »Bin ich denn der Richtige? Sollte nicht lieber jemand wie Sie …«

»Ich? Judith hasst mich. Und Hella hasst mich noch mehr.«

»Aber ich bin Wissenschaftler.«

»Junge, hier geht es um moderne Literatur und nicht um antike Alexandriner. Das musst du nicht so ernst nehmen. Da kannst du Punkt und Komma setzen, wie du lustig bist. Mit einem Fragment ist den Vahlen-Frauen nicht geholfen. Was die brauchen, ist ein weiteres Drehbuch. Bei der Serie klingelt, soweit ich gehört habe, doch ordentlich die Kasse.«

Hatte Gellmann recht? Ging es um Geld?

»Und warum bearbeiten die Vahlens es nicht selbst?«

»Warum Hella es nicht tut oder nicht längst getan hat, weiß ich nicht. Frag sie. Judith kann es nicht. Sie ist eine gute Übersetzerin. Aber sie hat kein Durchhaltevermögen. So was braucht Zeit und Ausdauer. Und außerdem bekommt sie keine einzige Zeile aufs Papier, wenn es leer ist. Jawohl, Wieland. Das kann nicht jeder.« Gellmann schien das Gespräch beenden zu wollen. »Aber du kannst es ja. Wann kommt mein Buch, sagst du?«

Das Hungermaul (Dezember 1918)

Selbst in eisiger Kälte brachte Albert Kehl seine Hunde auf den Tennisplatz am Hahn. Abwechselnd ließ er sie auf dem mit Unkraut bewachsenen Gelände bei Fuß gehen, apportieren, niederhocken und aufspringen. Er gab ruckartige Zeichen, nur selten hörte man ihn Befehle erteilen. Und gelegentlich sahen Vorbeigehende, wie er angesichts eines Zögerns, der zu langsam einsetzenden Folgsamkeit eines der Tiere, in eine kalte, mechanisch zuschlagende Wut abglitt.

Die meisten Menschen im Dorf wollten nichts mit dem Sohn des Kolonialwarenhändlers zu tun haben. Sie scheuten seinen immer ein wenig beleidigt wirkenden Gesichtsausdruck, die meckernde Stimme, die Rohheit seiner Ausbrüche. Aber nie war ganz klar, ob es nicht der junge Kehl selbst war, der die anderen mied. Erst als ihn das Rekruten-Amt in Koblenz trotz der Lage an der Front dauerhaft freistellte und er, noch während des größten Mangels an Arbeitskräften auch bei Hingst und in den Fockenbachwerken keine Anstellung bekam, begann man einen echten Fehler bei dem jungen Mann zu vermuten. Dabei wirkte Albert Kehl weder krank noch geistig verwirrt. Man sah ihn mit dem Schwager aus Irlich die Ferkel kastrieren, immer Freitags verpackte, sortierte und kennzeichnete er die Waren im Lager seines Vaters und ansonsten strich er scheinbar ziellos mit den Hunden durch die Wälder. Einmal hatte er nachts mit seinen Tieren eine ganze Bande von Plünderern gefangen und hielt sie fest, bis man sie am nächsten Tag in Arlich der Polizei übergab. Seitdem wagte es im Dorf niemand mehr, das seltsame Treiben des jungen Kehl in Frage zu stellen.

An diesem Dezembertag war er auf dem Hahn damit beschäftigt, einen jungen Mischling mit dem Knüppel zu strafen, als am Waldrand im Dämmerlicht das Gesicht eines Soldaten in amerikanischer Uniform auftauchte. Der Fremde erschrak über die unvorhergesehene Begegnung. Kehl dagegen regte sich kaum, als einer seiner Schäferhunde auf den Mann zustürzte. Der Soldat war aus den Büschen hervorgetreten und rief etwas, das Kehl unverständlich blieb. Dann zückte der Amerikaner ein Messer, und noch bevor das Tier seinen Arm packen konnte, stach er zu, und es sackte leblos zu Boden.

Der Mischlingswelpe, den Kehl gerade noch geschlagen hatte, drückte sich winselnd an die Beine seines Herrn. Kehl gab ihm einen kurzen, festen Tritt.

Wenige Augenblicke später war das Motorengeräusch der amerikanischen Wagen im gesamten Aulbachtal zu hören. Die Reifen der Gefährte sanken in den nur mit einer dünnen Frostschicht überzogenen Boden der Feldwege ein. Im Oberdorf lehnten die Frauen stumm an den Türen ihrer Häuser. Die meisten Männer waren noch immer nicht von der Front zurück.

Kurz vor Weihnachten ließ sich eine der durchkommenden Truppen im Ort nieder. Dreißig Infanteristen sollten die Fockenbach-Werke bewachen, die vorläufig ihre Tore hatten schließen müssen. Wofür aber die Versorgungseinheit benötigt wurde, die aus vierzig schwarzen Männern bestand, wusste keiner so genau. Hermann Vahlen war der erste, der in der Gastwirtschaft die Vermutung äußerte, die schwarzen Besatzer seien da, um dem Dorf die Schande der Niederlage vorzuführen.

Ein Offizier bezog das Büro des Gemeindevorstehers. Die weißen Soldaten quartierte man auf den größeren Höfen im Unterdorf ein. Bis auf weiteres wurde die Schule geschlossen, damit die schwarzen Männer dort ihr Lager aufschlagen konnten. Sie schliefen dicht aneinandergedrängt auf Strohmatratzen, trockneten ihre Unterhosen über Wäscheleinen, die sie zwischen der Tafel und dem Kohlenofen gespannt hatten, und kochten abends auf dem Schulhof über offenem Feuer Bohnen.

In kürzester Zeit war es nicht nur eng, sondern auch noch ärmlicher in Sehlscheid geworden. Die Plünderer aus den Städten blieben dank der bewachten Besatzungslinien aus. Dafür bedienten sich die Soldaten in den Gasthäusern und auf den Höfen mit dem Appetit junger Männer, die – wie die Haushälterin des Pfarrers bemerkte – »fern ihrer guten Kinderstube« waren. Die Runkelsche

Kettenschmiede wurde zur Werkstatt ausgebaut, vor der die Kraftwagen der Besatzer bald in langen Reihen zur Reparatur anstanden. Und mit Hilfe des jungen Kehls, der den Amerikanern seit ihrer Ankunft nicht mehr von der Seite gewichen war, fanden sich die Fremden schnell zurecht.

Allgemein sah man es als glückliche Fügung, dass rechtzeitig zum Weihnachtsfest die Familien der aufgepäppelten Kinder kamen, um ihre Söhne und Töchter nach Hause zurückzuholen. Und doch fiel es den meisten der Dorfbewohner schwer, sich von ihren »Hungermäulern« zu trennen. Albert Kehl, der nun seine Haare mit Pomade zurückgekämmt trug, hatte sich bereit erklärt, die Eltern gegen eine kleine Entschädigung zu den Unterkünften der Kinder zu führen. Dabei drängte er die Sehlscheider Familien zum Abschied und zerrte unter heftigem Knurren seiner Hunde an den Kindern.

Ausgerechnet die Haushälterin des Pfarrers, die während des vergangenen Jahres immerhin vier Hungermäuler in der Pfarrstube beherbergt hatte, versuchte er, wie man sich später im Dorf erzählte, bei ihren Küssen zu unterbrechen. Doch die sonst so gelassene Frau drehte sich unvermittelt zu Kehl um und spuckte ihm auf seine blankgeputzten Stiefel. Kehl geriet sofort außer sich. Brüllend und zitternd drohte er ihr, dem Besatzer von ihrem Betragen zu berichten. Aber das Fräulein hatte keine Angst: »Das wird der liebe Gott schon regeln zwischen uns, da brauchst du deine Amerikaner nicht«, sagte sie.

Auch auf der Hüh rechnete man damit, dass Doris und Hagis bald abgeholt würden. Nur vier der fremden Kinder waren überhaupt bis nach Weihnachten geblieben. Aber weder Irma noch Kläre sprachen über den baldigen Abschied, und auch Martha versuchte, den Gedanken daran weit von sich zu schieben.

Längst war ihr Hagis so nah wie ein Bruder. Frühmorgens überfiel er Martha mit Küssen in ihrer Kammer. Wenn sie vom Füttern der Tiere in die Küche zurückkam, war Hagis schon über den Stuhl zur Anrichte hinaufgeklettert, um dem stummen Heinrich einen

Apfel zuzuwerfen. Auf dem Hof veranstaltete er wilde Verfolgungs-
jagden mit dem Hund Schnapp. Und abends erzählte er Martha
atemlos, was er erlebt hatte, bis Großmutter Irma zu schimpfen begann und sie beide ins Bett schickte.

An einem späten Dezembermorgen, an dem sich der Nebel nur
langsam in die Hohlwege und Gräben um Sehlscheid hinabsenkte,
melkte Martha im Stall die Ziegen, als plötzlich der junge Kehl in
seinen Militärstiefeln vor ihr stand. Sie hatte ihn übers Stroh nicht
kommen hören und mit seinem glattgezogenen Scheitel auch nicht
gleich erkannt. Sie erschrak, und Kehl grinste hämisch. Er war
nicht viel älter als Hermann. Aber wie die meisten Dorfbewohner
kannte Martha ihn kaum.

»Buh«, machte er. »Hab ich dir Angst gemacht, kleine Martha?
Wo sind denn deine großen Brüder?« Er tat einen Schritt auf sie zu.
»Ich komm, um dir deine Kinder wegzunehmen«, zischte er. Dann
drehte er sich um und war wieder weg.

Erst jetzt sah Martha die hagere, fahlhäutige Frau vor der Stalltür
stehen. Während die Städterin sagte, sie käme, um Doris abzuho-
len, fiel der Schrecken über Kehls plötzliches Auftauchen von Martha ab. Möglichst freundlich begann sie, der Fremden von Doris zu
erzählen, davon, wie das Mädchen gewachsen war, und wie gern es
alle hatten. »Und Hagis erst«, sagte sie. »Den Kleinen werden Sie
kaum wiedererkennen.«

Die Frau sah sie stumm an, während Martha das Euter der Ziege
mit Fett einrieb. Dann erst fragte die Fremde, ob sie Doris sehen
dürfe.

Martha fing sich sofort. »Natürlich. Kommen Sie. Doris wird
gleich zurück sein. Sie ist mit meiner Mutter in den Wald zum Holz
holen gegangen. Aber Hagis ist ja da.«

Drinnen in der Küche des Haupthauses häkelte die alte Vahlen
an einem Wolljäckchen für die Jungen. Hagis und Heinrich saßen
zu ihren Füßen und bewarfen Schnapp mit Kastanien.

»Frau Kind ist gekommen«, sagte Martha beim Eintreten in
einem möglichst sanften Tonfall. Aber sofort begann Irma mit ih-

rem schlimmen, in der Mundart nur schwer verständlichem Geschimpfe, und Martha war froh, als die Alte ihr Häkelzeug auf die Bank legte, sich mit steifem Rücken erhob und endlich den Raum verließ.

»Sie müssen entschuldigen«, sagte Martha. Sie hatte Tränen in den Augen. »Das ist Heinrich, mein Neffe. Und da ist auch Ihr Hagis.«

Sie sah, wie die fremde Frau mit großer Gier das frische Roggenbrot anstarrte, das auf dem Küchentisch lag. Die Kinder würdigte sie keines Blickes.

»Er erkennt Sie nicht wieder«, sagte Martha, als auch Hagis weiterhin Kastanien über den Boden rollte. »Er war ja noch so klein, als er Sie verlassen hat.«

»Ich glaube, da liegt ein Missverständnis vor«, sagte die Frau. »Ich heiße Benning. Ich komme wegen Doris.«

»Ja, aber Hagis?«, fragte Martha erstaunt.

»Ich kenne den Jungen nicht«, antwortete die Frau ungerührt.

»Aber das ist Doris' Bruder, Hagis Kind«, sagte Martha, als könne sie die Dinge richtig stellen.

»Doris ist mein einziges Kind.«

In diesem Moment kam die Alte zurück in das Zimmer gestürmt. In der Hand hielt sie ein Papier, mit dem sie in der Luft herumwedelte. Doris' Mutter musste sich davon überzeugen, dass der Name des Jungen darauf gleich unter dem des Mädchens stand. In dem Feld »Familienname« war bei Doris »Kind« eingetragen und bei Hans Gisbert ein schlichtes Gänsefüßchen als Platzhalter. Zufrieden hielt Irma auch Martha den Zettel vor das Gesicht.

»Das muss ein Fehler beim Amt gewesen sein«, rief sie. »Wenn Hagis nicht Ihr Sohn ist, bleibt er natürlich bei uns.« Selten hatte Martha ihre Großmutter so erregt gesehen.

Als Doris wenig später mit Kläre die Stube betrat, begann das Mädchen beim Anblick ihrer Mutter heftig zu weinen. Auch Frau Benning wirkte mitgenommen. In schweigendem Einverständnis packten die Witwen einen Korb mit Mehl, Eiern, Brot und Eingemachtem für das Mädchen zusammen. Kläre blieb noch lange in der Tür stehen, bis erst Doris und dann auch ihre Mutter auf dem abschüssigen Weg die Hüh hinunter nicht mehr zu erkennen waren. Irma und Martha sahen ihr Gesicht blank und wie mürbe werden. Schließlich sagte Kläre, sie müsse noch das Brennholz stapeln, und ging zögerlich, mit einem leicht zur Seite gebogenen Rücken, den Martha an ihrer Mutter bisher nie bemerkt hatte, in Richtung der Scheune.

Während die Alte Vahlen es gar nicht erstaunlich finden wollte, dass Doris und Hans Gisbert mit einem falschen Familiennamen bei ihnen untergebracht worden waren, lief die Witwe Kläre am nächsten Tag mit ihrem Hungermaul an der Hand ins Dorf, um den Gemeindevorsteher Linde davon in Kenntnis zu setzen. Bereits früh am Morgen roch es in den Räumen der Militärverwaltung nach gebratenem Geflügel. Der amerikanische Offizier war nicht zu sehen. Sein Dolmetscher, ein gewisser Meyer, der mit dem Gemeindevorsteher das Vorzimmer teilte, schien nur mit halbem Ohr zuzuhören. Der Gemeindevorsteher Linde, der mit Kläre die Dorfschule besucht hatte, ließ sich die Geschichte dagegen gleich mehrfach wiederholen. Die richtigen Eltern des Jungen würden sich bestimmt bald melden, sagte er schließlich und schickte die Witwe nach Hause.

Erst als das neue Jahr längst begonnen hatte, als alle Hungermäuler das Dorf verlassen hatten, und noch immer niemand nach Hagis gefragt hatte, stellte der Gemeindevorsteher auf Kläres wiederholtes Drängen hin eine Anfrage in Koblenz. Aber auch dort fand niemand heraus, zu wem der Junge gehörte. Man hatte allerdings in Köln die Bestätigung einholen können, dass Frau Benning tatsächlich nur ein Mädchen nach Sehlscheid geschickt hatte, dass keine Familie Kind im Einzugsgebiet wohnhaft war und dass keine Familie Gisbert einen kleinen Jungen vermisste.

Die Besatzer mischten sich nicht ein. Mit dem Ausdruck größter Geschäftigkeit ließ der Dolmetscher den Gemeindevorsteher seine Arbeit tun. Der junge Kehl, der täglich in der Amtsstube vorbeischaute, um den Besatzern seine Dienste anzubieten, begann auf dem Besucherstuhl die Augen zu verdrehen, wenn die Vahlen-Witwe zur Tür hereinkam. Der Gemeindevorsteher Linde, der durchaus verstanden hatte, dass es Kläre nicht darum ging, den Jungen loszuwerden, meinte sie nach dem fünften ihrer Besuche beruhigen zu dürfen. »Da können wir nur abwarten«, sagte er. »Das Kind ist ja in der Zwischenzeit bei euch gut aufgehoben.«

Nachdem die Tür der Amtsstube an diesem kalten Frühjahrsmorgen hinter ihr zugefallen war, zog Kläre Vahlen den kleinen Hagis wortlos die Vortreppe hinunter und verließ rasch den Dorfplatz. Erst im Hohlweg unterhalb der Hüh hielt sie an, schob die Wollmütze in das vom Laufen gerötete Gesicht des Jungen, wickelte ihm den Schal, den ihm die alte Vahlen gestrickt hatte, enger um den Hals und gab ihm einen Kuss auf die Wange. Hagis lächelte.

»Nach Hause?«, fragte er.

Kläre atmete tief ein. Sie nickte und lächelte zurück. Die Angst fiel langsam von ihr ab. Aber zugleich war da wieder das andere bedrückende Gefühl, woanders müsse jemand diesen kleinen Jungen, den sie so gerne bei sich behalten wollte, schmerzlich vermissen.

Abends dachte Kläre daran, wie Rudolf auf den Schlachtfeldern von Ypern um sein Leben gekämpft haben musste. Um die rechtzeitige Nachricht seines Todes betrogen, konnte sie noch immer nicht glauben, dass es ihn nicht mehr gab. Als müsse eine Mutter es spüren, wenn ihr Sohn ums Leben kam. Als habe sie, die ihn ja fortgeschickt hatte, das Recht verloren, um ihn zu trauern.

Nachts träumte Kläre davon, wie sie ihre Kinder suchte. Sie rannte, die Beine und Arme schmerzten, kaum bekam sie Luft. Die Kinder waren nicht zu sehen. Sie lief ohne anzuhalten, sie meinte ein Lachen zu hören oder ein Weinen. Sie rief nach ihnen, aber sie bekam nie eine Antwort.

Der Finger (Oktober 1971)

Den ganzen Nachmittag war es nicht richtig hell geworden. Es regnete in Strömen. Gellmann hatte geplant, gemeinsam mit Ingeborg zu kochen. Solche Abende waren selten geworden. Meistens waren sie jetzt mit den Treffen beschäftigt, in Kellerräumen oder Wohngemeinschaften, sie planten Kundgebungen und bereiteten an der Druckpresse Flugblätter und Plakate für Demonstrationen vor.

Ingeborg war streng, was das Engagement anging. Und Gellmann machte mit, weil sie ihm gefiel. Er mochte ihre nervöse Begeisterung, ihre katzenhaften, kleinen Bewegungen und ihre Freizügigkeit. Es interessierte ihn nicht mehr, wo die Leute hinwollten mit ihren Ideen. Längst hatte er die »Revolution« und ihre vielen Regeln satt.

Als die Protestaktionen komplizierter und gefährlicher wurden, nahm er Abstand, übernachtete zwischendurch auch bei anderen Frauen, ohne dass Ingeborg darauf mit mehr als einer vorübergehenden Distanziertheit reagiert hätte. So druckte Gellmann noch, klebte aber keine Plakate mehr und machte auch nie mit, wenn es um größere Aktionen ging. Trotzdem fühlte er sich wohl. Er notierte, was er sah, begann wieder an eigenen Projekten zu arbeiten, für die er seine Beobachtungen nutzen wollte – in Form eines Tagebuchs oder eines dokumentarischen Theaterspiels. Es sollte ein Zeitstück werden.

Und dann war plötzlich Hella am Telefon gewesen. Sie meldete sich mit heiserer Stimme. Gellmann gab den Hörer gleich an Ingeborg weiter, weil er sie für eine ihrer Kolleginnen aus der Musikschule hielt. Erst als Ingeborg am Apparat verstummte, verstand er, dass es Hella Vahlen war. Bestürzung ergriff ihn, ein fast körperlicher Aufruhr, über den er sich selbst wunderte. Und in diesem Moment wurde ihm klar, wie sehr er das Aufeinandertreffen der beiden Frauen fürchtete.

Als Vahlen vor zwei Jahren mit Hella aus Amerika zurückgekommen war, hatte er Gellmann gleich sehen wollen. Sie hatten sich in Mainz getroffen bei einer der vielen Veranstaltungen, zu denen Vahlen jetzt eingeladen wurde. Der Freund war zurückgekehrt wie aus einer künftigen Welt – mit Ideen und Worten, die nicht nur für Gellmann neu und faszinierend waren.

Wenn sie gemeinsam in der Kneipe saßen, ging es selten um früher, um das Haus oder um Hella. Auch da hatte sich etwas verändert. Hella blieb in Sehlscheid. Sie sei schwanger, hatte Vahlen nur gesagt und gleich abgewinkt, als Gellmann etwas erwidern wollte. Gellmann hatte die offensichtlichen Schwierigkeiten zwischen Hella und Vahlen für eine natürliche Folge dieser Schwangerschaft gehalten. Es war vorbei mit »Brüderchen und Schwesterchen«, wie man sie genannt hatte, weil sie sich so ähnlich sahen – beide groß und schlank, mit diesem oft überheblich wirkenden Stolz in ihrer Haltung. Ein Kind war dann nicht gekommen. Sie hatten auch nie mehr darüber gesprochen.

Zwischen Vahlen und Gellmann war es meistens um die Arbeit gegangen. Sie fragten sich, wie Literatur noch zeitgemäß sein konnte. Vahlen setzte seine Suche nach der passenden Sprache zielstrebig fort. Umso mehr erstaunte Gellmann die Unsicherheit, die den Freund trotz seiner Erfolge und trotz Hella an seiner Seite oft zu ergreifen schien. Auch Gellmann wollte nun endlich mehr Anerkennung. Und dafür brauchte er Frankfurt, und er brauchte Ingeborg.

Als nun Hella vor seiner Tür stand, klatschnass, eine kleine, dunkelgrüne Reisetasche in der Hand, und als sie sagte, sie habe kein Hotelzimmer gefunden, wusste Gellmann nicht gleich, ob sie das ernst meinte oder ob er darüber lachen sollte.

Hella sah müde aus. Das Haar trug sie noch immer lang, aber es wirkte jetzt spröde. Ihr Gesicht war schmal, die Schultern mager, die Haut im tiefen Ausschnitt der Bluse durchscheinend. Und doch verblasste Ingeborg neben ihr regelrecht.

»Komm rein«, sagte er. »Wärm dich erst mal auf. Wir haben einen Wein offen. Ich koche.«

Er bemühte sich, beim Hantieren mit Gemüse, Fleisch und Töpfen eine heitere Stimmung zu verbreiten. Er sagte: »Erzähl mal, wie ist es euch ergangen«, und: »Was macht das Haus?« Auch Ingeborg wollte die Anspannung wohl überspielen, lief wie aufgekratzt hin und her, schenkte ein und fragte nach Vahlen, den sie von früher kannte.

Hella sagte, Vahlen schreibe wieder Gedichte. Leicht zusammengesunken saß sie am Küchentisch, formte Kugeln aus dem Brot, trank mit nervtötend winzigen Schlucken und wirkte beim Sprechen dünnhäutig. Gellmann nahm den Schleifstein aus der Schublade und begann, mit heftigen Bewegungen das Messer zu schärfen.

Erst als Ingeborg zum Telefon ging, wahrscheinlich um das Treffen für Sonntag zu organisieren, erwachte Hella aus ihrem Dämmerzustand. Sie stand auf, trat zu Gellmann, redete etwas davon, wie er sich verändert habe, dass überhaupt alles anders sei. Langsam strich sie sich dabei über die vor der Brust verschränkten Arme. Sie denke noch immer an die Zeit im Haus, sagte sie.

Gellmann ahnte, was jetzt kommen würde. Zu oft hatte er das schon erlebt. Die Unberührbare, die plötzlich vor ihm kniet. In seinen besten Zeiten hatte er monatelang auf diesen Moment hinarbeiten können. Auch Hella hatte er gewollt. Vielleicht mehr als alle anderen. Aber gerade jetzt und gerade von ihr wollte er das nicht hören.

Er warf das Zwiebelmesser auf das Brett und drehte sich zu Hella herum. Sie erschrak. Er ging auf sie zu, packte ihr Haar im Nacken. »Was willst du hier?«, flüsterte er.

In diesem Moment hörte er Ingeborgs Schritte im Flur. Er ließ Hella los, drehte sich um, blickte, das Messer schon wieder in der Hand, noch einmal zurück. Hella saß auf ihrem Stuhl, der Blick stumpf, als wäre nichts passiert.

Ingeborg trug das Telefon am Kabel mit sich herum. Es ging um die Demo. Misstrauisch roch Gellmann am Fleisch, einer noch nicht vom Knochen gelösten Lammschulter, die sie gestern auf dem Markt gekauft hatten und die sich bereits zu verfärben begann. Draußen war es dunkel geworden, im Fenster sah er sein Spiegelbild, das Gesicht massig, grob, mit der immer höher werdenden Stirn. Gellmann versuchte, sich auf das Schneiden zu konzentrieren. Die Sehnen ließen sich nur mühsam abtrennen. Er nahm das schärfere Messer, rutschte ab, und erst als sich das Blut über das feuchte Holz des Schneidbretts verteilte, merkte er, dass er sich in den Finger geschnitten hatte.

Dritter Teil

Hella Vahlen

Was du nicht siehst (Mai 2007)

Wieland strich Judith das Haar aus dem Gesicht. »Willst du weiter-machen?«

Sie nickte. »Martha hatte also einen Liebhaber. Hätte ich nicht von ihr gedacht. Meine Großmutter sieht auf den Fotos immer so beherrscht aus. Nach den Erzählungen meiner Mutter zu urteilen war sie nicht gerade lebenslustig.«

»Ich denke schon, dass sie eine Affäre hatte. Dein Großvater scheint es zumindest geglaubt zu haben. Warum sonst hätte er sie einsperren sollen?«

Sie hatten die Papiere auf dem kleinen Tisch im Wintergarten ausgebreitet. Die Sonne stand hoch. Es war noch nicht spät. Aber nach dem ausgedehnten Frühstück überkam Wieland eine angenehme Trägheit.

In diesem Moment lief Karel kläffend in das Haus hinein. Kurz darauf hörte Wieland die Eingangstür. Er erschrak. Alexia wollte erst am Wochenende kommen. Schritte auf hohen Absätzen näherten sich. Judith richtete sich abrupt auf. Aber da stand die Witwe schon in der Tür.

»Was für eine Überraschung, Herr Doktor.«

Hella Vahlen trug einen schwarzen Hosenanzug. Ihr Haar war streng nach hinten gekämmt. Wieland wünschte, Judith würde auf-stehen. Sie mussten lächerlich aussehen auf dem Sessel, umständ-lich aufeinander hockend, im Glasanbau weithin sichtbar.

»Guten Tag, Frau Vahlen«, sagte Wieland.

Judith rutschte betont langsam von seinem Schoß.

»Hattest du eine gute Reise, Mama?«

»Es war anstrengend. Aber Reinier hat mir sein Auto geliehen. Vielleicht sollte ich besser wieder fahren. Mir scheint, ich störe hier.«

»Blödsinn. Wir ordnen den Nachlass, Mama.«

»Ja, so etwas habe ich mir schon gedacht.«

Wieland stand nun auch auf. »Ich glaube, ich bin es, der gehen sollte. Entschuldigen Sie, Frau Vahlen.«

»Ja, dann gehen Sie.«

»Wieland ist mein Gast«, sagte Judith. »Warum sollte er gehen, nur weil du hier plötzlich auftauchst, nach ganzen drei Wochen Ferien in – war es Südfrankreich oder die Toskana?«

»Ferien waren das nicht. Wir haben gearbeitet. Mehr jedenfalls, als ihr es zu tun scheint. Ich habe Herrn Wieland bereits gesagt, dass ich seine Einmischung in unsere Angelegenheiten nicht schätze.«

»Frau Vahlen, ich wusste nicht …«

»Wieland arbeitet mit mir am Nachlass. Wir sind fast fertig. Wir haben alles aufgelistet.«

»Genau das wollte ich verhindern, mein Schatz.« Die Witwe wirkte müde. Wieland hatte nicht einmal das Gefühl, überflüssig zu sein. Er war für die beiden Frauen gar nicht mehr anwesend.

»Was genau willst du verhindern, Mama?«

»Ich habe mehrfach versucht, dir zu erklären, dass es Dinge gibt, die ich für mich behalten möchte. Sie gehen niemanden etwas an. Auch dich nicht.«

»Du hast aber auch gesagt, dass Reinier weitere Filmvorlagen sucht.«

»Reiniers Interessen stimmen nicht immer mit meinen überein. Ich möchte mich soweit es geht von seinen Projekten zurückziehen. Wenn du willst, kannst du dich künftig mit den Fernsehleuten herumärgern. Du könntest durchaus auch mal etwas zum Haushaltsgeld beitragen.«

»Genau das tue ich gerade. Ich möchte Papas Briefe veröffentlichen.«

»Das kommt nicht in Frage. Es reicht völlig, dass jeder dahergelaufene Student sich Vahlens Briefe in den Archiven ansehen kann. In Buchform möchte ich das nicht haben. Außerdem kommst du damit nicht weit, was das Haushaltsgeld angeht. Das weißt du genauso gut wie ich.«

»Wir könnten auch den Roman veröffentlichen.«

»Von welchem Roman sprichst du?«

Wieland erstarrte. Sie waren übereingekommen, die Sache mit dem Manuskript vorerst vor Hella Vahlen geheim zu halten. Er wollte das Material zunächst einmal sichten. Die Notizen zu Vahlens historischen Recherchen, die Fotos, die Namen – es konnte Monate dauern, bis er alles überprüft hätte. Judith hatte ihn belogen, was das Einverständnis ihrer Mutter zu seiner Arbeit betraf. Auch wenn Wieland schon geahnt hatte, dass die »schwierige Witwe« nicht so schnell ihre Meinung geändert haben konnte. Ein wenig schmeichelte ihm sogar, wie Judith ihre Mutter – und auch ihn – hintergangen hatte, nur damit er bei ihr blieb.

»Mama, da ist ein Manuskript. Ein autobiografisches Romanfragment. So etwas wie die Fortsetzung von *Westerwald*. Das wird ein Buch. Man soll wieder über Papa reden. Reinier könnte eine neue Staffel machen. Vielleicht sogar einen Film zur Serie. Einen Kinofilm!«

»Wovon redest du? Es gibt keinen Roman. Vahlen hat nach *Westerwald* nur noch Erzählungen geschrieben.«

»Ich sehe was, was du nicht siehst!«

Judith konnte so unangenehm sein.

In Marthas Kammer (Frühjahr 1919)

Die Bewohner von Sehlscheid hatten schnell gelernt, ihre Vorräte vor den Amerikanern zu verstecken. Zumindest das Überleben der Zuchttiere konnte mit den Besatzern ausgehandelt werden. Und inzwischen waren die Soldaten immer häufiger bereit, geringe Gegenleistungen wie eine Konserve oder Hilfe beim Holzhacken anzubieten, um die Dorfbewohner, die sie mit frischem Fleisch und duftenden Backwaren versorgten, bei Laune zu halten.

Die Kinder waren die ersten, die sich näher an die Fremden herantrauten. Die Gewehre, das fortwährende Gespucke und vor allem die deutsche Mörserkanone, die von den Soldaten unter größter Anstrengung mit einem Ochsengespann die Hohl herauf geschafft worden war, übten auf die Jungen eine Faszination aus, die ihre Aufregung um die jährliche Kirmes, das Schlachtfest oder den Sprung des Deckbullen auf die Kühe noch übertraf. Der Offizier der Truppe hatte die »Dicke Bertha«, wie er das Geschoss mit schwerem amerikanischen Akzent nannte, von seinem Vorgesetzten übernehmen müssen, der nach dem Frieden von Compiègne nicht mehr gewusst hatte, wohin damit. Nun stand das tonnenschwere Beutestück am Rand des Dorfplatzes in einem eigens errichteten und bewachten Unterstand, wurde täglich gereinigt und gewendet, damit es keinen Rost ansetzte, und geriet zum Mittelpunkt eines ärgerlichen Briefwechsels mit dem Stützpunkt in Koblenz.

Die amerikanischen Soldaten, die sich die meiste Zeit über lässig rauchend gegen den Mörser lehnten, beherrschten vom Deutschen nicht viel mehr als die Worte »Halt«, »Hände hoch« oder »Vorsicht, Feuer«. Aber sie verstanden es, mit spaßhaften Drohgebärden, einfachen Liedern und Kaugummiblasen das Vertrauen der Jungen zu gewinnen.

Schließlich begannen die Soldaten aber auch, den Mädchen hinterher zu sehen. Sieben Wochen nach Kriegsende und mehrere Monate nach ihrem letzten Freigang versetzte der Anblick der langen Röcke die Rekruten in Erregung. Sie lachten plötzlich auf und vollführten merkwürdige Sprünge. Und von allen Mädchen, die an ihnen vorbei zum Burplatz liefen, war Martha Vahlen die Schönste.

Martha bewegte ihre langen Arme und Beine, als müsse sie sich erst daran gewöhnen. Sie war gerade sechzehn Jahre alt, und niemand hätte sagen können, wann ihr Haar so glänzend, die Taille so schlank und ihre Lippen so sinnlich geworden waren. Der trotzige Gesichtsausdruck erinnerte noch an ihre frühere Plumpheit. Aber die kantigen Züge, ihre ganze Haltung drückten nun einen Stolz aus, der die Jungen von Sehlscheid davon abhielt, sie wie die anderen Mädchen um leichtfertige Küsse anzugehen. Die Amerikaner dagegen, denen die Vorstellung von etwas Unerreichbarem gänzlich unbekannt war, sahen nur Marthas blaue Augen.

Seit ihre Brüder sie verlassen hatten, fühlte Martha die Einsamkeit wie einen wiederkehrenden Albtraum in sich aufsteigen. Schon ihren Vater hatte sie nie kennengelernt. Wenn sie aber den kleinen Heinrich mit seinem leeren Blick über den Küchenboden kriechen sah, glaubte sie, nie vergessen zu können, dass sie mit der Geburt des Unglückskindes ihre einzige Freundin und ihren geliebten Bruder fast gleichzeitig verloren hatte.

An den kurzen Wintertagen, wenn sie in der Dämmerung Brennholz sammeln ging, überlegte sie oft, wie sie die Hüh, die Witwen und ihren Krüppel verlassen könnte. Lohnarbeit war im unteren Westerwald knapp geworden. Die Besatzer hatten die Produktion an den Walzen, die Blechpresse und den Bimssteinabbau für das erste stillgelegt. Eine der Brink-Töchter lebte bereits bei Verwandten in Köln, und die jüngste Gehrke sollte noch in diesem Sommer eine Stelle in Koblenz antreten. Aber wenn Martha am Abend in die Vorküche trat, hörte sie Hagis schon nach ihr rufen. Sie sah ihn Heinrichs Wägelchen über den Hof zerren, um ihr entgegenzukommen, und alle Pläne fortzugehen erschienen ihr mit einem Schlag waghalsig und dumm.

Während die anderen Mädchen sich die seltsamen Namen der Soldaten in die Ohren flüsterten, bis wie in einer Stillen Post bekannte Laute daraus wurden, während manche der Sehlscheiderinnen begannen, mit den Besatzern Blicke zu tauschen, und die eine oder andere ihrem Rekruten einen frischgebackenen Butterzopf vor die Zimmertür legte, begann auch Martha zu warten. Die Geschichte ihrer Großmutter Irma, die sie beim Kartoffelklauben so gerne erzählt hatte, ließ Martha noch immer hoffen, dass eines Tages ein Mann in das Dorf kommen würde, um sie aus Sehlscheid fortzubringen.

Das Auftreten der amerikanischen Soldaten war so schlicht wie ihre sackförmigen Uniformen. Ihre Witze mit der fremden Sprache, das unflätige Ausspucken, ihre ungezogene Haltung noch gegenüber den angesehensten Bauern wirkten auf Martha abstoßend. Die schwarzen Männer der Versorgungseinheit sahen dagegen aus wie die Wilden mit Palmen und Strohhütten, die der Lehrer ihnen in der Schule auf Bildern aus den Kolonien gezeigt hatte. Aber ihre roten Zungen, ihre strahlend weißen Zähne und Augäpfel, ihr still wirkendes Wesen waren in Wirklichkeit eindrucksvoller als die Nacktheit der Männer auf den Bildern. Und auch wenn man sie im Dorf viel seltener sah als die weißen Soldaten, löste ihr dunkler Gesang, der abends von der Schule herübertönte, ein sanftes Ziehen in Marthas Bauch aus.

Schon bald war im Dorf das Gerücht umgegangen, die schwarzen Besatzer stiegen nachts bei jungen Frauen ein. Am Burplatz und in der Gastwirtschaft sprach man über die Wilden und ihr ungezügeltes Verlangen. Als eines Morgens sogar Pastor Heller während der Messe vor der Bedrohung warnte, die von ungesegneten Berührungen für Leib und Seele eines jungen Mädchens ausgehe, fühlten sich alle an das Unglück der kleinen Lisbeth Gehrke erinnert. Und sie dachten an die Schande, sollte tatsächlich eines Tages ein schwarzes Kind in Sehlscheid geboren werden.

Die Tage wurden zögernd länger. Das schneidende Februarlicht erwärmte wenig mehr als nur die obersten Erdbrocken der Felder. Und die Kinder mussten bis zur unteren Mühle laufen, um für ihre Ziegen und Kaninchen noch Grünes zu finden. Die Bäuerinnen hängten morgens die klammen Kleider vor das Küchenfeuer und wärmten abends die Betten mit heißen Kartoffeln.

Unmerklich war das leichte Beben, das der Anblick der Besatzer in den Körpern der jungen Frauen ausgelöst hatte, zu einem gewohnten Zustand geworden. Und doch war Martha Vahlen sofort hellwach, als sie – keine zwei Wochen nach der Ansprache des Pastors – von einem groben Poltern auf den Dielen ihrer Kammer geweckt wurde.

Sie zwängte sich in die hinterste Ecke ihres Betts und zog die Decke fest um sich. Es war eisig kalt und stockfinster. Sie hörte ein hastiges Atmen, und vor dem geöffneten Fenster erkannte sie die Umrisse eines Mannes.

»Nicht schreien, Fraulein«, zischte es aus seiner Richtung.

Marthas Herz klopfte stark. Sie zwang sich, keinen Laut von sich zu geben. Sie musste an die Kaninchen denken, die sich gegen die Wand des Verschlages drängten, wenn sie eins herauszog, um es mit dem Klöppel zu erschlagen. Ihre Beine begannen zu zittern.

Der Mann lief jetzt mit ausgestreckten Armen tastend auf sie zu. Er polterte mit dem Stiefel gegen den Schemel. Dann suchte er schon das Bett nach ihr ab. Sie sah das Weiß seiner Augen, das im Dunkeln zu leuchten schien.

»Da ist Fraulein«, sagte er, als sich seine Hand um ihr Fußgelenk schloss. »Jetzt ist liebe Fraulein. Kuss. Kuss.«

Seine rauhe, nach Öl riechende Hand presste sich auf Marthas Mund. Sie rührte sich nicht, als er sich auf sie legte. Einen Moment lang meinte sie, beinahe schützend bedeckt zu werden, und dann war es doch wie ein Ersticken. Er zerrte ihr Nachthemd hoch. Seine Gürtelschnalle bohrte sich in ihren Bauch. Die Hose zerrieb die Haut ihrer Schenkel. Und bald war der Schmerz nur noch ein Stechen, fühlte sich an wie etwas Angelaufenes, aus dem warme Flüssigkeit rann.

Als der Mann sich von ihr abrollte, die Hand noch immer auf ihrem Mund, trat Martha zu. Zuerst traf sie ins Leere. Er wollte sie niederdrücken, da erwischte sie ihn. Stöhnend fiel er auf den Boden. Martha stieg über ihn hinweg, er packte sie erneut am Fuß, aber diesmal gelang es ihr, sich los zu machen. Dann stürzte sie aus der Tür, wo sie zu schreien begann, nach Großmutter Irma, nach der Mutter, nach Hermann und Emmy, die seit Jahren im Unterdorf lebten, und sie war sich später nicht sicher, ob sie nicht auch nach Rudolf gerufen hatte.

Als die Witwen mit ihren Lampen in die Kammer kamen, war der Mann schon durch das Fenster verschwunden. Martha stand zitternd neben ihrem Bett, das nun ganz klein aussah. Der umgeworfene Schemel, das offene Fenster, vor dem sich der Vorhang in der Kälte bauschte, alles schien im weichen Licht der Lampen wieder mit geraden Linien gezeichnet. Aber am Fenster, auf dem Strohbett und an dem Laken waren nun überall schmutzige, schwarze Schlieren zu sehen.

»Hat er dir etwas getan?«, fragte die Alte.

Martha senkte den Blick. Sie spürte die pochende Schwellung zwischen den Beinen. Arme und Hände schmerzten. Die Lippen waren aufgesprungen, mit einem Fuß konnte sie nicht auftreten. Auch das Nachthemd, ihr noch immer heftig zitternder Körper war übersät mit schwarzen Flecken.

Die Witwen wechselten einen Blick. Kläre trat einen Schritt auf ihre Tochter zu. Aber keine der beiden Frauen wagte es, Martha zu berühren.

Wir leben nur einmal (Juni 2007)

Gellmann machte eine einladende Geste, und Wieland folgte ihm durch den langen mit Bücherregalen ausgekleideten Flur in das Wohnzimmer. Hier waren die Wände mit großformatigen Bildern behängt, deren Fluchtperspektive und schreiende Farben Wieland verwirrten.

»Wie geht es dir. Du musst entschuldigen, dass ich dich extra hierher bitte. Aber manche Dinge kann man nicht am Telefon besprechen.«

Wieland nickte. Die Fahrt nach Frankfurt war angenehm gewesen. Er war gespannt, was Gellmann von ihm wollte.

»Ich habe mit Harras vom Verlag gesprochen«, sagte er, als Wieland sich gerade erst gesetzt hatte. »Er ist einverstanden, dass wir eine größere Sache aus dem Buch machen. Du musst nur einiges ändern. Er hat mir deine ersten Kapitel gezeigt. Um es gleich zu sagen, das konnte ich nicht lesen. So viel Wissenschaft interessiert keine Sau. Ich weiß, für die Doktorarbeit ist er wichtig, dieser belegte Scheiß. Aber jetzt musst du da noch mal rangehen und dem Ganzen Biss geben.«

Wieland nickte vorsichtig.

»Harras wünscht sich ein Porträt der Zeit und ihrer Akteure, es muss ja nicht immer nur um mich gehen. Du hast doch von einem Romanfragment gesprochen. Wie wäre es, ein paar Ausschnitte reinzunehmen. Unveröffentlichtes kommt immer gut. Da, wo es Sinn macht, meine ich. Das Thema selbst soll nicht aus dem Blick geraten: Die Epoche, die Kollegen. Unsere Freundschaften, unsere Aktionen. Wir haben damals schließlich auch ein bisschen Revolution gemacht, nicht wahr? Willst du was trinken?«

Er griff hinter sich in einen Schrank und zog eine halbvolle Flasche Whisky heraus. »Ist noch ein wenig früh, kann aber nicht schaden.«

Wieland winkte ab. Er war sich nicht darüber im Klaren gewesen, wie viel Gellmann das Buch bedeutete. Er war davon ausgegangen, für den Dramatiker zähle die wissenschaftliche Publikation, die universitäre Aufmerksamkeit, so hatte er ihn noch neulich am Telefon verstanden. Aber jetzt schien er mehr zu erwarten, eine Veröffentlichung für das breite Publikum. Und natürlich, Vahlens Manuskript – auch Gellmann begann sich dafür zu interessieren.

»Biografien sind stark im Kommen. Du musst dir nur mal die Verkaufszahlen von diesem Ding von dem Kühn über '68 ansehen. In unserem Thema ist ja alles schon drin: Sex und Liebe und Leidenschaft. Was wir brauchen, ist eine These, die zieht. Oder noch besser, wir begründen einen neuen Mythos. So etwas wie ›Die neue Freiheit, Gert Gellmann und die späten 68er‹, das ist doch ein guter Titel. Oder ›Fingerabdrücke. Nichts, wie es vorher war.‹ Wie wäre das?«

Wieder nickte Wieland. »Der Verlag hat mir gesagt, man würde bis auf kleine Änderungen und ein paar Auslassungen im methodischen Teil meine Dissertation vollständig übernehmen.«

»Kann man, klar. Man kann jede Scheiße publizieren. Man kann aber auch etwas daraus machen, was tatsächlich Leser findet. Das ist doch echter Stoff, was in den Briefen steht.«

Wieland hob abwehrend die Hand. »Da ist noch ein Problem. Hella Vahlen ist strikt dagegen, dass ich die Briefe veröffentliche.«

»Was denn, meine Briefe?«

»Sie hat mir ausdrücklich verboten, irgendetwas aus dem Briefwechsel zu veröffentlichen. Vielleicht könnten Sie ja noch mal …«

»Ich kann mit Hella nicht reden. Die ganze Familie will mit mir nichts mehr zu tun haben.«

»Wissenschaftlich gesehen ist das natürlich höchst bedauerlich.«

»Wissenschaftlich!«, prustete Gellmann. »Das sind meine Briefe. Von mir geschrieben! Sie sind Teil meines Werkes. Ich will, dass sie ein Teil meines Werkes sind. Darauf habe ich ein Recht.«

»Aber die Vahlen-Witwe ist nun einmal im physischen Besitz Ihrer Briefe. Da lässt sich nicht viel ausrichten.«

Gellmann starrte Wieland nun an. »Ich denke, du hast die Briefe.«

»Ich habe sie gefunden und gelesen. Aber, da sie mir verboten hat, die Briefe zu suchen, habe ich sie offiziell nicht.«

»So ein Quatsch. Wenn du es geschickt anstellst, kann Hella dir gar nichts. Es hängt nur von dir ab. Von dir und deinen Eiern.«

»Nehmen Sie es mir nicht übel, Herr Gellmann. Ich glaube, ich würde lieber bei meiner Doktorarbeit bleiben. Das mag Ihnen trocken erscheinen. Es wird vielleicht auch keine breite Leserschaft finden. Aber immerhin ist es korrekt und unangreifbar.«

»Korrekt, korrekt. Ihr kleinen Pisser.« Gellmann lehnte sich vor und trank sein Whisky-Glas in einem Zug leer. Sein Gesicht wurde röter. »Was ist denn das auch für eine Scheiß-These, die du da hast«, brüllte er plötzlich. »Mein Dokumentartheater sei autobiografisch. Dass ich nicht lache. Hast du schon mal von irgendjemandem gehört, der irgendetwas geschrieben hat, was nicht autobiografisch ist? Der etwas tatsächlich erfunden hat? Im Grunde ist doch alles nur Dokumentartheater. Und manchmal ist es das im wahrsten Sinne des Wortes. Hör gut zu, das kannst du zitieren: Die Dokumentation eines Experiments. Und damit meine ich nicht die Literatur, sondern unser Leben. Schreiben können wir viel. Aber leben tun wir nur einmal.«

Wieland wäre jetzt am liebsten aufgestanden und gegangen.

»Ich will dir eins sagen, Junge.« Wieder ruhiger geworden, schenkte Gellmann sich neu ein und goss auch Wieland Whisky in sein Wasserglas. »Du bringst mir jetzt erst einmal die Briefe, Originale, Kopien, Abschriften, was immer du willst. Ich übernehme die Verantwortung. Wenn du nicht veröffentlichen willst, dann mache ich es eben selbst. Ist schon klar, dass du Angst vor der Witwe hast. Ist eine beeindruckende Frau.«

»Herr Gellmann, ich kann Ihnen die Briefe nicht geben.«

»Was soll das heißen?«

Wieland wusste selbst nicht genau, was das heißen sollte. Aber er wusste, dass er auf keinen Fall mitansehen würde, wie Gellmann die Briefe an ihm vorbei und außerhalb seiner Doktorarbeit veröffentlichte. In monatelanger Suche hatte er sie sich mühsam beschaffen müssen. Und er hatte nicht vergessen, dass Gellmann ihm in all der Zeit nicht einmal einen Tipp gegeben hatte, wie er die Vahlen-Witwe finden konnte. Es wäre nicht gerecht, dachte er. »Sie sind bei meinem Professor, im Institut«, log er. »Ich komme zurzeit nicht dran.«

Die Erfindung des Glücks (Juli 1973)

Die Buchstaben reihten sich in lockerer Folge auf das Papier. Das rhythmische Tackern der Schreibmaschine, ein leichtes Schmatzen der Metallgelenke, wenn er genau hinhörte, nie ganz regelmäßig, mit Verzögerungen am Anfang eines Satzes oder längeren Wortes, wie ein Tanz. Vahlen schrieb. Die Sätze sammelten sich in seinem Kopf.

Draußen dämmerte es. Eine feine Linie aus Helligkeit bildete sich zwischen dem klaren Schwarz des Himmels und den dunklen Anhöhen am anderen Ende des Aulbachtals. Langsam begann sich die Hügelkette abzusetzen, schimmerte bläulich vor der nun heller werdenden Wolkenmasse, bis das Licht, als Vahlen das nächste Mal aufblickte, plötzlich überzuborden schien. Die Sonne zog kreuzförmige Strahlen über die Horizontlinie, tauchte das Tal mit den Streuobstwiesen, den Feldwegen und Böschungen in glitzerndes Licht.

Vahlen wandte sich von der Maschine ab, um mit dem Bleistift zu notieren, was er sah. Er genoss das Arbeiten im Glasanbau, der ihn ganz einhüllte in das wechselnde Wetter, in die Nacht und den Tag und den Augenblick.

Gestern hatte die Sommerhitze während seines Spaziergangs am Nachmittag drückend über den Wiesen am Waldrand gelegen. Die Pferde auf ihren Weiden erwehrten sich schweifschlagend der Fliegen und Bremsen. Am Weg wuchsen Himbeeren, deren Kerne noch nach Stunden zwischen seinen Zähnen steckten. Er konnte nicht genug bekommen von dieser Landschaft, die nach jeder Biegung einen neuen Blick eröffnete, die alten Bäume, das wuchernde Unterholz. Dieses Leben der langen Wege, um das er die Bewohner der Gegend beneidete, wenn er sie langsam, in einer Kleidung, die vor allem als Schutz gedacht war, an den Zäunen entlang über die Felder laufen sah. Ihr Gehen war immer mit einem Ziel verbunden, einer notwendigen Tätigkeit, während Vahlen noch überlegte, ob er geradeaus laufen oder abbiegen sollte. Irgendwann endete sein Weg an einem Brombeergestrüpp, einer Müllkippe. Kleine Fliegen und Mücken stürzten sich auf ihn, so dass er umkehren musste.

Vahlen hörte Hella hereinkommen. Sie musste ihn gesucht haben, nachdem sie das Bett neben sich leer gefunden hatte. Still setzte sie sich zu ihm, um die neuen Seiten des Manuskripts zu lesen. Er sah ihr einen Moment lang dabei zu. Die vollen Brüste, der runde

Bauch, an dem sie nun immer schwerer trug, verliehen ihr schon jetzt etwas Mütterliches. Ein süßlicher Geruch nach Schlaf und Vertrautheit verbreitete sich im Raum, und mehr als Hellas Anwesenheit war es dieser Geruch, der Vahlen wie ein unerwartetes Glück durchdrang.

Er wandte sich wieder der Maschine zu. Mehrere der Gedanken, die er jetzt hatte, musste er verwerfen, weil sie zu kitschig waren, um aufgeschrieben zu werden, weil sie über dieses eine, echte Gefühl nicht hinausgingen.

Natürlich müsste eine gute Geschichte ein Stück Wirklichkeit zusammenhalten, etwas entstehen lassen, bestenfalls etwas berichtigen. Nichts schien Vahlen so ausschlaggebend für einen Text wie seine Beziehung zur Realität, nichts schien ihm schwieriger festzumachen. Aber im einzelnen war dieses Verhältnis unwichtig. Es galt im ganzen, im Prinzip. Vahlen hatte sich immer geärgert über Gellmanns Chiffren und direkte Verweise. Er hatte kein Interesse an Schlüsselromanen. Er spürte auch nicht mehr das Bedürfnis, mit seinen Texten die Gesellschaft zu verändern. Er wollte ein Buch lesen, als das, was es ist – ein Stück Kunst, ein Kunststück.

Zum ersten Mal stellte Vahlen sich nicht mehr die Frage, was ihn zum Schreiben berechtigte. Was ihn von den anderen unterschied, die lebten, ohne mitzuschreiben, ohne den Blick auf das Detail zu richten, ohne jeden Konflikt in Gedanken zuzuspitzen. Jetzt, wo seine Beziehung zu Hella mit der Schwangerschaft einen Fluchtpunkt gefunden hatte – und sei er in der Weite des Universums noch so klein und unbedeutend –, fürchtete er sich nicht mehr, konnte sich nicht mehr fürchten vor dem spurlosen Verschwinden.

Immer weiter reihten sich die Buchstaben aneinander, die noch rohen Sätze, in täuschend gleichmäßigen Linien. Er tippte eine letzte Zeile auf die Seite, bevor er ein neues Blatt einspannen musste. Diese Geschichte war alles andere als gradlinig. Sie war ihre Geschichte. Seine und Hellas und die ihres Kindes. Sie war der Beginn eines neuen Lebens.

Wichse I (Frühjahr 1919)

Der First Lieutenant Herbert Green fühlte sich jeden Tag wohler in der gutgeheizten Gemeindestube. Hier, als Kommandant der Militärverwaltung von Sehlscheid, war er zum ersten Mal im Leben sein eigener Herr. Den Dolmetscher hatte er zu Linde in das Vorzimmer gesetzt. Eine seiner besten Entscheidungen, wie er fand. Die beiden erledigten die meisten Amtsangelegenheiten, ohne ihn zu behelligen.

Green hatte es sich an diesem Februarmorgen in seinem breiten Sessel bequem gemacht. Die meiste Zeit des Tages hatte er seine Füße auf dem mächtigen Schreibtisch des Gemeindevorstehers liegen. Durch das Fenster zu seiner Linken sah er die laublosen Pappeln, die sich silbrig gegen den frostblauen Himmel abzeichneten. Die Verwaltungsarbeit des Dorfes blieb überschaubar. Er unterschrieb, was man ihm brachte. Wenn er unsicher war, fragte er den Dolmetscher Meyer oder Linde, oder er telefonierte mit dem Stützpunkt in Koblenz. Meist stieg bereits am späten Vormittag der Duft von Butterzöpfen und gebratenem Fleisch durch das Treppenhaus. Er musste nur rufen, dann brachte Lindes Frau ihm Kaffee, Marmeladenhörnchen, knusprige Hühnerschenkel und überhaupt alles, wonach ihm der Sinn stand.

Auch die Soldaten seines gemischten Platoons machten einen zufriedenen Eindruck. Die Männer schienen ihn zu mögen. Endlich kam er in den Genuss der vielgerühmten Vorzüge der höheren Offizierslaufbahn, die er mit mäßigem Erfolg vor einigen Jahren eingeschlagen hatte. »Wenn etwas schiefgeht, duckst du dich«, hatte ihm sein Vorgesetzter Major an der Front in Frankreich gesagt. »Dafür stehen sie schließlich hinter dir, deine Männer. Und wenn etwas gutgeht, dann nimmst du Haltung an. Das bist du dir und der Army schuldig, Green.«

Nach der Spanischen Grippe im Trainingslager, nach der endlosen Atlantiküberfahrt, nach den Gefechten im knietiefen Schlamm der europäischen Schlachtfelder und nach den kleinen und großen

Gaunereien seines Vorgesetzten, die immer auf ihn zurückfielen, meinte Green diesen Frieden wirklich verdient zu haben. Er hatte es nicht eilig, nach Hause zu kommen, wo seine Frau jammerte, dass ihr das Geld nicht reiche und dass die drei Söhne ihr nie gehorchten, wenn er nicht da war.

Als im Vorzimmer plötzlich ein Tumult ausbrach, hysterische Frauenstimmen und Stühlerücken, wusste Green sofort, dass es nun aus war mit seinem Frieden. Sein Magen verkrampfte sich. Und da öffnete Meyer auch schon, ohne vorher anzuklopfen, die Tür seiner Arbeitsstube.

Zwei ältere Frauen drängten sich mit einem auffallend hübschen Mädchen ins Zimmer. Eine der beiden, die jüngere, meinte Green bereits in der Amtsstube gesehen zu haben, mit einem kleinen Jungen, der wohl im Krieg seine Eltern verloren hatte. Hinter ihnen tauchte der rot angelaufene Kopf des Gemeindevorstehers Linde auf. Er stammelte etwas auf Deutsch, was Green nicht verstand.

»Entschuldigen Sie, Lieutenant«, sagte nun der Dolmetscher, ebenfalls sichtlich aus dem Konzept gebracht. »Es scheint, dass diese Angelegenheit – «

Die beiden Frauen unterbrachen ihn mit einem aufgeregten Redeschwall. Ihre Gesichter verzerrten sich zu Grimassen, ihre Hände gestikulierten wild. Beim Anblick ihrer fauligen Zähne hielt Green unwillkürlich die Luft an.

Das junge Mädchen stand stumm und mit gesenktem Blick da. Noch der weite Rock und das übergeworfene Tuch schienen ihr nicht genug Deckung zu bieten in dieser Umgebung. Als sie aufsah, spürte Green einen Stich in seinem Herzen. Ihre Augen, dieser Blick erinnerte ihn an das Kindheitsfoto seiner Mutter, das bei ihm zu Hause in Idaho auf der Anrichte stand.

»Diese Frauen behaupten, ein amerikanischer Soldat sei durch das Fenster bei dem Mädchen eingestiegen«, sagte Meyer.

Wieder fühlte der Lieutenant den Schmerz in seinem Magen, diesmal verbunden mit leichter Übelkeit, als er sich vorstellte, wie einer seiner Männer sich an dem Mädchen vergriff.

Solche Fälle hatte es gegeben. Natürlich. Das hier war nicht Amerika. Unter Hunderttausenden Soldaten musste es immer einige faule Eier geben. Auch das hatte er von seinem Vorgesetzten gelernt. Green selbst war einmal dabei gewesen, als der Major in eine wütend schreiende Frau eindrang. Sie war nicht mehr ganz jung und allein auf ihrem Hof – gleich hinter der Front, mitten im Krieg in Frankreich. »Die will es nicht anders«, hatte der Mayor gesagt. »Wenn ich es nicht tue, tut es der nächste, der hier vorbeikommt.« Und er hatte gegrinst. Green war hinausgegangen, um beim Hühnerstall auf ihn zu warten. Hinterher hatte er sich schmutzig und schäbig gefühlt.

Hier war Green selbst der Vorgesetzte. Unzucht mit der Bevölkerung wurde vor dem Militärgericht verhandelt. Und er wäre nicht der erste Offizier, dessen Karriere endete, weil die Leute, für die er verantwortlich war, sich daneben benommen haben.

»Gibt es Beweise?«, fragte er.

Der Dolmetscher sagte etwas zu Linde. Der wiederum hob beschwichtigend die Hände, als die Frauen nun hörbar schnaubten. Die Ältere stieß einen heftigen Schimpflaut aus. Green zuckte zusammen. Dann folgte wieder ein Redeschwall.

Meyer übersetzte. »Das Mädchen hat bezeugt, es habe sich um einen Mann gehandelt, der nur wenig Deutsch sprach und der ihr damit drohte, sie zu erschießen. Der Mann habe nach Alkohol gerochen sagt sie, und er sei schwarz gewesen.«

Das Mädchen streckte nun auf Aufforderung der jüngeren Frau einen Fuß nach vorne, der in dem offenen Schuh geschwollen und am Gelenk mit blauen und braunen Flecken übersät war.

»Der Mann war schwarz?« Green atmete auf. Es war kein Vergnügen, einer Truppe vorzustehen, die zur Hälfte aus schwarzen Männern bestand. Es erforderte besondere organisatorische Vorkehrungen, getrennte Unterkünfte und ständige Aufmerksamkeit. Vor späteren Vorgesetzten hinterließ es nie einen guten Eindruck. Tatsache war, dass man es in Washington vorgezogen hatte, schwarze Hilfstruppen zu schicken, als die Franzosen um Verstärkung baten.

Eine Entscheidung, die Green durchaus für vernünftig hielt. Aber wenn es ein schwarzer Soldat gewesen war, der bei dem Mädchen eingestiegen war, dann würde es Green zumindest nicht allein angelastet. Dass diese Männer zu Tieren werden konnten, war schließlich allgemein bekannt. Das Militärgericht würde kurzen Prozess machen. Er hätte keine weiteren Schwierigkeiten.

»Rufen Sie den Sergeant, Meyer. Er soll herausfinden, wer von den Burschen aus der Schule gestern Abend nicht auf dem Zimmer war. Sie sollen sich hier melden. Alle. Sofort.«

Eine unangenehme halbe Stunde lang musste Green in seinem Büro warten. Das Vorzimmer war von den Furien belagert. Er traute sich nicht einmal, auf die Toilette zu gehen. Stattdessen schaute er aus dem Fenster in den im Vergleich zu Idaho geradezu milden Winterhimmel, der sich über dem Tal zu einer einzigen blassen Wolke zusammenzog. Dann tauchte auf dem Dorfplatz endlich der Sergeant mit Private Washington auf, einem schlanken und hochgewachsenen Mann aus Alabama mit breiten Wangenknochen, einer platten Nase und ausladenden Lippen. Der Mann schaute ängstlich, als er an den Frauen vorbei in die Gemeindestube geführt wurde.

»Private Washington. Haben Sie in der vergangenen Nacht Ihre Stube verlassen?«

»Ja, Sir, Lieutenant«, antwortete Washington.

»Warum, Private?«

»Weil ich etwas gegessen habe, das ich nicht vertragen habe, Sir.«

»Wie bitte?«

»Sir, ich habe etwas gegessen und musste vor die Tür gehen, um mich zu übergeben. Ich musste auch die Toilette aufsuchen, Sir.«

»Private Washington. Die Toilette befindet sich innerhalb des Schulgebäudes. Warum haben Sie also die Schule verlassen?«

»Sir, ich habe mich geschämt, Sir.«

»Private Washington. Sind Sie in der vergangenen Nacht bei einem Mädchen eingestiegen und haben ihm Gewalt angetan?«

»Sir, nein, Sir!« Der Mann war entsetzt.

»Sie sind der einzige, der gestern die Schule verlassen hat, Private Washington.«

»Sir, ich habe nichts getan. Ich würde doch niemals ... Ich habe etwas gegessen, das ich nicht vertragen habe. Ich habe, äh, ich musste schnell auf die Toilette. Sir!«

»Dass Ihnen schlecht war, tut hier nichts zur Sache. Ich halte fest, dass Sie zugeben, die Schule verlassen zu haben. Meyer, bringen Sie die Frauen rein.«

Die Frauen kamen diesmal zögerlicher in die Stube. Sie ließen Private Washington nicht aus den Augen. Nur die Kleine hielt den Blick weiterhin auf den Boden gerichtet.

»War er das?«, fragte Green in ihre Richtung.

Der Dolmetscher übersetzte. Martha sah kurz auf. Unsicher. Die Alte stieß sie an. Sie sagte etwas.

»Sie sagt, der Mann war kleiner und schwärzer, und er war sehr stark«, übersetzte Meyer.

»Schwärzer?« Green war genervt. Schwarz war ja wohl noch immer schwarz. Und Washington war von der eher dunklen Sorte.

Jetzt sagte die Alte etwas.

»Sie bittet darum, sich den Mann ansehen zu dürfen«, sagte Meyer.

Private Washington stand sehr aufrecht vor Greens Schreibtisch. Aber als die Alte, bereits nah herangekommen, wieder ihren Schimpflaut ausstieß, schien er all seine Kraft aufbringen zu müssen, um nicht wegzulaufen. Sie strich wie ein schnüffelnder Hund um den Soldaten herum. Dann stellte sie sich plötzlich auf die Zehenspitzen und streckte ihre Hand aus. Mit einem langen Finger strich sie über seine Wange, erst vorsichtig, dann immer fester.

Alle Anwesenden hielten die Luft an. Washington zitterte, aber er rührte sich nicht. Die Alte führte ihre Hand an den Mund und spuckte hinein, als würde sie einem Kind das Kinn abwischen oder die Haare richten wollen. Erneut rieb sie, diesmal kräftig, über Washingtons Gesicht, so dass der ganze Mann ins Wanken geriet.

Lange besah sie daraufhin ihre Handfläche. Dann erst sagte sie etwas.

»Sie sagt, er war es nicht«, übersetzte Meyer mit einem Achselzucken. »Der Mann, der in ihrem Haus gewesen sei, habe abgefärbt.«

Die Sache fing an, Green auf die Nerven zu gehen. Wenn Washington es nicht gewesen war, wer konnte es dann gewesen sein? Und was sollte das mit dem Abfärben? Die Hirngespinste der Einheimischen, was seine schwarzen Männer anging, fand er längst nicht mehr unterhaltsam.

Die Frau zog nun ein schmutziges Tuch unter ihrer Schürze hervor. Green wurde nervös. Wollte sie die Entjungferung des Mädchens mit Blutflecken auf dem Laken beweisen? Auf dem Tuch waren tatsächlich ein paar Schlieren zu sehen, die von Blut stammen konnten. Ansonsten sah es aber ungefähr so aus wie der Lappen, mit dem er zu Hause seine Stiefel putzte. Schuhwichse, dachte er, und verstand, was die Frau meinte. Manche seiner Männer waren weniger dumm, als er gedacht hatte. Aber diese Deutschen schienen auch nicht so hinterwäldlerisch zu sein, wie sie aussahen.

Jetzt fiel ihm ein weiterer Spruch seines Vorgesetzten ein: »Alles abstreiten. Wenn etwas nicht den Interessen der Army entspricht, dann streite es ab, Green. Damit fährt die Army noch immer am besten.« Er hätte es abstreiten sollen. Alles. Sofort. Noch als das Mädchen gesagt hatte, sie erkenne Washington nicht wieder, wäre es nicht zu spät gewesen. Er selbst hatte nach Beweisen gefragt. Jetzt war es zu spät. Einer seiner Männer war tatsächlich ein faules Ei. Und dass er es nicht gemerkt hatte, würde auf ihn zurückfallen. Wenn er keinen schwarzen Mann fände, dem er die Sache anhängen könnte, säße Green in der Falle.

Ein Detail (Juni 2007)

Die Buchstaben verschwammen vor Wielands Augen. Seit Stunden versuchte er, die Namen im Manuskript sinnvoll mit denen der Figuren des Romans zu verbinden. Er kniff die Augen zusammen. »Herta Krieger« aus *Westerwald* hieß im Fragment »Herta Voss« und war natürlich Hella Vahlen. »Julia« war Judith und »Maria« war Martha. Es ließ sich fast immer eine Entsprechung finden, nur war es nicht jedes Mal so eindeutig.

Seit die Witwe zurück in Sehlscheid war, hatte sich der Doktorand in einem neuen Hotel in Arlich eingemietet. Hella Vahlen sollte nicht wissen, dass er mit Judith weiterhin an der Manuskriptveröffentlichung arbeitete. Die Gardinen ließ er vorgezogen. Abends, manchmal schon nachmittags, kam Judith zu ihm, und sie fuhren gemeinsam nach Koblenz, gingen an der Rheinpromenade spazieren oder aßen im Hotel.

Wieland hatte Kopien der Originale anfertigen wollen, schon weil es ihm riskant erschien, mit den vergilbten und teilweise blass gewordenen Handschriften zu hantieren. Aber Judith war dagegen gewesen. »Das sind die Notizen meines Vaters, keine Heiligtümer und Reliquien«, hatte sie gesagt. »Wenn du sie lesen willst, musst du sie auch anfassen.« Aber zugleich hatte sie ihm nicht einmal Gellmanns Briefe überlassen wollen. Anfangs machte ihn das wütend, weil er glaubte, sie vertraue ihm nicht. Er musste an Gellmanns Worte denken und bereute, dass er keine Abschriften angefertigt hatte, als er es noch hätte tun können. Doch schließlich einigten sie sich, dass Judith ihm die Briefe mitbrachte, wann immer er sie benötigte. Zu Wielands Entsetzen bewahrte sie sie in einer einfachen Klarsichthülle auf, die sie in ihrer Handtasche mit sich trug.

Das Manuskript hingegen war dafür zu umfangreich. Judith willigte ein, dass er es in die Universität bringen würde, damit sein Doktorvater es sich ansehen könnte. Eines Nachmittags, als die Witwe in die Stadt gefahren war, hatte Wieland mit Judiths Hilfe den Plastikkorb voller Papiere und Notizbücher vom Dachboden geholt, ihn im Kofferraum verstaut und war damit zum Institut nach Duisburg gefahren. Ein Dokumentenkarton mehr oder weniger im Aufenthaltsraum der studentischen Hilfskräfte würde nicht auffallen, dache er. Vorsichtshalber markierte er ihn mit seinem Namen und schrieb nach einigem Zögern in Klammern »persönlich« darunter. Zumindest gab es an der Fakultät Nachtwächter, Rauchmelder und Feuerlöscher.

Wieland arbeitete nur noch selten an seiner Doktorarbeit. Nach dem Gespräch mit Gellmann kam ihm seine These über das autobiografische Element in Gellmanns Dokumentartheater tatsächlich banal vor. Meistens saß er jetzt über seinen Notizen zu Vahlens Fragment, ordnete die Szenen anhand von Listen und glich sie mit seinen Informationen zur Familiengeschichte ab. Wenn er im Institut die Notizbücher aus dem Karton holte, waren die Kopierräume schon verschlossen, die Flure leer. In der Stille des Aufenthaltsraums schrieb er einzelne Stellen des Manuskripts ab und fügte vorsichtig mit Bleistift, einmal – aus Versehen – sogar mit Kugelschreiber, Fehlendes hinzu.

Er begann, Vahlens Vorgehensweise zu durchschauen, bekam einen Überblick, wie viel Zeit noch nötig war, um aus den zahlreichen Teilstücken ein Ganzes zu erstellen. Er verlor dabei die Scheu vor dem Material und auch vor Eingriffen in das Manuskript. Manchmal kam es ihm vor, als handle es sich um seine eigenen Worte, die er da hin- und herschob. Längst sah er keine Notwendigkeit mehr, die dünnen, beidseitig beschriebenen Seiten zu fotokopieren. Und obwohl es mit Judith so abgesprochen war, wollte er auch Kittel nicht mehr in das Projekt einbeziehen, das er inzwischen tatsächlich als sein persönliches begriff.

Gerade deshalb ärgerte er sich, dass Judith ihm das Manuskript wieder wegnehmen wollte. Sie halte es für besser, wenn es an seinem ursprünglichen Platz liege, hatte sie ohne weitere Erklärung gesagt, als sie zuletzt zusammen im Stadtcafé saßen. Wieland musste sich räuspern, und beinahe hätte er gefragt, ob sie das Projekt nun jemand anderem übergeben wolle und ob sie mit diesem anderen auch schlafen würde. Dann fiel ihm ein, wie er sich schon bei Gellmann herausgeredet hatte: Er könne ihr gerade jetzt unmöglich das Material zurückbringen, rief er. Sein Doktorvater sei dabei, es sich anzusehen.

Judith schien Wielands Begründung zu akzeptieren. Sicherlich wollte sie gar nicht ohne ihn weitermachen, sagte er sich. Sie waren beide gereizt und übermüdet. Wahrscheinlich befürchtete Judith lediglich, ihre Mutter könnte das Fehlen der Papiere bemerken. Er sollte sich nicht verrückt machen. Er würde ihr beweisen, dass er der Richtige für die Arbeit war. Wieland beugte sich über die mit Bleistift und Radiergummi mehrfach korrigierten, durchgestrichenen und neugezogenen Verbindungslinien des Stammbaums der Familie Vahlen. Die Alte, die Tochter, der Onkel, der Bruder. Fehlte nur noch der Philosophische Gärtner, dachte er, und *Villa Westerwald* wäre komplett.

Die vielen Übereinstimmungen des Manuskripts mit der Fernsehserie konnte Wieland sich nur damit erklären, dass die Vorlage für beide nicht der Roman, sondern die Familiengeschichte selbst gewesen war. Bei *Westerwald* handelte es sich um ein großangelegtes Epos, das bis in das Kaiserreich zurückreichte. In seinem neuen Werk hatte Peter Vahlen die Chronik offensichtlich fortsetzen wollen. Aber die Figurenkonstellationen vervielfältigten sich. Nie war klar, wer nun welches Kind gezeugt hatte und ob nicht vielleicht doch alles ganz anders gewesen war. Und der auf den ersten Blick so deutliche Zusammenhang der Figuren mit realen Personen erwies sich als hochkomplex.

Wieland hatte lange darüber nachgedacht, welche Bedeutung die von Vahlen in seinen Notizen mehrfach erwähnte Episode haben könnte, in der Judiths Großmutter auf dem Dachboden eingesperrt war. Bis er schließlich auf die Idee kam, dass es dabei um etwas ganz anderes gehen könnte.

Erst heute Morgen hatte er im Sehlscheider Kirchenbuch gefunden, wonach er gesucht hatte: Martha von Nesselhahn war eine geborene Vahlen. Zuerst war es Wieland vor lauter Namen und Daten gar nicht aufgefallen. Aber dann wurde ihm plötzlich die ganze Tragweite des Eintrags deutlich: Peter und Hella Vahlen waren blutsverwandt. Peter Vahlens Vater, der bekannte Architekt, war der Neffe von Hellas Mutter Martha. Rechtlich war das wohl kein Problem. Eine Liebe zwischen Cousin und Cousine war in einem Dorf wie Sehlscheid sicher keine Seltenheit.

Der Witwe musste es natürlich unangenehm sein, wenn so etwas über ihre Familie bekannt würde. Für die wissenschaftliche Forschung war der Fund aber mehr als ein Detail. Denn kaum ein Motiv kam in Vahlens Werk so häufig vor wie das der falschen Verbindung, des »Fehlers«, wie es bei ihm hieß. In *Villa Westerwald* häuften sich die Irrungen und Wirrungen, von Fehltritten unter Geschwistern bis zu ehelichem Inzest. Wieland stellte sich vor, wie er mit dieser Entdeckung in wissenschaftlichen Kreisen zu Ehren kommen würde: »Inzest – Der biografische ›Konstruktionsfehler‹ als konstitutives Element der Prosa Peter Vahlens«.

Er war unsicher, ob er Judith erzählen sollte, was er herausbekommen hatte. Aber erst, als er sich vorzustellen versuchte, wie sie darauf reagieren könnte, wurde ihm klar, wie leichtsinnig das wäre. Die inzestuöse Beziehung von Hella und Peter Vahlen stellte doch vor allem deshalb einen Skandal dar, weil sie zusammen ein Kind hatten, ein missgebildetes Kind – Judith mit ihrer fehlenden Hand.

Kurz verspürte er Mitleid mit Judith. Er glaubte nicht, dass sie etwas von der Blutsverwandtschaft ihrer Eltern ahnte. Sie schien sich überhaupt kaum Gedanken über die Gründe für ihre Behinderung zu machen.

Wieland sprang auf. Er würde ihr nichts sagen. Seine Kladde mit den Aufzeichnungen müsste er verstecken. Judith liebte es, ihn im Hotel zu überraschen, und sie wollte immer gleich sehen, wie weit er gekommen war. Auch, wenn sie sich über die Ergebnisse seiner Recherchen oft lustig machte. Überhaupt ließ ihr Interesse nach, sobald Wieland etwas genauer wissen wollte. In der vergangenen Woche hatte er einen ganzen Tag im Koblenzer Archiv verbracht, um herauszufinden, dass Hermann Vahlen der Vorsitzende der

Nazi-Kreisleitung in Sehlscheid gewesen war. Nach dem Krieg hatte er deshalb sogar eine Weile im Gefängnis gesessen. Aber als Wieland Judith davon erzählte, tat sie, als habe sie das schon gewusst.

Die Familienzusammenhänge erschienen ihr unwichtig. Dabei befand sie selbst sich im Zentrum der Geschichte. Zuerst hatte Wieland geglaubt, das wäre nur in der Serie der Fall und liege daran, dass ihre Mutter die Drehbücher geschrieben hatte. Aber dann stellte er fest, dass Judith auch in Vahlens Fragment die wichtigste Rolle einnahm.

Er verstaute die Kladde zwischen den Hemden im großen Rollenkoffer und stopfte noch den zusammengefalteten Zettel mit der Abstammungsskizze hinterher. Dann setzte er sich wieder an den Schreibtisch und stützte seinen Kopf auf die Handflächen. Er sollte nochmal den Stammbaum studieren. Wer waren die Eltern von Martha, die Großeltern? Was war mit Vahlens Vater Heinrich? Weshalb hatte er einen Künstlernamen angenommen? Wieland notierte seine Fragen in Stichworten auf einen neuen Zettel. Aber seine Gedanken drifteten immer wieder zu dem Inzest. Warum hatte Martha von Nesselhahn nicht reagiert, als ihre Tochter ausgerechnet einen Vahlen heiraten wollte? Die Folgen von Inzucht mussten doch in den sechziger Jahren bekannt gewesen sein. Wenn Peter Vahlen und seine Frau davon gewusst hatten, dass sie blutsverwandt waren, wie hatten sie dann ein Kind miteinander zeugen können? Oder hatten sie es gar nicht getan?

Behinderte Kinder wurden häufig zur Adoption freigegeben. Auch im Manuskript kamen mehrere Adoptionen vor. Wieland schrieb auf das Papier: »Hella nicht Judiths Mutter?« Aber Judith sah der Witwe so ähnlich, dass ihm diese Variante unwahrscheinlich erschien. Eine Weile lang dachte er nach, dann fasste er sich an die Stirn, strich den Satz durch und schrieb: »Peter Vahlen nicht Judiths Vater!«

In einem der Notizbücher zum Fragment hatte er eine unausgearbeitete Szene gefunden, die in der Fernsehserie ebenfalls auftauchte. Darin hatte »die Alte« ein Verhältnis mit dem besten

146

Freund ihres Mannes, und es wurde angedeutet, dass »die Tochter« aus diesem Verhältnis hervorgegangen war. Bisher war für Wieland Martha von Nesselhahn auf ihrem Dachboden immer diejenige gewesen, die ihren Mann betrogen hatte. Nun musste er offenbar alles neu überdenken.

Er holte die Kladde mit den Namen und Daten zu Judiths Familie wieder aus dem Koffer hervor. Silbe für Silbe wiederholte er laut, als könne er so seinen Gedanken auf die Sprünge helfen: »Die Tochter des besten Freundes.«

Plötzlich erschien Wieland alles ganz folgerichtig. Hella Vahlen hatte ihren Mann mit Gert Gellmann betrogen. Ein solcher Fehltritt war immerhin die einzige Möglichkeit für sie, die Inzucht mit ihrem Mann zu vermeiden. Jetzt wurde ihm klar, warum die Witwe um jeden Preis verhindern wollte, dass Peter Vahlens verschlüsseltes Manuskript an die Öffentlichkeit geriet. Ihre Tochter durfte nichts von ihrer wahren Herkunft erfahren.

Der Doktorand zwang sich, weiterzudenken. Wenn Judith aber wirklich das Resultat eines Fehltritts war, wenn Gert Gellmann also Judiths Vater war – wie um Himmels Willen hatte Hella Vahlen es dann zulassen können, dass Judith mit ihrem eigenen Vater ein Kind zeugte?

Der Bulle (März 1919)

Die Witwen wurden nie wieder bis zum Lieutenant Green vorgelassen. Die Angelegenheit gehe ihren Gang, ließ der Dolmetscher ausrichten. Sie müssten sich gedulden, bis ihnen das Ergebnis der Untersuchung mitgeteilt wurde.

Im Gegensatz zu Green und Meyer wusste der Gemeindevorsteher Linde, wie im Dorf über Marthas Unglück getuschelt wurde. Ganz Sehlscheid, hieß es, träfe die Schande des Mädchens. Und wenn tatsächlich ein schwarzes Kind geboren würde, dann breitete sich die Schande über den gesamten Westerwald aus. Als Vater einer Tochter im heiratsfähigen Alter verstand Linde diese Ängste durchaus. Und auch er konnte sich nicht erklären, warum es so lange dauerte, bis sich die höheren Stellen der wichtigen Sache annahmen.

Erst an diesem trüben Märzmorgen erfuhr der Gemeindevorsteher, dass die Besatzer sich zunächst eines anderen Falls angenommen hatten. Frühmorgens war der Brief aus Koblenz gekommen, in dem angekündigt wurde, dass der kleine Hans Gisbert demnächst von einer Beauftragten des dortigen Waisenhauses abgeholt werden würde. Etwas verwundert, denn Linde hatte diese Dienststelle nie wegen der Sache angefragt, zeigte er das Schreiben dem Dolmetscher. Und Meyer erzählte ihm mit einem zufriedenen Lächeln, dass es seine Idee gewesen war, die Akte des Hungermauls voranzutreiben, um die Frauen von der Hüh abzulenken, bis das Militärgericht in Marthas Fall entschied. Wieder einmal wünschte sich Linde, er wäre nicht ausgerechnet jetzt und in Sehlscheid Gemeindevorsteher. Denn er selbst würde den Witwen die Nachricht von Hagis' bevorstehender Abholung überbringen müssen.

Als er über den glitschigen Pfad die Hüh heraufkam, sah er Kläre Vahlen schon von weitem unter dem Vordach der Lehmhütte sitzen. Sie war dabei, mit Pflock und Hammer ein Rad des Leiterwagens auszubessern. Ihr einmal so hübsches Gesicht wirkte hart und eingefallen. Während der Schulzeit hatte sie sich über Linde lustig gemacht, weil er so dick war. Aber der Gemeindevorsteher war nicht nachtragend. Sie blickte kaum auf, als er vor ihr stehen blieb.

»Haben sie ihn?«, fragte sie.

»Da gibt es keine Neuigkeiten, leider. Es geht um etwas anderes. Ich dachte, ich sage es dir lieber gleich«, schnaufte Linde und wischte sich mit dem Handrücken den Schweiß von der Stirn. »Der Stützpunkt in Koblenz hat sich gemeldet«, rief er wie aus der Ferne. »Die wollen Hagis nächste Woche in ein Waisenhaus bringen.«

»Die wollen was?«

»Es tut mir leid, Kläre. Sie haben die Eltern nicht finden können. Verlorene Kinder gehören nun mal in ein Waisenhaus.«

Inzwischen war auch Martha, die Kläres erregte Stimme gehört haben musste, hinter der Scheune hervorgekommen. In der Hand hielt sie den Leib eines Kaninchens, dem sie das Fell abgezogen hatte. Das Haar fiel ihr in einem weichen Zopf über die Schulter. Die Schürze reichte bis zu den Knöcheln. Ihre immer zierlicher werdende Figur, die volle Brust zeichneten sich deutlich darunter ab. Wenn die mal nicht doch schwanger ist von dem Mohren, wiederholte Linde in Gedanken, was am Morgen seine Frau gesagt hatte.

Im Dorf war man der Meinung, das Mädchen trage, wie damals ihre Großmutter, zumindest einen Teil der Schuld an ihrem Unglück selbst. In jedem Fall sei es leichtfertig von den Witwen gewesen, Martha allein in der Stube schlafen zu lassen mit einem Fenster, in das sie jeden einlassen konnte. Mehrfach war das Gerücht umgegangen, man habe bereits die Engelsmacherin auf die Hüh gehen sehen. Und die älteren Frauen pflegten dem hinzuzusetzen, dass es höchste Zeit war.

»Aber Hagis ist kein verlorenes Kind«, riss Martha den Gemeindevorsteher aus seinen Überlegungen. »Er ist bei uns!«

Marthas Blick ruhte mit großem Ernst auf Wilfried Linde, als wollte sie gegen die Gerüchte im Dorf, gegen die amerikanischen Besatzer und gegen das Leben an sich Haltung bewahren. Trotzdem erkannte Linde in ihren Augen einen deutlichen Schmerz, der zu ihrem schönen, noch so jungen Körper gar nicht passen wollte.

»Martha, es tut mir leid«, murmelte er. »Das muss alles seine Richtigkeit haben.«

»Hör auf«, schrie jetzt Kläre, die ganz blass geworden war. Ihre Augen starrten richtungslos. Ihr Haar wirkte spröde und ungepflegt. Linde hatte die Vahlen-Witwe noch nie so aufgelöst gesehen. »Ich weiß genau, was dahinter steckt. Die wollen nicht, dass wir ihren schmutzigen Soldaten finden. Die nehmen uns Hagis weg, um uns einzuschüchtern. Wie lange kennen wir uns, Wilfried? Wie kannst du da nur mitmachen?«

»Von mir hängt gar nichts ab«, jammerte Linde. »Was soll ich denn tun?«

»Sag ihnen, wir lassen die Sache fallen«, rief Martha. »Sag ihnen, es ist uns egal, wer der Mann war. Sag ihnen, ich erinnere mich an nichts mehr. Und bitte sie, uns den kleinen Hagis zu lassen. Er hat ja nur uns.«

Neben Martha, die Linde weiterhin unverwandt ansah, war Kläre kraftlos auf dem Schemel zusammengesunken. Sie hatte sich abgewandt, ihr Rücken zuckte. Linde nickte langsam. Dann entschuldigte er sich noch einmal und verließ eilig die Hüh.

Inzwischen war der Gemeindevorsteher endgültig davon überzeugt, dass die Amerikaner, so sehr sie das auch betonten, keine zivilisierten Menschen waren. Diese Kuhjungen mit den schlechten Manieren hatten sicher mehr als nur eine Frau aus dem Westerwald auf dem Gewissen. Jeden Tag fürchtete er um die Zukunft seiner eigenen Tochter. Das Dorf, dessen stetig wachsender Wohlstand vor dem Krieg sein ganzer Stolz gewesen war, schien dem Wilden Westen immer ähnlicher zu werden.

Zu Hause angekommen, lief Linde lange in der Stube auf und ab. Gemeinsam mit seiner Frau überlegte er, was er dem Dolmetscher Meyer sagen würde. Aber er brauchte sich nur dessen gleichgültigen Gesichtsausdruck vorstellen, um alles gleich wieder zu verwerfen. Dann dachte er sich aus, wie er die Witwen beschwichtigen könnte. Immerhin war Kläre ja selbst mit dem Jungen zu ihm gekommen, damit er seine Eltern fände. Lindes Frau war der Ansicht, die Witwen müssten das Kind eben hergeben. Alle anderen hatten ihre Hungermäuler schließlich auch nicht behalten.

Abends konnte der Gemeindevorsteher nicht einschlafen. Er drehte und wendete sich im Bett herum, bis seine Frau ihn in die Gastwirtschaft schickte. Kaum war er in Brinks Schankstube angekommen, als Hermann Vahlen in den Raum trat, sich suchend umsah und dann gleich auf ihn zukam.

»Hast du es hingekriegt?«, fragte Vahlen. Offenbar wusste er bereits von Lindes Besuch bei den Witwen.

»Hermann, da ist nichts zu machen«, sagte Linde. »Koblenz ist schon eingeschaltet wegen des Kindes. Der Lieutenant will davon nichts wissen. Die Dinge nehmen ihren Lauf.«

»Und was ist mit dem Soldaten?«

»Der Schwarze sitzt immer noch. Einen anderen haben sie nicht. Aber das Militärgericht mussten sie einschalten. Das ist alles höchst unangenehm für Green.«

Hermann richtete sich drohend vor ihm auf. »Sag deinem Lieutenant, wir werden ihn höchstpersönlich vor Gericht bringen und seine gesamte Saubande dazu, wenn er meiner Mutter den Jungen wegnimmt.«

»Hermann. Das kann ich ihm nicht sagen. Das wäre unvernünftig. Die haben den Krieg gewonnen.«

Linde konnte es Hermann nicht verdenken, dass er wütend war. Niemand wusste besser als der älteste Vahlen-Sohn, der noch immer die Wucht des Kartätschengeschützes in seinem Bein spüren musste, wer den Krieg gewonnen und wer ihn verloren hatte.

Hermann Vahlen gehörte trotz seines Hinkens längst zu den wichtigsten Männern von Sehlscheid. Auch Linde hatte ihn häufig nach seiner Meinung gefragt, gerade in politischen Angelegenheiten. Hermann hatte als erster von der Erniedrigung gesprochen, die die Anwesenheit der schwarzen Soldaten für das Dorf bedeutete. Das Benehmen der Amerikaner auf dem Hof seines Schwiegervaters schien er mit erstaunlichem Gleichmut hinzunehmen. Aber von seiner Frau wusste Linde, dass Hermann Anweisungen gegeben hatte, Kartoffeln, Äpfel, Speck und Saatgut zu verstecken. Und wenn Hermanns Emmy mit den grinsenden Fremden zu freundlich wurde, ermahnte er sie sofort.

Linde hatte Hermann gesehen an dem Tag, als er von Marthas Unglück mit dem Soldaten erfuhr. Die Neuigkeit hatte sich schnell herumgesprochen in Sehlscheid. Womöglich war es Lindes eigene Frau, die sich gleich nach dem Mittagstisch auf den Weg gemacht hatte, um die Ereignisse in der Gemeindestube weiterzuerzählen. In jedem Fall wussten an jenem Abend bereits alle im Gasthaus, was passiert war, und nicht einmal sein Schwiegervater wagte es, sich Hermann Vahlen zu nähern. Allein hatte er an seinem Ecktisch gesessen, mit leerem Blick auf sein Glas starrend, seine breiten Schultern herunterhängend. Und als er schließlich die Schankstube lange vor allen anderen wieder verließ, hatte kaum einer der Männer nicht an Hermanns Worte von der Schande der Niederlage denken müssen.

Am Sonntag darauf war Hermann als einer der letzten zur Messe gekommen. Mit festen Schritten ging er an den Reihen der Bänke vorüber, kaum sah man ihn sein Bein nachziehen, bis er, statt sich wie gewöhnlich zu den Schwiegereltern, der Frau und den Kindern zu setzen, für alle Gemeindemitglieder sichtbar neben seiner Mutter, der Großmutter und seiner Schwester Martha Platz genommen hatte.

»Sag es dem Lieutenant«, zischte Hermann. »Wenn die wollen, dass wir den Mund halten, dann müssen sie uns Hagis lassen.«

Linde nickte. Er wollte Hermann helfen. Ein Gemeindevorsteher musste wissen, auf welcher Seite er zu stehen hatte, dachte er. Wenn Wilfried Linde aber bereits an diesem Abend in der Brinkschen Gastwirtschaft gewusst hätte, was er damit anrichten würde, dann hätte er dem Dolmetscher Hermanns Forderung nicht überbracht. Er hätte den Dingen ihren Lauf gelassen.

Der Klügere gibt nach, hatte Lindes Mutter immer gepredigt. Einem wildgewordenen Eber stellt man sich nicht in den Weg, und schon gar keinem Bullen.

Die Sieger waren es nicht gewohnt, auf die Vorschläge der Verlierer einzugehen. Keiner der fremden Soldaten fühlte sich verantwortlich für das Unglück des deutschen Mädchens. In den Augen der Amerikaner, das verstand Linde erst später, war ein Mann unschuldig, solange er nicht verurteilt war, und er wurde nicht verurteilt, solange man ihm nichts beweisen konnte.

Innere Sicherheit (Herbst 1974)

Es war spät, als Vahlen in das Eckstein kam. Die Luft war verqualmt und aus den Toiletten, deren Türen ständig auf- und zuklappten, verbreitete sich ein süßlicher Geruch nach Urin. Vahlen ging in Richtung des Tresens, wo er Gellmann und Pfaff entdeckte. Weiter hinten nahm er undeutlich die Blicke einiger Einheitsfrontler wahr. Schmitt saß auf einer der Eckbänke zwischen zwei Mädchen, die dämlich grinsten. Eine winkte ihn an den Tisch, aber Vahlen grüßte nur kurz. Er wollte zu Gellmann und erkannte erst jetzt, dass auch Rössig und Kühn am Ausschank standen. Er würde sich ein Bier holen, dachte er, ein paar Worte mit Pfaff und Gellmann wechseln und sich dann zu Schmitt setzen.

»Vahlen! Hier rüber!«, rief Gellmann. »Auf der Messe erzählt man sich, dein Roman geht gut! Vier Wochen nach der Auslieferung schon die zweite Auflage!«

»Was soll ich sagen?«, antwortete Vahlen. »Ich kann nicht klagen.« Er sah, wie Rössig sich zu ihm umdrehte. Er musste schon eine ganze Menge getrunken haben.

»Bleibst du noch hier, oder geht es gleich zurück in die texanische Wüste?«, fragte Gellmann.

»Ein paar Wochen bleibe ich wohl in Deutschland.«

»Und Hella? Muss die nicht arbeiten?«, fragte Kühn.

»Sie darf in Amerika nicht arbeiten. Jedenfalls nicht gegen Geld. Sie hospitiert wieder am Krankenhaus, das hat sie schon beim letzten Mal gemacht. Sie sagt, sie würde von den Ärzten dort lernen.«

»Das nenne ich echte Kapitalistenscheiße«, dröhnte Rössig nun vom Tresen herüber. »Und deine Frau macht da auch noch mit, lässt sich von den Schweinen ausbeuten.«

»Hör mal, ich bin ganz deiner Meinung, was die Kapitalistenscheiße angeht«, fiel Gellmann ihm ins Wort. »Aber wenn Vahlens Frau in Amerika nichts gelernt hätte, dann hätte ich jetzt keinen Mittelfinger mehr. Die sind uns, was die Medizin angeht Jahrzehnte voraus.« Gellmann war mindestens genauso betrunken wie Rössig.

Er hob seinen vernarbten Mittelfinger, der seit dem Erfolg seines letzten Stückes zu einer Art Markenzeichen geworden war, in die Höhe und schwang ihn langsam vor Rössigs aufgedunsenem Gesicht hin und her.

»Wie war das nochmal mit deinem Finger, Gellmann?«, fragte Vahlen. »Hat Ingeborg ihn dir abgebissen, als du einer anderen an die Wäsche gehen wolltest? Ich wusste gar nicht, dass Hella etwas damit zu tun hatte. Spielt sie etwa eine Rolle in deinem versauten Stück?« Er zwang sich zum Lachen.

»Nein, nein, so blöd bin ich auch wieder nicht. Die Wirklichkeit, auf die wir ja beide viel Wert legen, hat sich anders zugetragen. Ich habe mir beim Kochen den Finger fast abgeschnitten. Hella hat dem Arzt geholfen, ihn wieder anzunähen.«

Kühn und Rössig grinsten blöd.

»Hierzulande kümmert man sich um solche Kleinigkeiten wie Mittelfinger gar nicht. Wie schon meine Mutter immer gesagt hat: Ungeschicktes Fleisch muss weg. Die amerikanischen Kapitalisten dagegen wussten, dass in meinen Fingern noch ein paar gute Theaterstücke stecken.«

»Du bist doch selbst schon eine Kapitalistensau«, brüllte Rössig hinter seinem Rücken. »Wie viel machst du denn pro Aufführung mit deinem ›Finger‹-Stück? Wo war es nochmal, in Hamburg?«

»Es läuft gerade in Frankfurt, Wien, Berlin, Hamburg und in Lausanne. Nächsten Monat kommen Paris und Lyon dazu. Nimm es mir nicht übel, Kumpel. Deine Stücke finden auch noch eine Bühne, auch wenn sie schlechter sind.« Gellmann lachte.

»Hella war also dabei, als du dir in den Finger geschnitten hast?«, fragte Vahlen. »Wann war das genau?«

»Das kann ich dir verraten. Das war vor ziemlich genau drei Jahren. Am siebten Oktober 1971. Zwei Tage später wurde Ingeborg auf der Kundgebung verhaftet, und ich saß mit dem Finger allein da und konnte sehen, wie ich mir den Arsch mit links abwische. Sag nicht, du wusstest nicht, dass deine Frau mich damals in Frankfurt besucht hat?« Wieder lachte er.

Vahlen nickte und lachte ebenfalls. Er sah wie Rössig, der inzwischen auf einem Barhocker saß, sich nach vorne beugte und Gellmann am Ärmel packte. Gellmann schwang mit seinem Bierglas herum, zog Rössig vom Hocker, der auf ihn drauf fiel. Beide brauchten eine Weile, bis sie sich wieder aufgerichtet hatten. Mit hochroten Gesichtern standen sie sich gegenüber.

»Du schreibst doch nur fürs Geld«, zischte Rössig.

»Das solltest du auch mal versuchen«, sagte Gellmann.

Wieder brauchte Rössig eine Weile, um sich zu sammeln. Dann nahm er einen Aschenbecher vom Tresen. Die Kippen fielen zu Boden, die Asche wirbelte durch die Luft. Er holte aus, Gellmann duckte sich, und Vahlens Faust landete in Rössigs Gesicht. Der Aschenbecher fiel zu Boden. Kühn half Rössig, der unter dem Schlag zurückgetorkelt war, in den Stand. Vahlen drehte sich um. Gellmann sah ihn erstaunt an. Aber bevor er etwas sagen konnte, hatte auch er Vahlens Faust im Gesicht.

Vahlen war Linkshänder. Das hatte schon öfter für Überraschungen gesorgt. Er rieb sich die Hand. Noch immer hatte er Lust auf ein Bier, aber er würde es woanders trinken. Die Leute sahen ihm nach, als er das Lokal verließ. Ihr Blick erinnerte ihn an einen seiner wiederkehrenden Träume.

Konfrontation I (Juni 2007)

»Mein lieber, guter Wieland«, sagte Hella Vahlen. Beim Sprechen blätterte sie weiter in den Seiten seiner Doktorarbeit, tat sogar, als lese sie noch einen Absatz zu Ende, bevor sie aufschaute. »Ich bin Ihnen sehr dankbar, dass Sie auf Judiths Spielchen nicht eingehen und die Briefe aus Ihrer Dissertation heraushalten wollen.«

Wieland nickte. Da saßen sie wieder im Glasanbau. Sein erster Besuch bei der Witwe lag weit zurück. Zwar behandelte sie ihn noch immer von oben herab, und Wieland war ihr gegenüber noch immer unsicher. Doch diesmal kannte er das Haus. Er wusste, wie schwer es für sie gewesen war, es nach dem Tod Peter Vahlens zu halten. Und jede Ecke darin verband er mit Judith.

Nie hätte er gedacht, er würde sich freiwillig noch einmal in diese Situation bringen. Aber Judith zuliebe wollte er es tun. Er hatte sich vorgenommen, Hella Vahlen mit seinem Wissen zu konfrontieren. Er wollte ihr klarmachen, dass er, was die Geheimhaltung gewisser familiärer Details anging, auf ihrer Seite war. Wenn sie zusammenhielten, müsste niemand – und vor allem nicht Judith – von ihrer wahren Herkunft erfahren. Trotzdem würde er darauf bestehen, das Fragment in aller gebührenden Vollständigkeit zu veröffentlichen, ganz nach Judiths Wunsch und notfalls auch gegen den Willen der Witwe.

Er hatte sich alles genau zurechtgelegt. Um sein Entgegenkommen zu signalisieren, hatte er Hella Vahlen ein Kapitel seiner Dissertation mitgebracht. Die Korrespondenz zwischen Gellmann und Vahlen wurde darin nicht erwähnt. Er plante durchaus, ausführlich daraus zu zitieren. Doch dieser Teil war noch in Arbeit.

»Sehen Sie, ähnlich steht es mit diesem unglücklichen Manuskript«, fuhr die Witwe fort. »Ich bin weit davon entfernt, Peter Vahlens Arbeiten für mich behalten zu wollen. Ich möchte lediglich keine unfertigen Fassungen in Umlauf sehen. Auch mein Mann hätte nicht gewollt, dass sein Bild in der Öffentlichkeit unter irgendwelchen posthumen Entdeckungen leidet.«

Das Wort ›Entdeckungen‹ hatte sie betont, als wäre Wielands wissenschaftliche Tätigkeit an sich schon etwas Anrüchiges.

»Ich verstehe«, beeilte er sich zu sagen, obwohl ihn der Ton der Witwe ärgerte. Wochenlang hatte er nicht nur sämtliche Manuskripte und Briefe, sondern auch Reisekostenabrechnungen, Zeitungsausschnitte und Versicherungsbriefe im Nachlass geordnet und aufgelistet. Nach all den Mühen meinte er, wenn schon kein Mitbestimmungsrecht, dann zumindest Anerkennung verdient zu haben.

»Ich respektiere selbstverständlich Ihre Sorge um den Ruf der Familie«, sagte er. »Einiges in der Geschichte ist sicherlich delikat.«

Die Witwe runzelte die Stirn. Sie schien ihn nicht zu verstehen. »Ich brauche Ihnen wohl nicht zu erklären, Herr Wieland, dass die Figuren und Ereignisse, die in Vahlens Texten beschrieben werden, der Wirklichkeit womöglich nahe kommen, doch in keinem Fall mit ihr übereinstimmen.«

»Ja, so ist es.« Wieland begriff sofort, was die Witwe sagen wollte. Und er zweifelte nicht daran, dass ihr der kompromittierende Inhalt des Manuskripts bekannt war. »In der Literatur werden häufig reale Probleme behandelt, ohne dass eine direkte Verbindung zur Wirklichkeit hergestellt werden kann«, sagte er. »Aber gerade deshalb meine ich, dass man die Nähe des Autors zu seinem Werk nicht aus dem Blick verlieren darf.« Er machte eine kurze Pause, während der er die Witwe beobachtete. Hella Vahlens Blick blieb unbewegt.

»Die Frage ist, wie die *Westerwald*-Fortsetzung, die uns meiner Meinung nach vorliegt, trotz der Indiskretionen im Text bewahrt und als Ganzes der Öffentlichkeit zur Verfügung gestellt werden kann. Niemand möchte private, sagen wir, Fehltritte im Manuskript erkennbar lassen. Ich habe mir überlegt …«

»Wovon reden Sie?« Jetzt starrte die Witwe ihn regelrecht an. Ihre glatte Stirn, die gerade Nase, Hella Vahlens Gesicht wirkte wie eine Maske. Aber Wieland ließ sich nicht beirren.

»Ich meine, es wäre legitim und auch nicht aufwendig, beispielsweise die Namen abzukürzen, damit sie von Außenstehenden keinen realen Personen zugeordnet werden können«, sprach Wieland weiter. »Wir müssten uns nur genau überlegen, wie wir solche Eingriffe für den Leser nachvollziehbar machen. Sie werden verstehen, dass ich als Wissenschaftler …«

»Nein, nein, das meine ich nicht. Wovon haben Sie eben gesprochen? Sie haben etwas von ›privaten Fehltritten‹ gesagt. Worauf wollten Sie damit hinaus?«

Die Neugier der Witwe war ganz offensichtlich gespielt. Wieland glaubte sogar, ein Lächeln um ihren Mund zu bemerken.

»Ich meinte die Tatsache, dass Sie und Ihr Mann blutsverwandt waren«, sagte er schnell.

»Wie bitte?« Hella Vahlen schien nun tatsächlich entsetzt. Trotzdem war Wieland ganz sicher, dass seine Entdeckung sie kaum überraschte. Wenn die Witwe den Umstand der Verwandtschaft mit ihrem Mann nicht gestehen wollte, der immerhin der wahrscheinlichste Grund für Judiths Behinderung war, dann musste er sie wohl oder übel mit seiner zweiten, noch skandalöseren Entdeckung konfrontieren.

»Entschuldigen Sie. Ihr Verwandtschaftsverhältnis zu Ihrem Mann geht mich natürlich nichts an«, sagte er und hoffte, dabei süffisant zu klingen. »Vielleicht ist Peter Vahlen auch gar nicht Judiths Vater. Vielleicht ist es Gert Gellmann?«

Wieder herrschte einen Moment lang Stille. Dann verzog sich das Gesicht der Witwe zu einem Lächeln: »Das ist also das Ergebnis Ihrer wissenschaftlichen Arbeit?«, fragte sie. Und als Wieland nickte, zeigte sie zur Tür. »Raus!«, schrie sie. »Was bilden Sie sich ein?«

Als er aufstand, wurde Hella Vahlen beleidigend. »Durchgeknallter Spinner«, schrie sie ihn an. »Schnüffler, Spießer, Opportunist!« Wieland fürchtete, sie würde ihn angreifen.

Noch beim Hinausgehen rief er, weil er glaubte, sich damit schützen zu können, dass sich das Fragment längst bei seinem Doktorvater in der Duisburger Universität befinde. »Die Allgemeinheit hat ein Recht an Vahlens Werk. Genau wie Judith. Sie können Ihrer Tochter die Entscheidungsbefugnis für den Nachlass ihres Vaters nicht einfach aberkennen. Eines Tages werden die Dinge ohnehin in ihrer Verantwortung liegen.«

»Jetzt hören Sie mir mal zu«, schrie die Witwe. »Das ist mein Leben, in dem Sie herumstochern. Und noch ist es nicht vorbei. Was in meiner Kraft steht und was nicht, entscheide immer noch ich. Machen Sie also keinen Fehler.«

Nach dieser Drohung konnte Wieland sich nicht mehr zurückhalten. »Den Fehler haben Sie selbst begangen, Frau Vahlen. Vor vielen Jahren. Für mich kann es nur noch darum gehen, Dichtung und Wahrheit auseinander zu halten. Ich werde Judith helfen, mit ihrer Geschichte ins Reine zu kommen, wie sie es für richtig hält.«

Wichse II (März 1919)

Wolken schoben sich vor den abnehmenden Mond und verdickten die Nacht zu einer trüben Suppe. Auf den bitterkalten Winter war tagelang andauernder Regen gefolgt, der die Wege zur Hüh in zähen Morast verwandelt hatte. Vier junge, kleingewachsene Männer, deren letzte Zweifel an der eigenen Auffassung von Recht und Ordnung mit der dritten Flasche Morbelswein endgültig verschwunden waren, stapften fluchend den Hohlpfad herauf. Sie hatten ihre Gesichter mit Schuhwichse geschwärzt. In den Händen hielten sie Benzinkanister aus dem Treibstofflager. Und in ihren Köpfen kreisten dumpfe Gedanken von Soldatenehre und Rache.

Nie, davon waren sie überzeugt, hätte ein amerikanischer Soldat sich an einem einheimischen Mädchen vergangen, mochte es noch so schöne Augen haben. Schließlich kamen sie aus einem zivilisierten Land, und die Fräuleins lagen ihnen ohnehin alle zu Füßen. Greens Truppe mochte zur Hälfte schwarz sein, aber die andere Hälfte hatte Herzen, so weiß wie der Schnee von Wyoming. Und sie schworen, sich nicht von den Kriegsverlierern und schon gar nicht von Krüppeln wie Hermann Vahlen den Frieden verderben zu lassen.

An ihrer Spitze ging der junge Kehl, der sich auf der Hüh auskannte. Auch er hatte sich Hände und Gesicht schwarz angemalt, so dass das Weiße seiner Augen und das blutrote Innere seiner Lippen leuchteten. Auch er trug eine Militärhose mit einem schweren Gürtel, und auch in seinem Herzen brannte eine tiefe Verachtung für die Vahlen-Frauen, die sich seit einiger Zeit aufführten, als gehörte ihr Hof schon zum wohlhabenden Unterdorf. Das Flittchen von der Hüh sollte büßen. Alle sollten sie büßen. Wenn am Montag die Offiziere des Militärgerichts einträfen, würden die Witwen wieder wissen, wo ihr Platz war.

Duisburg I: Kittels Chance (Juni 2007)

»Bitte nennen Sie mich Judith«, sagte die Vahlen-Tochter gleich nachdem sie sich vorgestellt hatte. »Herr Professor, ich brauche Ihren Rat.«

Judith strahlte eine zarte Hilflosigkeit aus. Zu den hohen Absätzen trug sie Jeans und eine geblümte Bluse. Aber so wie sie ihren missgebildeten Unterarm geschickt zu verbergen wusste, erschien Kittel auch die einfache Kleidung lediglich als Teil einer Strategie. Judith Gellmann-Vahlen bekam sicher grundsätzlich alles, was sie wollte. Und er zweifelte keine Sekunde daran, dass sie das Vorbild für die Figur der hinterlistigen »Tochter« in *Villa Westerwald* war.

Statt den Besucherstuhl zu nehmen, den Kittel ihr angeboten hatte, setzte sie sich auf seinen Schreibtisch. Sie sagte, was Kittel schon wusste, dass sie Wieland damit betraut hatte, das Fragment zu ordnen und mit den Notizen und Materialien Peter Vahlens für die Publikation zu vervollständigen. Allerdings klang das Vorhaben aus ihrem Mund für den Professor seriöser als die Unterbreitungen seines Doktoranden.

Der Professor nickte verständnisvoll. Er konnte noch immer nicht glauben, dass ausgerechnet Wieland, ein blutiger Anfänger, auf eine solche Sensation gestoßen war. Als Wieland ihn angerufen hatte, um von seiner Entdeckung zu erzählen, hätte der Professor unmöglich mit Begeisterung reagieren können. Aber nur einen Moment später bereute er seine abwehrende Haltung. Wieland ließ sich nicht mehr am Lehrstuhl blicken. Dabei wollte Kittel das Manuskript unbedingt sehen. Vielleicht hätte er die Herausgabe sogar übernehmen können.

Er war gespannt, was die Vahlen-Tochter von ihm wollte. Gleichzeitig machte ihn ihre körperliche Nähe nervös. Bei dem Versuch, die Missbildung ihrer Hand genauer zu betrachten, fiel Kittels Blick auf ihre halbdurchsichtige Bluse. Wenn der Dekan hereinkäme, könnte er die Situation falsch verstehen.

Selbst in der ehemals so beschaulichen Duisburger Hochschul-
welt gehörten kleine Verdächtigungen und große Unterstellungen
längst zum Arbeitsalltag. Kittel selbst hatte sich vor einigen Jahren
dem Vorwurf ausgesetzt gesehen, in seinen Seminaren attraktive
junge Frauen zu bevorzugen. Eine hysterische Langzeitstudentin
hatte das Gerücht verbreitet. Sie hatte ihn wegen eines schlechten
Klausurergebnisses aufgesucht, und er musste sie etwas zu freundlich angeschaut haben. Inzwischen schien sich kaum noch jemand
an die Geschichte zu erinnern. Dennoch war Kittel seitdem besonders vorsichtig.

»Ich frage mich, ob Andreas Wieland wirklich verstanden hat,
worum es bei dieser Veröffentlichung geht«, sagte Judith.

Das war also der Grund für den überraschenden Besuch, dachte
Kittel. Sie überlegte, Wieland die Herausgabe des Manuskripts aus
der Hand zu nehmen. Vielleicht hatte der Doktorand zu gewissenhaft und langsam gearbeitet. Auch Kittel war beim Lesen seiner de-
tailversessenen Ausführungen mehrfach ungeduldig geworden.

»Ich mag Wieland«, sagte Judith. »Aber in letzter Zeit wirkt er
auf mich etwas abgelenkt. Er verrennt sich in fragwürdigen Recherchen. Meine Mutter ist sehr empfindlich, wenn es um den Nachlass
geht. Deshalb war mir daran gelegen, Ihre Meinung zum Manuskript und zu unserem Projekt persönlich einzuholen.«

»Natürlich«, sagte Kittel und versuchte, sich trotz seiner Erregung gelassen zu geben. Ob sie das Fragment bei sich hatte? In ihrer
Handtasche?

»Selbstverständlich hat sich Herr Wieland im wissenschaftlichen
Betrieb noch keinen Namen gemacht«, sagte er vorsichtig. »Ich
müsste das Manuskript erst einmal genau untersuchen, um etwas
dazu sagen zu können. Die Sache interessiert mich natürlich bren-
nend. Ich bin ein großer Verehrer Ihres Vaters.«

»Vielleicht könnten wir uns das Manuskript jetzt gemeinsam ansehen? Danach würde ich es gerne wieder an mich nehmen.«

Kittel war verwirrt. Was meinte sie? Glaubte sie, das Manuskript
wäre bei ihm?

»Selbstverständlich schaue ich mir gerne alles mit Ihnen an, liebe Judith«, sagte er versuchshalber.

Es entstand eine etwas unangenehme Pause.

»Sie haben das Manuskript also gar nicht.« Judith erhob sich. »Wieland hat es Ihnen nie gegeben.«

»Ich fürchte nicht.« Kittel war fassungslos. Er hätte das Manuskript also längst vorliegen haben sollen. Dachte Wieland denn, die Vahlens würden seinen Alleingang nicht bemerken? Hatte er vor, die Papiere gegen ihren Willen zu behalten?

Wieland machte einen Fehler. Aber vielleicht lag darin Kittels Chance. Irgendwo musste der Doktorand das Manuskript ja aufbewahren. Er würde nicht weit kommen ohne seinen Professor.

»Ich bin sicher, es gibt eine Erklärung dafür, dass Herr Wieland mir das Manuskript noch nicht gezeigt hat«, sagte er beschwichtigend. »Ich werde mich gleich darum kümmern. Bestimmt lässt sich eine Möglichkeit finden, wie wir ihn bei seiner Arbeit unterstützen können.«

Das Feuer (März 1919)

Als Martha erwachte, spürte sie ihr Herz heftig schlagen. Nur langsam konnte sie den Traum, in dem ihr eine riesige Männerhand Mund und Nase zudrückte, von sich abschütteln. Sie zwang sich die Augen zu öffnen. Noch immer war Nacht, aber ein flackerndes, künstlich wirkendes Licht drang durch das Fenster in die Kammer. Beißender Rauch lag in der Luft. Martha tastete nach der Großmutter, die bewegungslos neben ihr lag. Dann griff sie nach der Decke, hielt sie sich vor den Mund und sprang zum Fenster, das sie weit aufstieß.

Im Hof sah sie die Scheune in Flammen stehen. Sie hörte Tiergebrüll aus den Ställen. Über ihrem Kopf knallte es heftig. Die Dachbalken brannten. Hastig atmete sie die kalte Luft ein und lief dann gleich zurück, um ihre Großmutter zu wecken. Sie schüttelte die Alte. Steif rollte der hagere Leib unter ihren Händen hin und her. Martha erschrak. Sie wollte schreien, aber der Rauch war jetzt so dicht, dass sie meinte zu ersticken. Erneut rüttelte sie an den Armen der Großmutter, an ihren Beinen, bis sie endlich zu husten begann.

Martha zerrte Irma mit Mühe hoch und brachte sie, auf ihre Schulter gestützt, nach draußen. Das Krachen und Knistern des Feuers erfüllte die Nacht. Die Funken flogen bis in den Himmel. Martha setzte Irma, die noch immer würgte und hustete, auf der Bank unter der Linde ab. Dann lief sie ihrer Mutter hinterher, die sie in ihrem langen Nachthemd zum Stall hatte rennen sehen. Sie rissen die Türen auf, und die Ziegen stürmten ihnen sofort entgegen. Mit der Kuh ließ Kläre ihre Tochter allein. Das Tier stemmte sich ängstlich und mit verdrehten Augen gegen den Strick, als Martha es durch das brennende Tor ziehen wollte. Sie musste es mit der Forke schlagen, bis es schließlich in einem heftigen Satz über die Schwelle sprang.

Im Hof sah Martha, wie Irma mit wackligen Schritten auf das brennende Haupthaus zuging. Erst in diesem Augenblick begriff sie, dass niemand die Kinder geholt hatte. Heinrich und Hagis mussten noch immer in der Kammer unter der Treppe schlafen. Sie holte ihre Großmutter ein und begann panisch nach den Jungen zu rufen. Aber da sah sie Kläre schon aus dem Eingang treten, über dem der Dachstuhl gefährlich aufloderte.

Später war es, als hätten in diesem Moment alle Geräusche und Bewegungen ausgesetzt. Irma stand reglos neben Martha. Sie hatte aufgehört zu husten. Es war, als gelte alle Aufmerksamkeit der Welt nur der Witwe Kläre, die schwer tragend einige Schritte weiter wankte, bis sie schließlich unendlich langsam in die Knie ging. Im vom Feuer taghell erleuchteten Hof saß sie am Boden. Ihr Gesicht war von tiefen Furchen durchzogen, und in den Armen hielt sie die leblosen Körper der beiden Kinder.

Konfrontation II (Juni 2007)

Judith hatte ihren Mantel in Wielands Auto liegen lassen. Am Morgen war es noch kühl gewesen. Aber am Nachmittag, auf der Terrasse des Cafés in Arlich, hatte die Luft bereits friedlich summend über der Einkaufspassage gelegen. Und als er in Duisburg den Wagen abschließen wollte, sah er das silbrige Daunensteppteil auf dem Rücksitz liegen, eine abgeschälte Haut, ein Teil von Judith, den sie bei ihm zurückgelassen hatte.

Wieland überlegte, ob er ihr den Mantel schicken sollte. Er könnte ihn auch als Vorwand benutzen, um Judith wiederzusehen. Aber womöglich würde sie sich darüber ärgern. Dabei musste auch ihr klar sein, wie dumm und unnötig ihr Streit gewesen war.

Wie hatte es der Philosophische Gärtner formuliert? »Wenn einer geht, bleibt ein anderer zurück.« Wieland stand in seiner ihm fremdgewordenen Duisburger Wohnung und schämte sich. Er hätte gerne wieder zurückgenommen, was er Judith gesagt hatte. Die Witwe hatte recht. Im Grunde ging es ihn alles nichts an. Das einzige, was Wieland jetzt interessierte, war Judith. Nicht ihre Herkunft, nicht ihre Vergangenheit, sondern sie selbst. Ihre warme Stimme, die tiefen Winkel ihrer Lippen. Er setzte sich auf sein Bett.

Noch immer war er überzeugt, Judith alles erklären zu können. Aber sie hatte ihm keine Chance gelassen, und ihre Reaktion auf seine Worte war so schroff gewesen, dass Wieland zu keinem sinnvollen Argument mehr fähig war.

Er hatte gehofft, sie könnten ihr Vorhaben, das Manuskript zu veröffentlichen, aufgeben. Er hatte sich gewünscht, Judith würde ihm vertrauen, ohne dass er ihr sämtliche Gründe dafür darlegen müsste. Aber nach seiner Konfrontation mit der Witwe hatte er Angst, Hella Vahlen könnte ihre Tochter gegen ihn aufbringen. Und so hatte er sich gezwungen gefühlt, Judith mit zumindest einem Teil der Wahrheit zu konfrontieren.

Sie hatten sich gegenüber gesessen, und Judith hatte etwas schroff die Klarsichthülle mit den Briefen auf den Tisch geworfen.

»Ich will dich nicht beunruhigen«, begann er vorsichtig. »Aber vielleicht sollten wir die Publikation des Manuskripts noch einmal überdenken.«

»Ich wusste, du würdest einen Rückzieher machen«, sagte Judith sofort. »Du hältst mich hin. Seit Wochen hockst du über den Papieren. Was suchst du da eigentlich?«

Wieland war erschrocken über das Ausmaß ihrer Wut. Aber seine Recherchen zum Familienhintergrund waren ihr von Anfang an unnötig erschienen. Für sie musste es ausgesehen haben, als wolle er sie prüfen, als er ihr davon erzählte, dass er das Sehlscheider Kirchenbuch konsultieren wollte.

»Nein, ich will das mit dir machen«, sagte er schnell. »Vielleicht müssen wir es nur anders angehen. Wir müssen uns über einige Risiken klarwerden. Es ist wichtig, dass jemand, der sich auskennt, einen Blick auf das Manuskript wirft. Mein Professor hat großes Interesse an dem Thema. Aber es dauert eben, bis er sich alles angesehen hat.«

»Du lügst.« Judiths Gesicht war verzerrt. Seine Worte hatten alles nur schlimmer gemacht. Am liebsten hätte er sich die Ohren zugehalten, denn jetzt graute ihm vor dem, was sie als nächstes sagen würde.

»Ich habe gerade mit deinem Professor gesprochen«, fuhr Judith fort. »Er sagt, er hätte das Manuskript nie gesehen.«

Sie war also tatsächlich bei Kittel gewesen. Vielleicht war der Professor sogar zu ihr gekommen. Wieland malte sich aus, wie Judith mit Kittel über ihn sprach. Er sah die beiden über ihn lachen. Kittel mit seinem geistvollen Professorengesicht, dem schlohweißen Haar. Judith, wie sie ihm die Hand auf den Arm legte. Einen Moment lang glaubte Wieland, den Kopf zu verlieren. Aber dann fiel es ihm doch überraschend leicht, Ruhe zu bewahren.

»Hat er das gesagt? Wahrscheinlich deshalb, weil ich ihm das Versprechen abgenommen habe, niemandem davon zu erzählen«, behauptete er kühn.

»Das glaube ich dir nicht. Was hast du eigentlich vor, Wieland?«

»Und du? Warum läufst du hinter meinem Rücken zu meinem Doktorvater?« Er sah ihr in die Augen. »Das Manuskript liegt zur Verwahrung im Institut. Falls Kittel dir etwas anderes erzählt hat, dann tut es mir leid. Ich habe mit den Verlagsleuten gesprochen. Die sind begeistert von der Geschichte. Sie warten nur auf ein Zeichen von uns. Wenn du noch zur Veröffentlichung entschlossen bist, bin ich es auch. Du kannst mir vertrauen.« Wieder machte er eine Pause. Sicher mehr als ich dir vertrauen kann. »Aber eben deshalb müssen wir miteinander reden.«

»Was für ein Quatsch«, sagte Judith. Wieland wusste nicht, ob sie ihm glaubte oder ob sie beschlossen hatte, ihn nicht mehr ernst zu nehmen. »Willst du mir erzählen, dass mein Vater fremdgegangen ist?«, fragte Judith. »Das ist für mich kein Geheimnis. Habe ich irgendwo einen Bruder, von dem ich nichts weiß? Eine Schwester? Beides? Ich würde mich freuen, ehrlich. Wenigstens wäre ich dann nicht mehr allein auf der Welt.«

»Ich weiß nicht, ob du irgendwo Geschwister hast«, sagte Wieland und bemühte sich, ebenfalls belustigt zu klingen, auch wenn ihm Judiths Bemerkung einen Stich versetzte. »Vielleicht ist das nicht einmal unwahrscheinlich. Aber mir geht es um etwas anderes.«

»Sag schon.«

»Mein Vater hat meine Mutter auch betrogen. Aber ich wünschte, ich hätte es nicht herausgefunden. Mir wäre es lieber gewesen, er wäre einfach gegangen.«

»Kann sein«, sagte Judith.

Die Leute am Nebentisch schauten zu ihnen herüber. Wieland sprach leise weiter: »In einem Roman oder in einer Fernsehserie wirken Betrug, Verlust, Verrat oder Inzest abenteuerlich. Aber in der Realität sind sie einfach nur gefährlich.«

»Was willst du damit sagen?«

»Sieh dir alles genau an«, antwortete er. »Die Geschichte der Alten in *Villa Westerwald* und die Geschichte von Maria von Moselbach im Manuskript. Die Auswanderung von Hasso Boll in der Serie und die deines Großvaters nach Amerika. Hertha von Moselbach und deine Mutter. Da sind überraschend viele Parallelen.«

»Das ist mir bekannt.«

»Was ich sagen will: Es könnte sein, dass auch deine Mutter fremdgegangen ist.«

»Ach ja?« Judith wirkte plötzlich empfindlich, aber noch immer skeptisch, und Wieland glaubte, ihr beweisen zu müssen, dass es sich nicht um ein Spiel handelte. »Es könnte sogar sein, dass dein Vater gar nicht dein wirklicher Vater war«, fuhr er fort.

»Im Manuskript oder in der Realität?« Judith wurde laut.

»In der Realität«, antwortete er mutig.

»Du bist ja verrückt«, sagte Judith leise. Dann stand sie auf und ging.

Er sah ihr hinterher, während sie zwischen den Cafétischen hindurchlief, blass und mit ausdrucksloser Miene. Wie immer zog sie alle Blicke auf sich. Über die Terrasse ging sie am Ufer entlang, bevor sie in eine der Straßen Richtung Innenstadt abbog. Die Ahnung eines langen, heißen Sommers, der endlich zu beginnen schien, lag in der Luft. Judith hatte ihn verlassen.

Wieland griff nach ihrem Mantel, ließ sich auf sein Bett fallen und vergrub die Nase in das glänzende Material. Er roch Judiths Parfüm, ihr Shampoo, ihre Haut. Der Stoff fühlte sich weich und warm an. Es war kühl in der seit Wochen unbewohnten Wohnung. Wieland zog den Mantel über. Die oberen Knöpfe konnte er schließen, aber schon an der Brust wurde es zu eng. Wie ein Umhang stand das Kleidungsstück von seinem Rücken ab. Lange betrachtete er sich im Spiegel seiner Schranktür. Er wirkte scheu und verhohlen auf sich, wie ein alter Bekannter, den er vor Jahren zuletzt gesehen hatte und der nicht mehr derselbe war.

Vierter Teil

Judith Gellmann-Vahlen

Blood on the tracks (September 1976)

Vahlen schaltete das Autoradio aus. Mitten auf der Straße sah er eine dunkle, scheinbar unbewegliche Gestalt. Seine Scheinwerfer durchdrangen die Dunkelheit nicht ganz. Das Ding war zu groß für ein Reh. Ein Wildschwein? Er blendete ab, vorsichtshalber. Nur keinen Ärger, dachte er, noch wenige Kilometer durch den Wald, dann war er zu Hause. Es musste vier, halb fünf am Morgen sein. Er war erschöpft, hatte getrunken, und wie so oft verstand er nicht mehr, warum er überhaupt gemeint hatte, wegfahren zu müssen.

Das letzte Mal, als er frühmorgens aus Frankfurt zurückgekommen war, hatte Hella am Bett der Kleinen gesessen. Erste Sonnenstrahlen fielen durch das Fenster. Sie trug ein halb aufgeknöpftes Leinenhemd, in dem sie ihm auf fast unberührbare Weise schön erschien. Judith plapperte etwas von ihrer Puppe.

»Schlaft ihr nicht mehr?«

Hella sah ihn kaum an. »Es ist spät.«

»Willst du wissen, wo ich war?«

»Es ist mir egal, wo du warst.«

»Hör auf, Hella. Das gehört eben auch dazu.«

»Es gehört zu deiner Arbeit, mit anderen Frauen nächtelang unterwegs zu sein?«

»Du möchtest ja nicht wissen, wo ich war. Also stell auch keine Vermutungen auf. Ich gehe jetzt schlafen. Es war eine anstrengende Nacht. Legst du dich zu mir?«

»Ich will mit Judith in den Garten.« Sie nahm das Kind auf den Arm, drückte es an sich, so dass er nur im Vorbeigehen die kleine Hand berühren konnte.

Er hatte sich auf das Bett fallen lassen, hatte die Schuhe abgestreift und lange die Decke angestarrt, bevor er schließlich eingeschlafen war.

Vahlen wusste nicht, was ihn mehr ermüdete, Hellas Vorwürfe, ihr überhebliches Getue an den trüben Tagen danach oder seine Ausreden und Rechtfertigungen. Und obwohl er sich klar darüber war, dass es nichts ändern würde an seiner Schlaflosigkeit, an seinen Zweifeln und seiner Unfähigkeit zu schreiben, dauerte es nie lange, und er fuhr wieder weg. Seine Unruhe begann meistens am frühen Abend. Judith weinte oft – und jedes Mal glaubte Vahlen, sie müsse Schmerzen haben. Hella tat, als wäre das Schreien normal. Er hörte sie mit ruhigen Schritten in der Küche umhergehen und das Essen zubereiten. Dann genügte oft ein Anruf von einem alten Bekannten, und Vahlen stieg in den Wagen.

Wenn er in Frankfurt auf Gellmann und die anderen traf, im Eckstein oder in der Roten Quelle, stellte er sich keine Fragen mehr, eins führte zum anderen – das Bier, der Klare, eine Runde Tischfußball, die Gespräche über die Lage der Welt. Irgendwann kamen meistens ein paar Frauen dazu, und man beeilte sich, eine abzubekommen.

Wahrscheinlich lag da nur ein Strohballen, den ein Traktor am Abend verloren hatte. Es sah nicht aus wie ein Auto, trotzdem war es möglich, dass es sich um einen Unfall handelte. Je langsamer der Wagen wurde, desto undurchdringlicher und geradezu unheimlich wirkte auf ihn das Dunkel der Waldstraße.

Erst gestern war er ganz in der Nähe umhergelaufen. Das rotbraune Laub hatte zwischen den grünlichen Baumstämmen hervorgeleuchtet, so dass weiter weg alles zu einem fleckigen Lila verschwamm. Tropfen hingen an den Ästen. Bei jedem Windstoß fielen sie wie träger Regen herab. Die Wege waren mit einer glitschigen Schicht bedeckt. Mehrmals war er hingefallen, hatte sich mit den Händen abstützen müssen. Das Geräusch seiner Schritte sog der Waldboden vollständig auf. Aber von unten im Tal war der Bach deutlich zu hören gewesen.

Er konnte den Zeitpunkt nicht ausmachen, wann die Gegend aufgehört hatte, für ihn das gewohnte Terrain der Kindheit zu sein. Die Brüder und er hatten jeden Tag in diesem Wald gespielt, rund um das Sehlscheider Freibad herum, im Nonnenley und weiter weg an der Hünnericher Mühle. In größeren Runden erzählte er gerne die Geschichte von seinem Klassenkameraden Günter. Kurz nach dem Krieg hatte Vahlen als kleiner Junge in einem der Gräben einen glitzernden Stein gefunden. Noch bevor er ihn einstecken konnte, hatte Günter ihm den Stein zu entreißen versucht. Seine Brüder, die hinzugekommen waren, hatten Vahlen zuerst in Schutz genommen. Aber als Günter, der allein mit seiner Mutter aus dem Osten gekommen war, zu heulen begann, drängten sie Vahlen, nachzugeben. »Was willst du mit dem Stein?«, fragten sie. »Etwa eine Mineraliensammlung anfangen?« Sie lachten, und schließlich hatte Vahlen dem Jungen den Stein vor die Füße geworfen und war über den Umweg durch die Teufelsstiege nach Hause gerannt.

Am nächsten Tag erfuhren sie, dass Günter mit schweren Phosphorverbrennungen im Arlicher Krankenhaus lag. Der Stein hatte sich beim Trocknen in seiner Hosentasche entzündet und sich bis auf den Knochen in sein Bein gebrannt. Wochenlang kämpfte Günter um sein Leben. Bald darauf war er mit seiner Mutter wieder aus Sehlscheid weggegangen. Aber Vahlen erinnerte sich noch immer mit dem gleichen angenehmen Schaudern an das Gefühl, dem Unglück knapp entronnen zu sein.

Hella behauptete jedes Mal, sie verstünde nicht, wie er sein Glück an Günters Leiden messen konnte. Als glaube er, der Junge wäre vom Schicksal für seine Gier bestraft worden, sagte sie. Außerdem könne niemand wissen, wo im Wald überall noch Phosphorbomben und Blindgänger herumlagen.

Viel später, da wohnten sie schon in ihrem Haus im Aulbachtal, war Vahlen einmal lange um eine ihm unbekannte Schlucht herumgeirrt. Zunehmend erschöpft hatte er schon befürchtet, die Nacht im Wald verbringen zu müssen. Doch dann war er durch Zufall auf einen Pfad gestoßen, der ihn noch in der Dämmerung nach Hause brachte. Auch als Kind hatte Vahlen sich manchmal verlaufen. Und vielleicht, dachte er jetzt, hatte Hella recht. Vielleicht war ihm der Wald nie wirklich vertraut gewesen.

Er war nun auf knapp hundert Meter herangekommen. Noch immer bewegte sich das Ding nicht, wirkte aus der Ferne aber dennoch lebendig. Ein Pferd? Eine Kuh? Plötzlich musste Vahlen lachen: Was für ein Bild: Eine kniende Kuh, mitten auf der Straße. Ihr Hinterteil ragte in einer geradezu grotesken Pose auf. Eine heilige Kuh. Vahlen konnte sich schon am nächsten Morgen davon erzählen hören. Hella hatte seine Tiergeschichten immer geliebt.

Als das Licht der Scheinwerfer sie traf, warf die Kuh ihren Kopf herum. Erst jetzt begriff Vahlen, dass sie nicht anders konnte als zu knien. Er sah den panischen Blick in den großen, dunklen Augen, die gebrochenen Vorderbeine abgeknickt auf der mit Flecken und Schlieren beschmutzten Fahrbahn. Mit heftigem Halsrucken versuchte das Tier vergeblich, den schweren Leib zu bewegen.

Weiter weg am Waldrand sah Vahlen den Transporter liegen. Tiefe Furchen waren in die Böschung gerissen. Mehr Vieh lag am Boden. Die Räder des Lastwagens hingen in der Luft. Stroh und Mist und unkenntliche schwarze Masse verteilten sich über die aufgeworfene Grasnarbe.

Vahlen bremste und legte den Rückwärtsgang ein.

Sehlscheider Polka (Mai 1930)

In Marthas Kopf drehte und drehte es sich. Noch als die Polka längst begonnen hatte, schien der Dreitakt des Walzers in ihren Ohren nachzuhallen. Sie schaute am flatternden Stoff ihres Kleides herab und musste gleich wieder zu Nesselhahn hochblicken, sonst wäre ihr übel geworden. Sein Atem roch nach Zigarre.

»Geht es dir gut?«, fragte er.

Martha nickte und wandte den Blick ab. Sie hatte schon viele

Hochzeiten im Brinkschen Tanzsaal erlebt. Aber dass sie heute selbst die Braut sein sollte, die schönste von allen, konnte sie kaum glauben.

Es war ihr immer recht gewesen, dass die Männer aus Sehlscheid ihre Nähe gemieden hatten. Seit ihrem Unglück galt sie als hochmütig, bestenfalls als verbittert. Mehr als einmal hatten sich Kurgäste um sie bemüht. Aber erst als niemand im Dorf mehr daran glaubte, dass sie einen von ihnen erhören würde, war Richard von Nesselhahn gekommen.

Der junge Doktor der Philologie hatte das verlängerte Pfingstwochenende mit zwei Studienkollegen in Sehlscheid verbracht. Tagsüber waren die Freunde den Völkerwiesenbach entlang gewandert, bis hinunter ins Aulbachtal, und am Nachmittag spielten sie Tennis auf den Plätzen am Hahn. Schon am zweiten Abend luden sie Martha zu einem gemischten Doppel ein. Die Wahl zwischen den jungen Herren fiel ihr nicht schwer.

Von all den Sommergästen aus Hamburg und München, der Schweiz, England und sogar Amerika hatte Martha sich ausgerechnet einen Sohn des bekannten Koblenzer Chemiefabrikanten Nesselhahn ausgesucht. Und auch wenn der junge von Nesselhahn mit Salpeter und Kunstfaser seines Vaters nichts zu tun haben wollte, erinnerte die Verbindung die Dorfbewohner unweigerlich an die Geschichte der alten Irma Vahlen.

Kein halbes Jahr später wurde in Koblenz die Verlobung gefeiert. Für das Hochzeitsfest aber hatte Martha sich den Saal des prächtigen Brinkschen Kurgasthofs gewünscht, für den sie selbst jahrelang die Küche geführt hatte.

Sie suchte Hagis, sah aber nur Kläre und Irma am Rand der Tanzfläche stehen. Neben den feinen Herrschaften, die aus Koblenz, Arlich und Köln angereist waren, wirkten die Witwen von der Hüh wie traurige Schwestern. Martha hatte ihnen Krefelder-Samt geschickt, aus dem Kläre zwei Kleider genäht hatte. An Brust und Taille eng geschnitten, fielen sie glockenartig bis zu den Fesseln. Aber während Irma darin ungewohnt hager aussah mit ihrem langen, gekrümmten Rücken, wirkte die so viel jüngere Kläre dicklich und alt.

Marthas eigenes Kleid aus silberweißer Seide hatte für Aufruhr gesorgt, als das Brautpaar morgens vor den Gästen und Schaulustigen aus der Kirche getreten war. Es schmiegte sich locker um ihre Hüften, reichte kaum bis zu den Waden und war tief ausgeschnitten. Martha hatte das Gefühl, sich noch niemals, nicht einmal in ihrer frühesten Kindheit so frei gefühlt zu haben.

Jetzt entdeckte sie Hagis. Er lehnte an der Rückwand des Saales, die Hände in den Taschen, das Haar zurückgekämmt. Mit seinen dunklen Augen schien er jede ihrer Bewegungen zu beobachten, ohne sie direkt anzusehen. Oder blickte er zum Bräutigam? Hagis hatte Nesselhahn immer mit übertriebener Höflichkeit behandelt, hinter der sich unübersehbar Eifersucht versteckte. Martha ahnte, was er an ihrem Verlobten nicht mochte, sein weltmännisches Auftreten, seine Ausdrucksweise, an der man sofort die feine Herkunft erkannte. Sie war nur erstaunt darüber, wie wichtig Hagis diese Dinge nahm.

Wann immer sie ihn ansah, sein vertrautes Gesicht mit den hohen Wangenknochen, den leicht abstehenden Ohren, der geraden Nase, spürte sie, wie seine Lippen ihren Mund berührten. Dabei war es schon ein Jahr her, dass er sie geküsst hatte.

Hagis war nach der Schule häufig zu ihr in die Küche gekommen und hatte ihr Gesellschaft geleistet, während sie für die Gäste im Hotel das Abendessen zubereitete. Er lachte mit ihr über die Jungen im Dorf, denen er Streiche spielte, über die Mädchen, die dümmlich kicherten, wenn er mit ihnen zu sprechen versuchte, und über die Großmutter Irma mit ihrem Geschimpfe, das kaum noch jemand verstand. Martha genoss seine Geschichten. Auch wenn Hagis' scharfer Verstand und der Humor, mit dem er die Eigenarten der Dorfbewohner kommentierte, sie vor allem daran erinnerten, dass die Sehlscheider ihm – wie auch ihr selbst – mit unabänderlichem Misstrauen begegneten.

Im vorigen Frühjahr hatte Hagis sich plötzlich verändert. Mitten im Gespräch blickte er sie unverwandt an, so dass Martha erschauerte. Zuerst dachte sie, er habe etwas über seine wahre Herkunft herausgefunden, von der ihm niemand in der Familie je erzählt hatte. Dann glaubte sie, es wäre ihre Nähe zu ihm, das enge Verhältnis, das sich manchmal zu einer unerträglichen Spannung steigerte. Aber schließlich sagte sie sich, dass Hagis ein Heranwachsender war, und sie selbst erinnerte sich noch gut an die Unsicherheit und den Kummer, die sie in diesem Alter begleitet hatten.

»Ich war heute bei Ilse«, hatte er an jenem Ostermontag vor über einem Jahr gesagt. Und Martha hatte gleich gemerkt, dass Hagis das nicht ohne Grund erzählte. Mehrmals hatte er ihr schon von seinen Versuchen berichtet, das Mädchen zu küssen. Ilse Kleinmann wirkte ein wenig wild, aber sie war hübsch und auch nicht dumm. Sie lebte bei ihrem Großvater, dem Kolonialwarenhändler Kehl und dessen Sohn.

Der junge Kehl, der nach dem Abzug der Amerikaner für den Deutschvölkischen Schutz- und Trutzbund Jugendwanderungen organisiert hatte, führte nun unter wechselndem Banner seine eigenen Gruppen durch den Wald. Und wer den Jungbauern oder dem Sportverein angehörte, statt Kehls Werwolf, dem Jungstahlhelm oder schließlich der Hitlerjugend beizutreten, achtete darauf, ihm und seinen Hunden nicht im Dunkeln zu begegnen. Mehrfach hatte Martha beobachtet, wie Kehl seine Nichte an den Zöpfen nach Hause zerrte, wenn er sie mit den Mädchen auf dem Burplatz erwischte.

»Du musst aufpassen. Der junge Kehl wird dich windelweich schlagen, wenn er dich mit Ilse sieht.«

»Er hat mich schon gesehen. Gar nichts hat er mir getan. Ilse ist ihm egal. Er ist ja nur der Onkel.«

»Und ich bin nur die Tante. Trotzdem sage ich dir, du solltest aufpassen. Du bist viel zu jung zum Küssen. Oder zu alt, um es einfach so zu tun. Das kann böse Folgen haben.«

»Ach, ja? Welche denn, Tantchen?« Er grinste sie an.

Martha wurde rot. Sie mochte es nicht, wenn Hagis sie so nannte.

»Weißt du, was der junge Kehl heute zu mir gesagt hat?«, fragte er weiter, und beobachtete sie dabei genau.

»›Deine Tante-Rühr-mich-nicht-an findet wohl auch nicht mehr unter die Haube, was Heinrich‹, hat er gesagt. Er nennt mich Heinrich.«

»Das ist der Name, auf den du getauft bist.«

»Niemand nennt mich so. Außer Kehl.«

»Hör nicht auf ihn.«

»Und?«

»Was und?«

»Bist du eine Tante-Rühr-mich-nicht-an? Hat Kehl es mal versucht bei dir?«

»Ich sag doch, hör nicht auf ihn. Kehl ist ein Hund. Außer den Kötern will ihm niemand zu nahe kommen. Das weißt du doch.«

»Er tat so.«

»Er tat was?«

»Er tat so, als habe er um deine Hand angehalten.«

Martha presste die Lippen zusammen. »Ganz bestimmt nicht.«

»Warum hast du denn nie geheiratet?«

»Wen sollte ich hier heiraten, deiner Meinung nach? Ich komme sehr gut allein zurecht.«

Hagis war ihr näher gekommen. »Ich bin also zu jung zum Küssen? Und gleichzeitig zu alt?«

Warm und feucht streifte sein Atem ihr Gesicht. Hagis legte die Arme um ihren Hals. Sie wollte sich losmachen.

»Du hast recht, du bist viel zu schön. Niemand hier könnte dein Mann werden.«

»Hagis!«

Er blickte sie wieder so merkwürdig an und kam noch näher. Gleich würden ihre Köpfe sich berühren. Sie schloss die Augen, wollte sich wehren, hielt aber doch still. Dann spürte sie seinen Mund auf ihrem, fühlte die weichen, kindlichen Lippen. Die Arme weiterhin um ihren Hals geschlungen, lehnte Hagis sich zurück, sah Martha an und begann laut zu lachen. Mit rotem Kopf machte sie sich frei, und Hagis stürmte, noch immer lachend, aus der Küche.

In der folgenden Nacht lag Martha wach. Wie so oft dachte sie darüber nach, wie ihr Leben in Sehlscheid verlaufen war und wie es hätte verlaufen können. Aber zum ersten Mal seit langem überlegte sie auch, was aus ihr werden könnte. Und als sie am Morgen ihre Kammer verließ, hatte sie den Entschluss gefasst zu heiraten.

Bei ihrer nächsten Umdrehung wollte Martha wieder zu Hagis herüberschauen, doch er war verschwunden. Sie spürte Nesselhahns Hand an ihrer Hüfte und kicherte beim Gedanken daran, wie er sie gestern sein »Westerwälder Himmelsschlüssel« genannt hatte. Nesselhahn war kein schöner Mann. Seine Nase wirkte etwas zu klein in dem ovalen Gesicht, und obwohl er erst dreißig war, hatte er bereits einen Bauch. Es war seine Zuversicht, die selbstsichere Art, die Martha überzeugt hatte, dass er der Mann sei, der sie aus Sehlscheid fortbringen würde.

Sie tanzte und wollte nie wieder aufhören. Die Gesichter der Gäste verschwammen vor ihren Augen. Nesselhahns Schwung riss sie mit sich fort. Die vom Zigarrenrauch bräunlich gewordenen Wände des Brinkschen Tanzsaals schienen sich aufzulösen, und mit ihnen eine Welt, die Martha zu lange verschlossen geblieben war, um ihr jetzt noch wichtig zu sein.

Erst als sie Hagis erneut bemerkte, seine dunkle Gestalt am Rand der Tanzfläche, überkam sie das Gefühl, innehalten zu müssen. Der Gesichtsausdruck ihres Neffen hatte sich verändert. Sein Blick traf den ihren. Starr und hasserfüllt sah er aus. Und er hielt etwas Großes, Langes in den Händen, das Martha nicht gleich erkennen konnte. Aber dann begriff sie, dass es ein Jagdgewehr war. Ein schweres, hölzernes Gerät, wie es in Sehlscheid jeder Bauernsohn besaß. Hagis hatte sie damit noch nie gesehen. Entsetzen ergriff sie. Der Lauf des Gewehrs war auf sie gerichtet – nein, auf Nesselhahn.

Inzwischen musste auch Nesselhahn Hagis gesehen haben, denn er blieb in der Drehung stehen. Die Musik des Orchesters verstummte. Durch den Saal ging ein Raunen. Einige der Paare standen verwirrt herum, andere hatten sich bereits von der Tanzfläche geflüchtet.

»Hagis«, rief Martha. Sie machte sich aus Nesselhahns Umarmung los und drehte sich zu ihrem Neffen. Sofort spürte sie die Hand ihres Mannes von neuem auf ihrer Schulter.

»Mach keinen Fehler, Junge«, rief Nesselhahn.

»Bist du verrückt geworden«, schrie jetzt auch Kläre.

Hagis rührte sich nicht. Mit schiefgelegtem Kopf, das Gewehr auf der Schulter in ihre Richtung zielend, schien er selbst nicht mehr weiter zu wissen.

Einen Moment lang geschah nichts. Dann begannen die Gäste sich untereinander Zeichen zu geben und zu flüstern. Man hörte Nesselhahns Trauzeugen Gues einen Witz machen. Hagis wurde sichtlich nervös. Martha sah, wie Hermann sich von hinten an ihn heranschlich. Einer der Männer am Ausschank stieß eine Flasche um, und Hagis riss das Gewehr ruckartig herum. Sofort wollte er es wieder auf Nesselhahn richten, aber da lief Hermann von der Seite mit zwei schnellen Schritten auf ihn zu, schlug ihm das Gewehr aus der Hand und gleich darauf die Faust gegen das Kinn. Hagis' Gesicht drückte Erstaunen aus, als er mit einem Seufzer zusammensackte.

Martha wollte zu ihm laufen, wollte ihren Neffen anschreien, was er sich dabei gedacht hatte. Er ist ja noch ein Kind, hätte sie am liebsten gerufen. Sie wollte ihn in die Arme nehmen, ihn einen dummen Jungen schimpfen, ihn beruhigen, ihn küssen, wie sie ihn früher geküsst hatte, als sie beide noch Kinder waren. Aber Nesselhahn hielt seine Braut mit festem Griff und drehte sie zu sich herum. Sein Gesicht war hart.

»Alles in Ordnung?«

Martha nickte.

»Dann wollen wir uns nicht länger das schöne Fest verderben lassen.«

Hermanns Sohn Johann und der junge Bauer Gehrke führten Hagis aus dem Saal. Zu viel Alkohol, meinten die Frauen, die von außerhalb gekommen waren, dabei ist er noch so jung. Wildgewordener Bauernrüpel, schimpften die Männer, die von Hagis' Auftritt dennoch beeindruckt waren. Sichtlich freuten sie sich darauf, in der Stadt von ihrem Erlebnis zu erzählen.

Für die wenigen Bewohner von Sehlscheid aber, die zu Marthas Hochzeit eingeladen worden waren, für den Gastwirt selbst, für die Bauern Brink und Gehrke, für den Pastor Heller und den Oberförster Ranke hatte das Fest jede Leichtigkeit verloren. Denn wie so oft hatte Hagis' Anblick sie an Marthas Unglück erinnert und an die vielfache Demütigung des Dorfes durch die amerikanische Siegermacht.

Als vor zehn Jahren der schwarze Soldat in Marthas Kammer eingestiegen war, hatte man in Sehlscheid erst begriffen, was der schlechte Frieden wirklich bedeutete. Der Täter wurde nie gefunden. Einige vermuteten sogar, es habe sich gar nicht um einen schwarzen Mann gehandelt. Die Besatzer hätten es nur so aussehen lassen, um die Kriegsverlierer zu erniedrigen. Und als die Frauen von der Hüh wegen des Vorfalls keine Ruhe gaben, steckten ihnen die fremden Soldaten eines Nachts auch noch den Hof in Brand.

Hagis teilte sich zu dieser Zeit die Schlafkammer mit Kläre Vahlens Enkel. Wie durch ein Wunder hatte nach dem bösen Feuer ausgerechnet das fremde Hungermaul in Kläres Armen wieder zu husten begonnen, während sein Ziehbruder, der kleine Heinrich Vahlen, im Rauch erstickt war.

Die Witwen weinten tagelang um Heinrich, obwohl er als Unglückskind galt. Der Pastor hatte ihn als »infans spurius« ins Kirchenbuch eingetragen, als unehelich geboren und elternlos. Er hatte weder sprechen noch laufen gelernt. Trotzdem ging es in aller Augen zu weit, dass die Amerikaner sich nun auch noch an Haus und Hof und wehrlosen Kindern vergingen. Im Gasthaus wurden die Stimmen laut, die einen Gegenschlag forderten. Einige der Bäuerinnen wagten es, den bei ihnen untergebrachten Soldaten die Verpflegung zu verweigern. Eine Zeitlang fürchtete man in Sehlscheid sogar einen Aufstand.

So waren alle froh gewesen über Hermann Vahlens Vorschlag, die Witwen sollten an Heinrichs Stelle das Hungermaul bei sich behalten. In den Grabstein des toten Jungen ließ man kurzerhand den Namen »Hans Gisbert« meißeln, denn niemand wusste, wie das Hungermaul wirklich hieß. Den Totenschein schickte man mit Stempel und Unterschrift des amerikanischen Offiziers an das zuständige Waisenhaus in Koblenz, wo die Akte des unbekannten Jungen geschlossen wurde. Und auf ausdrückliche Bitte Hermann Vahlens taufte Pastor Heller schließlich denjenigen, den man im Dorf weiterhin Hagis nannte, auf den Namen Heinrich.

In den Köpfen der Leute hatten sich die Ereignisse mit den Jahren jedoch vermischt und die Abfolgen verändert. Niemand verspürte noch die Erleichterung, die geherrscht hatte, nachdem die für alle gütliche Einigung gefunden worden war. Marthas vielgefürchtetes Mohren-Kind wurde nie geboren. Stattdessen hatte sich in Folge ihres Unglücks, so sah es im Nachhinein aus, ein anderes Kuckuckskind im Dorf eingenistet: Hagis mit seinen tiefliegenden Augen und den dunklen Haaren. Dieser auf bald schon unheimliche Weise schlaue, aufsässige Junge ohne Namen, war nicht im Westerwald geboren und würde auch nie dort hingehören, das hatte er am heutigen Abend aufs Neue unter Beweis gestellt.

Duisburg II: Hindernisse (Juni 2007)

»Suchen Sie etwas?«

Kittel zog seine Hand vom Regal zurück. Tatsächlich war er dabei, das Manuskript zu suchen, wühlte in den Papierstapeln und Ordnern der Doktoranden herum. Er dachte, er sei allein im Institut und hatte Caroline Schweizer nicht hereinkommen gehört. Natürlich wusste er genau, dass er als Professor im Aufenthaltsraum der Hilfskräfte nichts verloren hatte. »Frau Schweizer! Ich hatte gehofft, hier Andreas Wielands Arbeitsmaterial zu finden.«

Am Morgen hatte Wieland endlich angerufen. Kittel hatte dem Doktoranden keine Vorwürfe gemacht, denn er wirkte völlig durcheinander, geradezu misstrauisch. Vergeblich versuchte der Professor ihn zu überreden, das Manuskript an den Lehrstuhl zu bringen. Erst hinterher war ihm die Idee gekommen, dass es sich womöglich längst im Institut befand.

»Da kann ich Ihnen nicht weiterhelfen«, sagte Caroline Schweizer. »Wie Sie sehen, bewahrt hier jeder seine Sachen so auf, wie er es für richtig hält. Es ist auch Privates dabei.« Das war ein eindeutiger Hinweis, dass Kittel kein Recht hatte, hier zu sein. Caroline Schweizers Sinn für Ordnung grenzte an Unhöflichkeit, dachte er. Er hatte keine große Lust, sie in seine Überlegungen einzubeziehen.

»Wieland müsste doch längst zurück sein aus dem Westerwald«, sagte sie.

»Ich habe ihn seit Wochen nicht gesehen.«

»Rufen Sie ihn doch an.«

»Ja, das wird das Beste sein«, sagte Kittel und tat absichtlich zerstreut. »Irgendwo muss ich seine Nummer haben.«

Er riskierte einen letzten Blick über das Regal und wollte sich schon abwenden, da entdeckte er aus dem Augenwinkel einen ganz neuen Dokumentenkarton. Mit großen Buchstaben stand darauf »Wieland« geschrieben, und darunter in Klammern »persönlich«.

Kittel blickte sich zu Caroline Schweizer um. Sie stand wartend in der Tür. Offenbar hatte sie nicht gesehen, was er gesehen hatte. Er würde wiederkommen.

Im Zimmer seiner Tochter waren die Rollläden heruntergezogen, und auch an den anderen Fenstern seines Bungalows konnte Kittel von draußen nicht erkennen, ob jemand zu Hause war. Als er eintrat, regte sich nichts. Neben dem Flurtelefon sah er das Lämpchen des Internetanschlusses flackern.

»Hans Ullrich? Bist du das?« Die Stimme seiner Frau kam gedämpft von oben.

»Ich will nur was essen. Bin gleich wieder weg«, rief er und ging weiter in die Küche.

Kittel wusste, dass seine Frau ein Verhältnis hatte. Seit langem schien sie auf eine Gelegenheit zu warten, ihn zu verlassen.

»Was tust du da, Papa?«

Kittels Tochter stand neben ihm in der Küchentür. Er hatte sich ein Rührei zubereiten wollen und war gedankenverloren vor dem geöffneten Kühlschrank stehen geblieben.

»Ich überlege«, sagte er.

Jana lachte. »Willst du nicht wenigstens den Kühlschrank zumachen? Dann könntest du auch den Mantel ausziehen.« Da war er wieder, dieser mitleidige Blick. Seine Tochter wurde ihrer Mutter immer ähnlicher.

Jana hatte ihn mit *Villa Westerwald* bekannt gemacht. Sie hatte ihren Eltern die erste Staffel vor zwei Jahren zum Hochzeitstag geschenkt. »Was für Mama, die abends gerne die Beine hochlegt«, hatte sie gesagt. »Und was für Papa, denn es ist nach einer literarischen Vorlage gemacht.« Sie hatte mit den Augen gezwinkert. »Damit könnt ihr es euch mal wieder zusammen gemütlich machen.«

Ab der zweiten Staffel hatte Kittel sich alle Folgen alleine angesehen. Nicht, dass Sybille die Serie nicht gemocht hätte. Aber ihre ständigen Nachfragen, warum denn »die Tochter« nun dieses oder jenes getan habe, was »die Alte« denn geantwortet oder wen der Philosophische Gärtner zitiert habe, raubten ihm den letzten Nerv. Ständig musste er die DVD anhalten, damit sie auf Toilette gehen konnte.

Kittel liebte *Villa Westerwald* von Anfang an. Die Serie ließ ihn das eigene Leben, die eigenen Sorgen, aber nie den eigenen Anspruch auf Glück vergessen. Schon lange träumte er davon, noch einmal alle Folgen ganz in Ruhe und an einem Stück zu sehen.

Als der Professor kurz darauf seinen Wagen vor dem Institut parkte, war es bereits dunkel. Während er auf dem Weg durch das Gebäude eine feuersichere Tür nach der anderen öffnete und hinter sich wieder schloss, dachte Kittel, dass er zum ersten Mal in seinem Leben etwas Verwerfliches tat.

Im Aufenthaltsraum zog er den Karton aus dem Regal und

klappte den Deckel auf. Kreuz und quer bekritzelte Blätter flogen ihm entgegen. Es sah eher nach Wielands Handschrift aus als nach der des Romanciers. Aber dann stieß er tatsächlich auf Notizbücher, auf Schuhkartons mit Fotos und Originaldokumenten, schließlich in einer Mappe ein Stapel engbeschriebener Seiten – Peter Vahlens Manuskript.

Kittel drehte sich um. Die Tür des Aufenthaltsraums war geschlossen. Aber er meinte, im Flur etwas gehört zu haben. Wenn nur der Dekan nicht wieder über die Gänge schlich. Im Zwischenstock war alles still. Den Karton vor sich hertragend ging Kittel an den Kaffeeautomaten und schwarzen Brettern der Studenten vorbei in Richtung seines Büros. Er glaubte, es endlich geschafft zu haben.

Der Konstruktionsfehler (September 1976)

Vahlen zog den Schlüssel ab. Mit dem Motor gingen auch die Scheinwerfer aus, die Musik verstummte. Er versuchte sich zu konzentrieren, seine Gedanken zu sammeln. Das Bild der knienden Kuh, die geschundenen Leiber auf der Waldstraße gingen ihm nicht aus dem Kopf. Er wehrte sich gegen die Vorstellung, der Unfall hätte irgendeine Bedeutung. Und doch ließ sie ihn nicht los. Wieder einmal meinte er, dass etwas passieren müsste, jetzt und nicht nur mit ihm.

Der Dioxinunfall von Seveso, die Toten von Tangschan, der Sturm auf die Flugzeugentführer von Entebbe – täglich lieferten die Nachrichten den Beweis für die Störanfälligkeit des Systems. Überall verschwand das Leben, wie man es früher gekannt hatte, ganze Landstriche wurden reformiert, zusammengelegt und vergiftet. Aber kaum jemand wehrte sich noch.

Es kam Vahlen vor wie ein geerbter Kummer, ein alter Fluch, der unerwartet hochkocht, zu einem späteren Zeitpunkt, an einem anderen Ort. Er wusste nicht, ob der Fehler in seiner Arbeit lag, ob er das Land betraf, die Welt oder Hella und ihn allein. Manchmal schien es, als hätten sie kein Recht auf ein friedliches Glück. Es war nur ein Gefühl, sagte er sich. Aber alle seine Versuche, es zu vergessen, erschienen ihm wie ein Spiel, mit dem er sich selbst überlisten wollte.

Lange hatte er geglaubt, die Stadt wäre an allem schuld. Menschen, umgeben von Beton, die jeden Tag schneller, produktiver, kompromissbereiter sein mussten. Vahlen wollte sich für eine bessere Gesellschaft einsetzen. Aber neben den Demonstrationen und vielen Festen, die mit einem solchen Engagement zusammenhingen, fand er kaum noch die Kraft zum Schreiben. Dann war der Brief des Notars gekommen.

Die Erbschaft im Aulbachtal war keine gute Nachricht gewesen. Hellas Schmerz, ihre Verlorenheit nach dem Selbstmord ihrer Mutter war ihnen lange Zeit unabänderlich erschienen. Hellas Vater, der große Verleger Richard von Nesselhahn, der die Familie wie die Geschäfte aus der Ferne geleitet hatte, spukte – obwohl schon vor Jahren gestorben – wie ein Geist um sie herum. Ursprünglich hatte Hella vorgehabt, nur die Papiere und Hinterlassenschaften in Ordnung zu bringen, als ginge die Geschichte selbst sie gar nichts an. Sie wollte das Haus leerräumen und so schnell wie möglich verkaufen. Obwohl Vahlen derjenige von beiden war, der in Sehlscheid aufgewachsen war, und obwohl er meinte, dort noch immer den essigsauren Atem der Nachkriegszeit zu riechen, hatte er als erster begonnen, von ihrem neuen Leben auf dem Land zu träumen.

Das Dorf hatte sich Ende der sechziger Jahre vom Krieg weitgehend erholt. Die Sommergäste kamen wieder zahlreich. Eine letzte Verwandte, Hermanns Schwiegertochter Hilde, erweiterte schon zum zweiten Mal den Gasthof im Gebück. Für ein modernes Kurzentrum, das in seinen ganzen Ausmaßen wohl nie fertiggestellt werden würde, hatten die Sehlscheider Honoratioren die Gemeinde auf Jahrzehnte unter Schuldenbergen begraben. Und doch hatte Vahlen sie gleich wiedererkannt, die unversöhnliche Einteilung der Welt seiner Kindheit in Brauchbar und Unbrauchbar, den neidischen Blick auf die Kirschen des Nachbarn. Er sagte sich, dass Sehlscheid nie brauner gewesen war als irgendein anderer Ort. Aber noch immer hörte er das sperrige Wort aus dem Mund seiner Mutter – Hermann Vahlen habe ihren Onkel Kehl »denunziert«. Und es beruhigte ihn kaum, dass der inzwischen uralte Förster Ranke, der ihn nach seiner Rückkehr in den Westerwald als einziger im Gasthaus an den Tisch gewinkt hatte, ihm auf seine Fragen hin sagte, dass auch Albert Kehl nie ein Gegner der Nazis gewesen war. Zum ersten Mal verstand Vahlen damals, warum die genauen Umstände niemanden zu interessieren schienen. In den Erinnerungen und Erzählungen der Dorfbewohner verdrehten und verflochten sich die Hergänge und Schuldigkeiten. Auch in Vahlens Kopf verschwamm alles, je mehr er darüber wusste. Trotzdem hätte er sich gerne weiterhin empört, gefiel ihm diese Vermischung nicht. Denn die Fortschrittswut der Alten, die kaltblütige Abschaffung ganzer Lebenswelten, war für Vahlen eine direkte Folge ihres Willens, die Nazi-Zeit vergessen zu machen.

Nach und nach war das düstere Haus mit dem rostigen Wintergarten und dem Marmor der Eingangshalle doch zu ihrem geworden. Hella konnte als Vertretung in den Arztpraxen der Umgebung arbeiten. Und Vahlen lernte mit den früheren Nachbarn zu sprechen, nicht als einer von ihnen, sondern als der Fremde, der er für sie geworden war. Zwischen den Stipendien und seiner Gastprofessur an einer amerikanischen Universität hatten sie sich bald eingerichtet im Westerwald. Der Traum vom Leben auf dem Land war Realität geworden, auch wenn diese manchmal einer Resignation glich.

Oft kam Vahlen alles zu einfach vor. Hellas außergewöhnliche Schönheit, sein Erfolg, das Haus – ihr Leben wirkte zu stimmig, zu rund. Was er am Anfang ihrer Beziehung noch für ein glückliches Zusammentreffen der Umstände gehalten hatte – ihre Vertrautheit, die vielen Gemeinsamkeiten – erschien ihm, zurück in Sehlscheid, wo ihrer beider Eltern einmal gelebt hatten, zunehmend wie eine unfruchtbare Gleichförmigkeit.

Es hatte ihn nie besonders gestört, dass Hella so etwas wie seine Cousine war. Hagis' Adoption war in der Familie nie ein Geheimnis gewesen. Sie hatten Spaß. Es war schön mit Hella. Und lange Zeit war das alles gewesen, was zählte.

Beide hatten sie versucht, schnell wieder zu vergessen, was wie ein schlechtes Omen am Tag ihrer ersten Begegnung passiert war. Und auch das Gerede im Dorf hatte Vahlen nie ernstgenommen – über Hellas Mutter, die Richard von Nesselhahn betrogen habe, und über seinen Vater, der in Martha verliebt gewesen sei. Er hatte nicht einmal etwas dabei gefunden, Hagis von seiner Beziehung zu Marthas Tochter zu erzählen. Schon immer hatte er seinem Vater viel anvertraut, vielleicht, weil er hoffte, Hagis würde ihm etwas anvertrauen. Vielleicht wollte er ihn auch nur verletzen, denn Vahlen hielt seine eigenen Gefühle für echter und intensiver als alles, was Hagis noch zu empfinden vermochte.

Vahlen und seine Brüder hatten nach dem frühen Tod ihrer Mutter die letzten Schuljahre beim Vater in Chicago verbracht. Hagis war inzwischen ein berühmter Architekt, zu dem sich viele Frauen hingezogen fühlten. Und schon damals hatte Vahlen gespürt, dass die zahlreichen eleganten Damen, die in dem großen Haus am Lake Michigan ein- und ausgingen, dem Vater kaum mehr bedeuteten als seine Mutter Ilse.

Vahlen hatte ihn in einem Café in Frankfurt getroffen, wohin Hagis für einen Vortrag über die Statik von Wolkenkratzern eingeladen worden war. Hagis schien zunächst überrascht zu sein und dann belustigt über Vahlens Verbindung mit Marthas jüngster Tochter.

»Sie war ja nicht meine richtige Tante«, sagte er mit seinem schiefen Grinsen, wie immer, als ginge es nur um ihn.

Vahlen wusste nicht, was er erwartet hatte. Aber das Lachen seines Vaters empfand er als schäbig.

Ob es etwas Ernstes sei, wollte Hagis von seinem Sohn noch wissen. »Wohl eher nicht«, hatte Vahlen geantwortet. Dabei teilte er sich damals bereits eine Wohnung mit Hella.

188

Er erzählte ihr nie von dem Treffen. Er wusste auch gar nicht, was genau er hätte sagen sollen. Dass er nach Hagis' unnötigem Beharren auf der Tatsache, dass er mit Martha nicht blutsverwandt war, fürchtete, sein Vater könne tatsächlich ein Verhältnis mit Hellas Mutter gehabt haben? Dass zum ersten Mal Angst in ihm aufgekommen war, ein Zweifel, oder war es die Gewissheit, einen Fehler begangen zu haben?

Seine Mutter hatte er nie gefragt, wie viel Wahrheit in den alten Geschichten steckte. Damals kannte er Hella noch nicht. Und vielleicht hätte Ilse auch gar nicht gewusst, ob Hagis mit Martha eine Affäre gehabt hatte. Nie hatte sie schlecht über ihren ersten Mann gesprochen, obwohl er sie mit den Kindern in Sehlscheid alleingelassen hatte. Hagis habe immer getan, was er wollte, mehr sagte Ilse nicht über ihn. Vielleicht, weil sie selbst im Dorf als untreu galt, denn sie hatte noch vor Kriegsende ein zweites Mal geheiratet. Aber vielleicht schwieg sie auch nur deshalb, weil alle anderen redeten.

Als Hella ihm eines Tages sagte, dass sie schwanger war, schien es Vahlen, als habe sie ihn in eine Falle gelockt. Er brüllte sie an. Er hasste sie dafür, dass sie so dumm gewesen war, die Pille abzusetzen. Eine Freundin habe ihr dazu geraten, eine Pause zu machen von den starken Hormonen, hatte sie gesagt. Das sei so üblich. Dann solle sie die Freundin doch gleich nach der Adresse fragen, wo sie das Kind wieder loswerden könne, hatte Vahlen entgegnet. Hella bestand darauf, das Baby zu behalten. Sie wollte in jedem Fall Kinder haben. Am liebsten mehrere. Warum eigentlich nicht? Ja, warum eigentlich nicht.

Nie würde er vergessen, wie Hella in seinen Armen gelegen hatte, weinend, noch immer blutend. Sie hatte das Kind verloren, das in ihrem Kopf gerade erst zu existieren begonnen hatte. Sie verstand es nicht, wollte es nicht verstehen, fragte immer wieder, warum, als müsste es eine Ursache geben, einen Schuldigen für ihren Schmerz. Vahlen sah sie an und fühlte sich schuldig.

Er konnte nicht aussprechen, was er dachte. Der Arzt hatte ja schon alles gesagt. Sie sollten es noch einmal versuchen, beim ersten Mal würde eine Fehlgeburt »noch nichts heißen«. Was würde sie beim zweiten oder beim dritten Mal heißen, hatte Vahlen sich gefragt. Aber der Arzt redete immer weiter, ein junger Mann, mit langen, unfrisierten Haaren, ein ahnungsloser Trottel, wie Vahlen selbst. Wahrscheinlich habe sie das Baby eben nicht wirklich gewollt, hatte der Mann gesagt. Hella war außer sich gewesen.

Als dann doch noch ein Kind kommen sollte, schien plötzlich wieder alles möglich. Für Hella war ihr runder Bauch wie ein Wunder. Und auch Vahlen, der damals inmitten der Arbeit an *Westerwald* steckte, hatte sich wirklich gefreut.

Schließlich lag das kleine Mädchen in ihren Armen und schaute sie mit großen Augen an, die kaum mehr als Licht und Schatten wahrnahmen. Hella wirkte so vollständig erfüllt von der Existenz dieses Kindes, das die meiste Zeit schlief oder schrie. Es war, als würde sie ihn gar nicht bemerken, den Defekt, die winzige Abweichung vom Vorgesehenen.

Bei Vahlen löste Judiths Anblick vor allem Scham aus. Die betroffenen Gesichter der Krankenschwestern, die ausweichenden Antworten der Ärzte auf seine Fragen, das Entsetzen der Freunde, wenn sie das Baby zum ersten Mal sahen – wieder fühlte Vahlen sich schuldig. Für ihn konnte Judiths Behinderung nichts anderes als ein Symptom sein – ein deutliches Zeichen für das, was er in Gedanken mit wachsender Bestimmtheit »den Fehler« nannte.

Wann wurde aus wenigen Zellen ein Arm, ein Unterarm, eine Hand? Wann bildeten sich die Finger, einer, zwei und schließlich – auf wundersame Weise immer genau – fünf? Und warum wuchs ihrem Baby, einem von Tausenden, nur die rechte Hand, und statt der linken ein schlaffer, in zwei fingerähnlichen Fortsätzen endender Stumpf?

Von einer Kollegin in Amerika ließ Hella sich Bücher über Entwicklungspsychologie und Krankengymnastik schicken, die sie gewissenhaft las. Es gebe Kinder, die mit den Füßen das Schreiben erlernen, erzählte sie ihm. Mit der Feststellung, dass sich Judith ohne eine Prothese natürlicher entwickeln würde, schien das Thema ihrer Behinderung für Hella erledigt. Vahlen dagegen musste seinen Drang unterdrücken, einfach wegzulaufen. Er fürchtete, dem Kind, der Frau und dem Leben, das da so zwingend vor ihm lag, nicht gewachsen zu sein.

Aber auch diese Angst hatte bald nachgelassen, auch diese Sicherheit, wo der Fehler zu suchen sei, wich einer neuen Unsicherheit. Der Alptraum von Judiths fehlender Hand war Normalität geworden. Der Erfolg seines Romans hatte geholfen und Hellas Stärke, mit der sie ihre Praxis, das Kind, die täglichen Abläufe im Blick behielt. Trotzdem war Vahlens Bemühen, aus allem das Beste zu machen, war sein Optimismus, über den Hella sich gerne lustig machte, nichts anderes als der Versuch gewesen, seine Unruhe zu übergehen. Er hatte nie ein vollkommenes Leben gewollt, aber er wünschte es sich doch erfüllt. Und er glaubte nicht akzeptieren zu können, dass es ihm oft nur künstlich und hohl erschien.

Vahlen stieg aus dem Wagen und ließ die Tür sanft zufallen. Wahrscheinlich würde Hella ohnehin auf ihn warten. Aber wenigstens die Kleine durfte er nicht wecken.

Eine Weile lang blieb er stehen, lauschte und ließ die Dunkelheit auf sich wirken, bevor er sich auf den Weg zum Treppenaufgang machte. Die Lampe an der Haustür bot kaum mehr als einen Orientierungspunkt. Einen Moment lang meinte er, unter der Rhododendronhecke etwas liegen zu sehen, einen gedrungenen Körper. Der Zweig eines Holunderbuschs schlug ihm entgegen und bespritzte sein Gesicht mit Regenwasser. Es roch nach Moos und Pilzen. Morgen wollte er in den Wald gehen, um Maronen zu suchen. Er stellte sich an das Rosenbeet und pinkelte auf die vom Regen gesättigte Erde. Dann war es wieder still um das Haus.

In der Eingangshalle umhüllte ihn der vertraute Geruch nach verkohltem Holz und feuchter Asche. Der Hund hob nur kurz den Kopf. Früher wäre er angesprungen gekommen, dachte Vahlen. Vielleicht war das Tier müde, wie alle anderen auch.

Er streifte sich die Schuhe ab und ging auf Socken die Treppe hinauf. Er machte kein Licht, aber er hatte die Gartenlampe vergessen. Im Schimmer des beleuchteten Fensters sah er Hellas Körper, der sich beim Atmen beinahe unmerklich bewegte. Es roch nach Schlaf und nach dem süßlichen Duft des Kindes. Er hörte die Kleine in ihrem Bett leise schnarchen. Ihr Ärmchen mit der perfekten kleinen Hand hatte sie über den Kopf gestreckt, als greife sie nach etwas.

Vielleicht war alles gut so, wie es war. Judith »fehlte nichts«, wie Hella zu sagen pflegte. Sie entwickelte sich normal, das bestätigten auch die Ärzte. Seine Fragen und Zweifel hatten Vahlen bisher keinen Schritt weiter gebracht.

Vahlen nahm die kleine Puppe, die Judith so gerne mochte, vom Fußende des Betts und schob sie zu ihrem Kopf. Als er sich neben Hella auf das Bett legte, dachte er, dass er noch nach der anderen Frau riechen musste, und er hoffte, der Geruch von Alkohol und Zigaretten wäre stärker.

Der letzte Jude (Februar 1938)

Vom Marktplatz drang ein greller Schrei herauf. Ein Geräusch wie von einer Katze, die unter einen Wagen geraten ist, dachte Hermann, obwohl er wusste, dass es von einem Menschen stammte. Denn vor knapp einer Stunde war die Frist vergangen, in der Jud Wolf, der letzte in Sehlscheid lebende Jude, sich hätte freiwillig melden müssen. Hermann hatte veranlasst, dass er noch am selben Morgen daran erinnert würde.

Der Parteivorsitzende unterdrückte den Impuls, an sein Fenster zu treten, um das Geschehen auf dem Vorplatz zu verfolgen. Dem Lärm nach zu urteilen, hatte Wolf nicht vor, sich friedlich abführen zu lassen. Aber in Koblenz würde man sich seines Falls annehmen. Und, solange es noch heute geschah, müsste Hermann sich nicht um den Papierkram kümmern.

»Vahlen!«

Hermann erstarrte. Aus dem ungeformten Geschrei war sein Name geworden. Wolf rief nach ihm, über den ganzen Platz hinweg – ein Rufen wie eine Anklage. Hermann überkam das Gefühl, dem Alten etwas schuldig zu sein. Nur, weil sie sich jahrelang auf der Dorfstraße zugenickt hatten, ohne je auch nur ein Wort miteinander zu wechseln?

Das Rufen begann von neuem: »Ich will Vahlen sprechen. Ich gehe nicht, ohne Vahlen gesprochen zu haben!«

Jetzt klang Wolfs Anliegen wie ein letzter Wunsch, den man niemandem verweigern durfte. Vahlen trat zum Fenster und blickte auf den Platz. Kehl, der dicke Brink und zwei der Moor-Jungen näherten sich der Treppe. Sie hielten den Juden wie ein Beutetier an Händen und Füßen. Er warf sich hin und her. Sein Rücken schleifte am Boden. Die Kleider an seinem Leib – solange Hermann ihn kannte, die gleichen dunklen, unförmigen Lumpen – waren voller Straßenstaub. Kehls Hunde sprangen aus sicherer Distanz wiederholt auf ihn zu, als müssten sie den Alten in Schach halten. Die Kinder, Kehls Truppe und einige Kleinere, die gerne dazugehört hätten, liefen lachend und mit Steinchen werfend hinter den Männern her. Am Eingang des Kolonialwarenladens griffen Hagis' Söhne in die Rockfalten ihrer Mutter. Aus großen Augen beobachteten sie die Szene.

Hermann öffnete das Fenster, pfiff einmal kurz mit den Fingern und machte Kehl ein Zeichen, den Mann in die Parteistube zu bringen.

»Die wollen mich wegbringen, Vahlen.« Wolf stand vor dem Schreibtisch und rang nach Luft. Er begann an seinem Mantel herum zu zupfen, als wolle er ihn herrichten.

»Du hättest dich melden müssen. Es war angeschlagen. Alle Bewohner jüdischer Rasse hatten sich zu melden. In Koblenz wird man weiter sehen.«

Wolfs Augen blitzten auf. »Schick die Männer raus, ich habe dir was zu sagen.«

»Du hast gar nichts mehr zu sagen. Man wird sich in Koblenz um dich kümmern.«

»Schick sie raus. Es ist in deinem Interesse.«

Hermann sah den Alten an. Dünn war er geworden, ungepflegt, seit er den Wagen verloren hatte. Wie alt mochte er sein? Wolf hatte nie eine Familie gehabt, kein Zuhause, nur seinen Handel in dem Karren, der ihm als Bett und Warenlager diente. Als sie noch Kinder gewesen waren, war Hermann mit seinem Bruder einmal hineingekrochen. Während Wolf im Haus mit der Großmutter den Preis für einen Topf aushandelte, hatten sie seine Sachen durchwühlt. Der Jude hatte Uhren in seinem Wagen, Ketten, kleine Glasbehälter mit Pulvern und Flüssigkeiten. Unter einem Tuch fanden sie einen schweren, metallenen Gegenstand mit feinen Rädchen und einem Glasauge, den Hermann erst später als Mikroskop benennen konnte. Rudolf hatte an den Knöpfen herumgedreht und in das Rohr geblasen, bis sich plötzlich die Tür des Wagens öffnete und Wolf seinen Kopf hineinsteckte. Als er sie sah, stieß er einen Schrei aus, der dem von heute ganz ähnlich war. Er zerrte Rudolf am Ohr aus dem Wagen. Hermann stolperte hinterher, und von diesem Tag an war er dem Juden immer mit respektvollem Abstand begegnet.

Hermann hatte nie etwas bei Wolf gekauft. In der Gastwirtschaft war er der erste, der gesagt hatte, man müsse Kehls Kolonialladen vor der Konkurrenz des Juden schützen. Und als der Boykott offiziell ausgerufen wurde, ließ er Kehl und seine Jungen mit weißer Farbe »Kauft nicht bei dem Juden« auf Wolfs Wagen malen. Hermann war es auch, der veranlasst hatte, am Ortseingang das Schild mit der Aufschrift, »Juden sind in Sehlscheid unerwünscht« anzubringen. Der Arzt und der Viehhändler aus Niederbieber waren längst fortgegangen. Niemanden interessierte es, wohin. Die Synagoge in Arlich war, wie in den meisten Städten, im vergangenen Herbst abgebrannt worden. Warum der Alte noch da war, wo er ohnehin nirgends hingehörte, konnte Hermann sich nicht erklären.

Wolf, aber auch Kehl und die beiden Moor-Söhne, sahen den Parteivorsitzenden erwartungsvoll an. Schließlich machte Hermann eine Kopfbewegung in Richtung der Tür, und die Männer verließen den Raum.

»Hermann, du kennst mich. Ich habe nichts gemacht. Ich habe ja nicht einmal mehr verkauft«, begann Wolf.

»Du bist Jude. Gesetz ist Gesetz. Ist das alles, was du sagen wolltest? Ich habe zu tun.«

»Ich kenne noch einen in Sehlscheid, der sich nicht gemeldet hat.«

»Ach, ja?« Hermann verstand nicht, was Wolf vorhatte. Wollte er tatsächlich einen anderen Juden an ihn verraten? Und wer sollte das sein?

»Dein Neffe Hagis ist, wie ich gehört habe, wieder zu Besuch? Soll ja jetzt Architekt werden in London. Deine Schwester hat ihm das wohl ermöglicht? Sie hat eine gute Partie gemacht mit dem jungen von Nesselhahn. Das zahlt sich aus für die Familie.«

»Worauf willst du hinaus?«

»Stell dich nicht dumm, Hermann. Ich bin ein alter Mann. Aber ich will nicht sterben. Denkst du, ich lasse mich einfach so abführen? Während dein Hagis hier in Ruhe ein und aus geht? Niemand hat vergessen, woher er kommt. Er täte besser dran, in London zu bleiben.«

»Hagis war ein Hungermaul. Keiner weiß, wo er herkommt.«

»Genauso ist es. Sieh' ihn dir doch mal genauer an, mein lieber Hermann. Bisher haben alle den Mund gehalten. Für die Amerikaner war es die einfachste Lösung, euch das Kind dazulassen. Er ist ja sogar getauft, dein Neffe. Aber wenn man in Koblenz erfährt, dass auf dem Friedhof in Wirklichkeit der kleine Heinrich Vahlen liegt und nicht das unbekannte Hungermaul, dann wird man sich seine lange Nase schon genauer ansehen.«

Hermann begann zu schwitzen. Warum hatte er selbst nie daran gedacht, dass Hagis ein Jude sein könnte? Er war nur erleichtert gewesen, als sein aufsässiger Neffe zum Studieren endlich fort-

gegangen war. Wie hatte er nicht merken können, was ganz Sehlscheid sich hinter dem Rücken seiner Familie längst zuflüstern
musste?

Er fuhr sich über die Stirn. Am liebsten hätte er alles geleugnet,
hätte geschrien, dass Wolf lüge, dass es nicht wahr sei. Aber nichts
erschien ihm nun naheliegender.

»Du erpresst mich, Wolf?«, fragte er.

»Alles, was ich will, ist, dass du mich gehen lässt.«

Lesezirkel (Juni 2007)

Im Hausflur konnte Gisela Wieland nicht gleich erkennen, wie
schlecht ihr Sohn aussah. Sie freute sich, ihn dem Lesezirkel endlich
präsentieren zu können. Andreas war ihr stärkstes Argument in
den Gesprächen über die neuesten Bucherscheinungen. Und gerade
vor Ortrud Giester, der Zahnarztgattin, die ausschließlich lesen
wollte, was auf der Bestsellerliste stand, brüstete sie sich gerne mit
ihrem Sohn an der Universität.

Erst als er sich weigerte, den seltsamen Daunenmantel auszuzie-
hen, bemerkte sie, dass mit Andreas etwas nicht stimmte. Er blickte
sich im Eingang um, als fühlte er sich verfolgt.

»Ich wusste nicht, dass du Besuch hast«, sagte er. »Ich komme
besser später wieder.«

»Ach, was.« Gisela packte ihn am Arm, um ihn festzuhalten, aber
auch, um sich zu versichern, dass der Mantel tatsächlich aus dem
weiblich-glänzenden Material gemacht war, das sie zu erkennen
meinte. »Was ist mit dir los?«, fragte sie. »Hattest du einen Unfall?
Wo ist mein Wagen?«

Andreas zuckte mit den Schultern. »Ich habe ihn ein bisschen
weiter weg geparkt.«

Gisela schwankte zwischen dem Wunsch, ihren Sohn nun doch
vor den Gästen zu verbergen, und der Gewissheit, dass die sich

längst fragen mussten, mit wem sie da so lange flüsterte. Schließlich drängte sie Andreas in die Wohnstube.

»Mein Sohn«, sagte sie. »Entschuldigt. Er ist etwas müde.«

»Andreas, das freut uns aber, Sie endlich kennenzulernen. Ihre Mutter hat uns viel von Ihnen erzählt.« Ortrud Giester hatte sich in ihrem Sessel aufgerichtet und streckte die Brust heraus. In ihrem kirschroten Blazer mit dem Gold- und Perlengehänge musste sie auf Andreas überkandidelt wirken. Monika Tengelmann, die als Buchhändlerin die wöchentlichen Treffen initiiert hatte, begann die Kuchenteller und Kaffeetassen hin- und herzurücken. Auch Renate, die Gisela noch am liebsten war, erschien ihr plötzlich albern, wie sie mit gerecktem Hals anfing, vom Wetter zu plappern.

Andreas blickte starr auf den Tisch. Die Tengelmann schenkte ihm Kaffee ein. Aber erst als er die Platte mit dem Nusskuchen entdeckte, schien er zu erwachen, griff, noch über den Arm der Buchhändlerin hinweg, ein großes Stück und stopfte es sich in den Mund. Kauend nickte er vor sich hin, während die Frauen auf ihn einredeten.

»Sagen Sie uns doch selbst, Herr Wieland, was Sie von dem neuen Pfaff-Roman halten. Ich nehme an, als Wissenschaftler interessiert Sie vor allem seine Darstellung der siebziger Jahre?«, begann die Tengelmann.

»Sie verzeihen, Herr Wieland«, fiel Ortrud ein. »Ich wüsste so gerne, was genau Sie an der Universität machen? Ihre Mutter erzählt ja kaum etwas«, Ortrud lächelte kokett. Sie war sich durchaus bewusst, dass ihre Frage wie eine Stichelei gegen Gisela aufgefasst werden musste.

Andreas schluckte den Kuchen herunter: »Entschuldigen Sie, meine Damen. Ich würde nichts lieber tun, als mit Ihnen zu plaudern. Aber ich muss eine überaus wichtige Angelegenheit mit meiner Mutter besprechen. Ich hoffe auf Ihre Nachsicht …«

Er schaute seine Mutter eindringlich an. Es musste Jahre her sein, dass er sie zum letzten Mal so angesehen hatte.

»Es geht um eine Sache, meine wissenschaftlichen Recherchen

betreffend«, sprach er weiter. »Eine Sache, die keinen Aufschub dul-
det: ›Aufschub einer guten Tat hat schon oft gereut! Hurtig leben ist
mein Rat! Flüchtig ist die Zeit.‹«

Renate stieß einen spitzen Schrei aus. »Das ist vom Philosophischen Gärtner, nicht wahr?«, jubilierte sie.

»Gleim, meine Verehrteste. Johann Wilhelm Ludwig Gleim.«
Andreas lächelte gewinnend, als habe Renate nur knapp danebenge-
legen, und stopfte sich ein weiteres Stück Nusskuchen in den
Mund. »Aber soviel ich weiß, hat der Philosophische Gärtner es
auch mal zitiert.«

Giselas Stolz auf ihren Sohn mischte sich mit einer altbekannten
Scham. Sein aufgesetztes, beinahe verwahrlostes Auftreten erinnerte sie an den Zusammenbruch während seiner Schulzeit. Verständnis beteuernd, als wäre Wielands Anliegen für Frauen wie
sie nicht weiter verwunderlich, verließen die Zirkel-Mitglieder das
Haus. Gisela schloss die Tür hinter ihnen, und Andreas zog sie mit
sich ins Wohnzimmer.

»Iss doch noch ein Stück Kuchen«, sagte sie etwas gereizt und
hielt ihm den Teller hin. Er griff zu, ohne zu merken, wie ange-
spannt sie war.

»Mir ist etwas passiert, Mama«, sagte er mit vollem Mund. »Ich
habe Dinge herausbekommen über Peter Vahlen und seine Familie.
Du weißt, das ist der, der die Vorlage für *Villa Westerwald* geschrieben hat. Ich habe ein Manuskript in seinem Nachlass gefunden.
Und jetzt ist die Witwe hinter mir her, und ich befürchte das
Schlimmste. Sie hat vielleicht ihren Mann auf dem Gewissen, und
mir hat sie auch gedroht.«

Er drückte sich an ihr vorbei und lief zurück in den Flur, wo er
durch die kleine Luke in der Haustür den Frauen hinterherschaute,
bis sie nicht mehr zu sehen waren. »Du musst ihnen sagen, ich sei
sofort wieder gefahren. Das ist wichtig, hörst du?«

»Um Liebeswillen«, sagte sie. »Was hast du denn bloß gemacht?«

»Nichts habe ich gemacht. Die Witwe verlangt, dass ich ihr das
Manuskript zurückgebe. Es ist sehr wertvoll und alle möglichen

Leute wollen es haben. Aber Judith, die Tochter, hat es mir persönlich zur Bearbeitung anvertraut.«

»Aber wenn es dir doch nicht gehört, Andreas.«

»Ich sage doch, Mama, ohne mich wüsste niemand, dass es überhaupt existiert. Wem gehört Mozarts Kleine Nachtmusik? Dir? Mir? Den Mozarts? Den Plattenfirmen? Den Herstellern der Mozartkugeln? Oder gar dem österreichischen Staat?« Er redete immer schneller. »Es ist ein großer, glücklicher Zufall, dass ich das Manuskript gefunden habe. Verstehst du?«

Andreas spuckte beim Sprechen. Er machte Gisela Angst. »Du musst es zurückgeben«, sagte sie unsicher.

»Wem denn? Der Witwe, die Vahlen umgebracht hat? Seiner Heimatstadt, die sein Andenken nicht pflegt? Der Tochter, die sich damit ohne nachzudenken ins Unglück stürzt? Wenn überhaupt, dann gehört Vahlens Werk doch den Lesern, den Unzähligen, die seine Bücher lieben!«

»Da magst du recht haben, Andreas, das ist ein schöner Gedanke, aber …«

»Jetzt ist ohnehin alles vorbei. Judith hat mich verlassen. Das Manuskript habe ich auch nicht mehr. Überall habe ich es gesucht. Womöglich wurde es mir gestohlen. Die Polizei wird sich der Sache annehmen. Aber du darfst niemandem etwas sagen. Niemand darf wissen, dass es sich um eine wahre Geschichte handelt.«

Gisela hätte ihren Sohn jetzt gerne festgehalten, um ihn zu beruhigen. Er war also schon wieder von einer Frau verlassen worden. Erst neulich hatte sie überhört, wie zwei ihrer Nachbarinnen sich auf der Straße darüber unterhielten, dass Andreas »ja auch immer noch keine Kinder« habe. Gisela hatte es oft gesagt. Vielleicht zu oft: Verlassen kann man sich nur auf die Familie. Was hatte überhaupt einen Sinn im Leben, wenn nicht die eigenen Kinder und Kindeskinder? Dies war die einzige Weisheit, in deren Besitz sie sich fühlte. Nach allem, was sie erlebt hatte, nach allen Verlusten und Niederlagen. Und jetzt fragte sie sich, wie sie es verpasst haben konnte, ihrem einzigen Sohn diese Wahrheit zu vermitteln?

Bushaltestelle (Juni 2007)

Hinter dem Waldrand ging die Sonne unter. Alexia wartete bereits eine ganze Weile. Sie saß auf der Bank des Bushäuschens, die Beine ausgestreckt, die Spitzen ihrer Reitstiefel aneinandergedrückt. Von Ferne näherte sich Motorenlärm. Ein Junge, er mochte nicht viel älter sein als sie, brachte sein Mofa direkt vor ihr zum Stehen. »Willst du mitfahren?«, fragte er. »In die Richtung kommt nichts mehr.«

Alexia sah ihn kaum an, schüttelte aber den Kopf. Als der Junge schon eine Weile fort war, kam ein neues Geräusch, leiser, regelmäßiger die kurvige Straße herauf. Der Bus hielt auf der gegenüberliegenden Straßenseite. Ein Mann stieg aus, kräftig und grob. Im schwächer werdenden Licht war sein Gesicht kaum zu erkennen. Er blieb an der Haltestelle stehen, nachdem der Bus schon wieder verschwunden war, als wartete er darauf, dass ihn jemand abholte. Dabei blickte er unverhohlen zu Alexia, dann die Straße herunter. Schließlich überquerte er pfeifend die Fahrbahn.

»Soll ich dir mal was zeigen?«, fragte er mit gepresster Stimme. Breitbeinig stellte er sich vor sie hin.

Alexia schüttelte den Kopf.

»Komm schon, sei keine Spielverderberin. Ich hab was für dich.« Der Mann bückte sich zu ihr herunter. Seine Worte schienen ihn zu erregen. »Ich stecke meinen großen Schwanz in deinen Mund. Wird dir gefallen.«

Alexia begann, zuerst nur unmerklich, dann immer heftiger vor und zurück zu schaukeln und dabei ohne erkennbare Melodie zu summen. Der Mann stutzte, schien abzuwarten. Aus der Ferne hörte man wieder ein Auto näherkommen.

»Durchgeknallt«, sagte der Mann laut, wie um sich selbst zu überzeugen. »Scheißnutte.«

Der heranrauschende Wagen erreichte die Bushaltestelle, verlangsamte die Fahrt und beschleunigte erst in der Kurve. Der Mann wandte sich wieder der Straße zu. Zunächst zögernd, dann immer schneller lief er auf dem Randstreifen entlang in Richtung der Ortschaft. Als das Auto nicht mehr zu hören war, drehte er sich noch einmal nach Alexia um. Schließlich verschwand er hinter der nächsten Biegung.

Im Bushäuschen flackerte die Neonbeleuchtung mehrmals kurz auf, bevor sie anging, und im selben Augenblick schien es draußen dunkel geworden zu sein. Alexia öffnete ihre Tasche und holte ein Klappmesser heraus. Sie schob den Ärmel ihres Pullovers hoch. Dann begann sie die Schnitte zu setzen, immer einen neuen zwischen zwei ältere, rötlich entzündete oder bereits hellvernarbte. An den Einschnittlinien bildeten sich blutige kleine Rosen.

Auf dem Boden I (August 1940)

Nesselhahn horte, wie die Kinder unten die Eingangshalle erreichten. Er war sicher, Martha wusste, dass er da war. Die Vorstellung, auch sie würde auf der anderen Seite der Tür den Geräuschen der Kinder lauschen, erregte ihn. Langsam ließ er sich am Treppenverschlag in die Hocke rutschen. Jetzt vernahm er schon die Rufe von Emilie und Karl im Garten. Sie mussten mit dem Hausmädchen, das die kleine Hella trug, zum Bach gelaufen sein, denn ihre Stimmen entfernten sich. Dann war es wieder ruhig.

Warm und rauh spürte Nesselhahn das Holz der Tür an seiner Wange. Vom Dachboden kam noch immer kein Laut. Für gewöhnlich, dass wusste er vom Hausmädchen, machte Martha tagsüber Dehnübungen, notierte Rezeptideen, kämmte sich das Haar, während die Kinder mit ihren Puppen und Autos spielten. An anderen Tagen starrte sie stundenlang aus dem Fenster, einer kleinen Luke, durch die gerade noch die Wipfel der Bäume zu sehen waren.

Blass sei sie geworden und schmal, sagte Lisa. Die Frau Martha sehe ja kaum mehr die Sonne. Nesselhahn hatte dem Mädchen mit Entlassung drohen müssen, damit es mit seinem Gemurre aufhörte. Streng hatte er es dabei angesehen. »Wissen Sie eigentlich, warum ich meine Frau einsperre?« Lisa hatte genickt.

Sie war dabei gewesen, als der Arzt gekommen war. Mit hochrotem Kopf war Doktor Werth hinterher aus Marthas Zimmer getreten. Lange hatte er sich in der Küche Arme und Hände gewaschen. Das Mädchen hatte ihm das Handtuch gereicht.

Auf Nesselhahns Frage, wie Marthas Zustand sei, wandte der Arzt sich ihm abrupt zu.

»Sie sollte es überstehen.« In seinem Blick lag eine merkwürdige, fast bösartige Genugtuung.

»Ihnen ist wohl klar, dass ich das melden muss«, fuhr er fort. »Eine solche Weiberpfuscherei habe ich lange nicht erlebt. Sie wissen, wie der Führer darüber denkt.«

Nesselhahn hatte sich ungerührt gegeben. Er öffnete die oberste Schublade seines Sekretärs, in der ein Stapel größerer Scheine zu sehen war.

»Das ist keine Frage von Geld«, sagte Werth eilig. Wir alle haben in diesen Zeiten nur das Allernötigste.« Aber schließlich hatte er das Geld doch genommen.

Als der Arzt gegangen war, hatte Nesselhahn vorsichtig die Tür zu Marthas Zimmer geöffnet und war an ihr Bett getreten. Fahl und reglos hatte sie dagelegen, ihr Körper ungewöhnlich flach unter den Decken. Und doch war da noch immer ein Kind in Marthas Bauch. Ein Kind, das sie so sehr nicht wollte, dass sie alles riskiert hatte, um es loszuwerden – ihr Leben, das Glück ihrer Kinder und sein eigenes. Unendlich schwach hatte sie gewirkt. Müde und ohne jedes Gefühl. Er musste an sich halten, sie nicht zu berühren.

»Warum hast du das getan?«, fragte er. »Warum hast du es mir nicht wenigstens gesagt? Du weißt, wie gefährlich das ist. Die Leute reden.«

Martha antwortete nicht, bewegte sich auch nicht. Die Augen hielt sie geschlossen, obwohl er wusste, dass sie nicht schlief.

Nach einem langen Moment des Schweigens hatte er das Zimmer verlassen. Sie musste sich ausruhen. Sobald sie stark genug war, würde sie mit ihm reden. Früher oder später würde sie sagen müssen, von wem das Kind war.

Als dann die Blutungen von neuem begannen, war Nesselhahn gleich in den Verlag gefahren. Er wollte nicht dabei sein, wollte Martha nicht wieder schreien hören. Er hatte Angst, wie noch nie in seinem Leben. Und er schämte sich, ohne zu wissen, wofür. Martha hatte das Kind verloren. Es war der bestmögliche Ausgang, die einfachste Lösung, dachte Nesselhahn. Sie hatte es so gewollt, sie würde sich erholen. Und doch fühlte er sich nicht erleichtert.

Seine Frau wollte ihn verlassen. Sie selbst hatte es gesagt, ohne weitere Erklärung. Er hatte wohl gemerkt, wie ungern sie inzwischen in seiner Nähe war. Trotzdem konnte er nicht glauben, dass ihr längst miteinander verwachsenes Leben, das Wohlergehen der Kinder, ihr Haus im Aulbachtal Martha nichts mehr bedeuten sollten. Er hoffte, sie würde bleiben. Aber für das erste wusste er keinen anderen Ausweg, als sie einzusperren.

Wenn Emilie, Karl und die noch so kleine Hella am Nachmittag von Lisa hinausgebracht wurden, lief Martha mit kurzen, abgehackten Schritten auf dem Dachboden hin und her. Mehrmals hatte sie angefangen zu schreien, immer lauter und schriller, so dass Nesselhahn sich in seinem Arbeitszimmer die Ohren zuhalten musste.

Nachdem sie das Schreien aufgegeben hatte, setzte er sich zu ihr in den Treppenaufgang. Und weil sie stumm blieb, begann er zu sprechen. Seit Wochen verweigerte seine Frau ihm die Wahrheit, vielleicht schon seit Jahren. Sie musste begreifen, wie groß der Verlust wäre, wenn sie jetzt nicht einlenkte, sagte er.

Bald waren ihm die Worte ausgegangen, die immer gleichen Bitten und Forderungen, und so erzählte Nesselhahn seiner Frau ihre gemeinsame Geschichte. Anfangs flüsternd und zögerlich, später mutiger und manchmal sogar mit einem Lächeln. Er kauerte im Halbdunkel des Treppenverschlags, immer in der Hoffnung, eine Antwort, irgendeine Regung von Martha zu vernehmen. Es war der letzte Versuch einer Wiedererweckung, sagte er sich, die Beschwörung ihrer Liebe.

Martha war zu schön für ihn gewesen. »Wesentlich«, hatte sein Freund Gues an jenem ersten Wochenende in Sehlscheid mit leicht eingeschnapptem Unterton festgestellt. Gues war es, der ihn und Anhausen auf die junge Köchin des Kurhotels aufmerksam gemacht hatte, die am Sonntag persönlich mit einem warmen Butterzopf an ihren Frühstückstisch gekommen war. Aber Nesselhahn hatte es als erster gewagt, sie anzusprechen. »Wesentlich«, hatte auch er zufrieden geantwortet, genau wie er es jetzt für Martha wiederholte, mit der Zuversicht desjenigen, der wusste, dass bei seinem Namen und seiner Stellung Äußerlichkeiten keine Rolle spielten und bei einem einfachen Mädchen aus dem Westerwald, mochte es noch so schön sein, keine Rolle spielen konnten.

Er erzählte Martha nicht, dass er durchaus auch ihre Schwermut bemerkt hatte, die er anfangs noch geheimnisvoll fand. Später erst hatte er die feinen Fältchen um ihre Augen entdeckt, spürte an der Weichheit ihrer Arme und Schenkel, mit denen sie ihn nachts kraftvoll umschlang, dass sie nicht mehr jung war. Für Nesselhahn war sie die Schönste, das sagte er ihr. Aber längst hatte er sich eingestehen müssen, dass Marthas Schönheit eben nur ein Teil dessen war, was ihre Persönlichkeit ausmachte.

Es war nie einfach gewesen, mit Martha zusammen zu leben. Keiner seiner Freunde, weder der verheiratete Anwalt Anhausen noch der notorische Junggeselle Gues hätte sie auch nur ansatzweise zufriedenstellen können. Doch manchmal fragte sich Nesselhahn, und das nicht erst seit diesem Sommer, ob auch er die Herausforderung besser nicht angenommen hätte.

Martha hatte sich in der eleganten Koblenzer Wohnung schnell eingerichtet. Trotz des Ruhrkampfs, der noch lange nach dem Abzug der französischen Truppen mit Racheaktionen, Hass und Armut wie ein Schleier über der Stadt lag, schien sie sich wohlzufühlen. Abends kochte sie mit Hingabe für ihn und die Verlagsfreunde. Nesselhahn ermunterte sie, ein eigenes Kochbuch zu schreiben, und als es erschien, gab er in den Verlagsräumen ein großes Fest für sie. Die einfachen Rezepte mit wenigen Zutaten wurden schnell zu einem Geheimtipp unter jungen Frauen. Martha trug die neuesten Kleider, fuhr bald selbst einen Wagen und ritt am Wochenende mit Freundinnen aus, deren exotische Namen Nesselhahn sich nie merken konnte.

Bald hatte er sich wieder ganz dem Aufbau des Aurum Verlags gewidmet. Seine Übersetzungen aus dem Französischen, Gedichte und Erzählungen der Romantiker erschienen in kleinen, feinen Bänden. Über seinen Freund Gues war er auf eine Gruppe avantgardistischer Autoren gestoßen, deren experimentelle Pamphlete und utopische Manifeste man ihm in interessierten Kreisen gerne abnahm. Die Geschäfte gingen besser als erwartet, und deshalb hatte er Martha wohl oft alleingelassen. Um ihr das Leben angenehm zu machen, kaufte er einen schnelleren Wagen und ein teureres Pferd für sie. Er bezahlte ihr Reisen, und als sie endlich ein Kind erwartete, ließ er sie eine Hilfsköchin einstellen.

An ihrem Geburtstag schließlich, jenem kaltsonnigen, fast windstillen Morgen im Frühjahr 1934, half er seiner hochschwangeren Frau vor einer hübschen kleinen Villa aus dem Wagen. Er hatte ihr die Augen verbunden, und flüsterte ihr zu:»Erschrick nicht, Liebes«, weil er vorhatte, ihr diesmal eine besonders große Freude zu machen.

Martha selbst hatte ihm von dem Haus im Aulbachtal erzählt, das ihre Großmutter Irma vor langer Zeit bewohnt hatte. Mit Hagis war sie einmal dort gewesen. Die Hausherrin hatte freundlich reagiert, als sie die beiden um ihr Grundstück herumschleichen sah, und ihnen in der Küche eine Tasse Milch servieren lassen. Hagis, der damals noch ein Kind war, erschien ihr Ausflug wie ein Abenteuer. Eines Tages, versprach er Martha, werde er ihr das Haus kaufen. Der um einiges ältern Martha aber, die so neugierig auf Irmas Vergangenheit gewesen war, hatte der Anblick der Rosenbeete, der Kieswege und der steinernen Außentreppe einen Stich versetzt. Nesselhahn hatte gleich den Verdacht, die Geschichte der Großmutter sei der Grund dafür, dass Martha so traurig war, immer als wäre sie um ein schöneres Leben betrogen worden.

Marthas Geburtstag sollte zum ersten einer neuen Zeitrechnung werden. Nesselhahn wollte seine Frau, die er meinte, mehr denn je zu lieben, seit sie sein Kind trug, endlich glücklich machen. Aber im Nachhinein schien es ihm, als hätte Martha genau an diesem Tag, als er ihr das Haus ihrer Großmutter im Aulbachtal schenkte, begonnen, sich von ihm abzuwenden.

Weiterschreiben I (April 1981)

Vahlen erhob sich vom Sofa, ging mit leichtem Schwindel herüber zum Schreibtisch und ließ sich vorsichtig auf den Stuhl nieder. Seine verquollene Nasenwurzel schien ihm bis in das Hirn hinaufzureichen. Es lag nicht an der Erkältung, dass er schon seit Tagen nicht schreiben konnte. Aber wenn die Kopfschmerzen nachlassen würden, dachte er, dann könnte er sich zumindest dazu zwingen, einige der Figuren auszuarbeiten. So verbrachte er den Morgen damit, Briefe zu beantworten, viel zu ausführlich, viel zu freundlich, weil er dabei nicht nachdenken musste.

Es waren Schreiben von Kollegen, Verlagen, Radiosendern und Akademien. Organisatoren planten Veranstaltungen, Herausgeber Anthologien. Und immer wieder schrieben ihm junge Autoren. Sie erinnerten ihn auf unangenehme Weise daran, dass er nicht mehr dazugehörte, dass er fünfzehn Jahre, nachdem er selbst zu schreiben begonnen hatte, zur anderen Seite gehörte, zu denen, die entschieden, was Literatur ist und was nicht.

Es war nicht Vahlens Art, sich wie Gellmann vor jedem ersten Satz zu betrinken. Mit Aufsätzen, Briefen und kurzen Reisen hielt er sich so lange auf, bis in seinem Kopf wieder Platz war für die neue Geschichte. Seine Stimmung musste etwas Bescheidenes haben, dachte er, weit entfernt von einem wie auch immer gearteten Rausch.

Er hob den Kopf, um aus dem Fenster zu blicken. Durch das Grau der Wolken fiel in hellen Streifen das Licht. Von Tag zu Tag wurde das Grün der Felder kräftiger. Weiter weg waren die Talwiesen mit Lerchensporn lila und weiß überzogen. Sie hatten Schafe angeschafft – ein Paar scheue Heidschnucken. Einmal, als er sich ihnen auf der Weide nähern wollte, hatte sich eins der Tiere bei der Flucht am Zaun verletzt. Jetzt zogen sie ruhig grasend am Bach entlang. Er wandte sich wieder den Briefen zu.»Ich mag, was du schreibst«, tippte er in die Maschine und verachtete sich im selben Moment für seine Verlogenheit.»Aber du musst noch an dir arbeiten.« Als wäre es so einfach. Dabei wusste er genau, dass diese Frau sich noch so abmühen konnte. Ihr Text hatte Vahlen schon nach zwei Absätzen gelangweilt, so wie sie selbst ihn neulich im Bett gelangweilt hatte, mit ihrer abwartenden, hingebungsvollen Art. Vahlen wusste, dass sie nie über eine erste, bestenfalls mittelmäßige Publikation hinauskommen würde, selbst wenn sie mit sämtlichen Verlegern und Kritikern der Republik schlief.

Es war leicht, die Schwächen der anderen zu erkennen. Er selbst war lange nicht über Erzählungen hinausgekommen. Er wusste nicht einmal, ob er den neuen Roman jemals zu einem Ende bringen würde.

Seinen Traum, ein perfektes Buch zu schreiben, hatte Vahlen schon während der Arbeit an *Westerwald* aufgegeben. Ohne Hella hätte er das Buch nie beendet. Wenn er nicht weiterwusste, hatte sie ihn beiseitegeschoben und zu lesen begonnen. Er saß an seinem Schreibtisch, während sie mit ihrem damals so eindrucksvollen Bauch auf und ab ging und über den Text sprach. Fast alles, was sie sagte, war richtig.

Plötzlich war es ganz einfach erschienen, als brauchte er nur noch aufzuschreiben, was längst in ihm bereit lag. Gemeinsam arbeiteten sie an den Anfängen der Geschichte, die Figuren wurden zu ihrer Familie, die Umgebung, in der sie spielte, wurde zu ihrer Heimat, und zur selben Zeit setzte sich ihre eigene Geschichte mit Hellas Schwangerschaft auf wunderbare Weise fort.

Die Kritik hatte *Westerwald* gelobt. Niemand stellte je in Frage, dass die Familie Krieger erfunden war. Natürlich fühlte sich in Sehlscheid jeder von Vahlens Roman angesprochen. Gleichzeitig waren sich die Leute einig, dass alles nur ausgedacht war und mit dem wahren Leben im Dorf nichts gemein hatte. Für Vahlen war es dagegen bald, als erzählte das Buch die einzig mögliche Geschichte, und alles andere wäre nur unzuverlässige Erinnerung.

Nach dem Durchbruch mit *Westerwald* hatte er eine Zeitlang das Gefühl gehabt, alles erreichen zu können. Judiths Behinderung, die Schwierigkeiten mit Hella und seine eigene Beklemmung darüber hatten Vahlens Sprache roher und tiefgründiger werden lassen. Nur selten gestand er sich ein, dass er für das Schreiben von seinen Ängsten zu profitieren glaubte.

Vahlen gefiel die Vorstellung von Reife. Er verstand jetzt die Maler, die ihr Leben damit zubrachten, immer wieder ein einzelnes Motiv zu verarbeiten, in der Hoffnung, zur Perfektion zu gelangen. Je größer der Raum, den das Motiv in ihrem Werk einnahm, desto weniger wichtig wurde es tatsächlich. Mit der Wiederholung rückte die Ausführung in den Vordergrund, die Farben, das Licht, die Abstraktion. Und Vahlen bekam Lust, auch für seine Familienchronik einen neuen Ansatz zu finden. Er wollte sehen, was passieren würde, wenn er sich selbst beim Schreiben näher kam. Wenn er seine Geschichte noch einmal erzählte, so dachte er lange, dann müsste der »Fehler«, wenn es tatsächlich einen geben sollte, zum Vorschein kommen.

Hella war nur noch selten einer Meinung mit ihm. Und als er ihr sagte, er wolle ihre Geschichte weiterschreiben, anders und dichter an der Wirklichkeit, war sie wütend geworden. Ob ihm das Gerede im Dorf noch nicht reiche, hatte sie gefragt. Es gebe Dinge, die sie nicht über sich lesen wollte, schon gar nicht in seinen Büchern. Er war sicher, sie dachte dabei an den Selbstmord ihrer Mutter.

Trotzdem hatte er angefangen zu recherchieren, hatte geglaubt, mehr über die Familie herausfinden zu müssen, bevor er mit dem

Schreiben beginnen könnte. Monatelang hatte er Nesselhahns Tagebücher, Briefe und Akten auf dem Dachboden durchgesehen. Er hatte mit Hilde gesprochen, mit seinen Brüdern und mit dem alten Förster Ranke. Er las alles, was je über seinen Vater publiziert worden war. Aber außer einiger schöner Bilder, Namen, Orte und Bezeichnungen für vor langer Zeit vergessene Dinge hatte er nichts gefunden. Vielleicht stimmte, was der alte Verleger Nesselhahn in seinen Aufzeichnungen befürchtete. Vielleicht war Hella tatsächlich nicht seine Tochter. Vielleicht war auch Vahlen nicht Hagis' leiblicher Sohn, wie es sein ältester Bruder immer behauptete. Wahrscheinlicher schien es ihm, dass all das eben nur Gerede war. Hellas Vater war ein Nazi und sein Vater war ein Jude. Und beide hatten sie Hellas Mutter auf unerfüllte Weise geliebt.

Als er wieder aus dem Fenster schaute, fand er die Knospen der Mirabellen vielversprechend. Zu Winteranfang hatte er die Triebe mit Hilfe des Mannes aus dem Gärtnereibetrieb bei eisiger Kälte auf Pflaumenbäume gepfropft, Vogelkirschen auf die Kirschbäume, damit die Stare beschäftigt wären. Später würde er hinausgehen, um danach zu sehen. Er hoffte in diesem Jahr auf eine gute Ernte. Eine, wie es sie in seiner Kindheit gegeben hatte.

Hella und er stammten beide aus Sehlscheid. Sie teilten einen Namen, der ihre Geschichte an verschiedenen Punkten der Vergangenheit miteinander verband. Schon dieser Umstand war schwer zu ertragen für zwei einzelne Menschen. Und gleichzeitig, meinte Vahlen, sah es von außen aus wie eine Fügung, eine vollkommene Rundung, wie sie in der Kunst sofort artifiziell wirken musste.

Er wollte diesen Roman noch immer schreiben. Aber es schien ihm nun wie ein schwierigeres Unterfangen. Seine früheren Ängste waren ihm fremd geworden. Judith war inzwischen zu einem eigensinnigen kleinen Mädchen herangewachsen. Er sprach mit Hella nie darüber, aber sie wussten beide, dass ihre Tochter gelernt hatte, mit der Fehlbildung umzugehen.

Auch sein Zusammenleben mit Hella hatte sich verändert.

Manchmal glaubte er, mit seinen Überlegungen und Nachforschungen zu weit gegangen zu sein, zu nah an ihr Geheimnis herangekommen zu sein. Als habe er in seinem tollpatschigen Versuch, eine vermeintliche Wahrheit über sich und Hella herauszufinden, alles Schöne und Besondere ihrer Liebe kaputt gemacht. Und dann wunderte Vahlen sich wieder, dass er überhaupt an die Möglichkeit von Geheimnissen in ihrem Leben glaubte.

Er nahm noch ein Taschentuch und dann den Stapel Briefe, der neben dem Sofa lag. Er machte sich mit einem Bleistift Notizen an die Ränder, »beantwortet am«, »weiterverwiesen am«, »abgelehnt, weil«. Datum drauf, lochen, alphabetisch einordnen, abheften in den Jahresordner 81, fertig.

Duisburg III: Cliffhanger (Juni 2007)

Hans Ullrich Kittel lutschte geräuschvoll an seinem Bonbon, während er ein Notizbuch nach dem anderen aus Wielands Karton hervorzog. Er überflog Landschaftsbeschreibungen, Dialoge, einzelne Szenen. Eindeutig handelte es sich um eine Fortführung von *Westerwald*. Aber diesmal konnten die Figuren, womöglich, weil sie noch unausgearbeitet waren, problemlos reellen Personen zugeordnet werden. Das Zögern der Witwe, dieses unfertige Manuskript zu veröffentlichen, war nicht unbegründet. Und auch Wielands Verwirrung erschien Kittel nun verständlicher.

Natürlich könnte man das Fragment als Dokument des Schaffensprozesses oder als einen autobiographischen Versuch Peter Vahlens präsentieren. Aber das wirklich Spektakuläre an dem Material, das hatte Wieland richtig erkannt, waren die reellen Bezüge und, aus Kittels Sicht, die vielfachen Verbindungen zu *Villa Westerwald*. Diese mit Kommentaren herauszuarbeiten würde Monate, vielleicht Jahre dauern.

Kittel war früh ins Institut gefahren, um ungestört zu sein. Gute drei Stunden konnte er sich mit dem Manuskript beschäftigen, während es in den Gängen und Räumen um ihn herum langsam geschäftiger wurde. Als er Schritte hörte, die eindeutig in seine Richtung kamen, dachte er, das könnte nur wieder der Dekan sein. In letzter Zeit häuften sich seine Überraschungsbesuche. Und Kittel wurde das Gefühl nicht los, überprüft zu werden. Hastig packte er die Manuskriptseiten zusammen, legte sie mit den Notizbüchern zurück in den Karton zu seinen Füßen und warf, nach kurzem Zögern, ein paar der Bonbonpapiere darauf, die in einem Haufen auf dem Schreibtisch lagen.

Es klopfte kurz. Dann flog die Tür auf. Ein Mann von massiger Gestalt mit einer hohen solariumgebräunten Stirn trat ein, den der Professor sofort als Gert Gellmann erkannte.

»Gellmann. Ich nehme an, Sie wissen, wer ich bin?« Die Stimme des Dramatikers war voll und dröhnend. Erst vorgestern hatte Kittel ihn in einer Talkshow gesehen, wo er, etwas aufgeblasen, aber durchaus faszinierend, über sein neues Stück gesprochen hatte. In Wirklichkeit sah Gellmann größer aus als im Fernsehen. Aber wenigstens, dachte Kittel, wirkte er ohne die Studioschminke nicht so aalglatt.

»Es ist mir eine Ehre. Hans Ullrich Kittel. Ich habe hier den Lehrstuhl für die Dramentheorie des 19. und 20. Jahrhunderts.«

»Zu Ihnen wollte ich. Wieland sagt, Sie hätten meine Briefe.«

Kittel versuchte ruhig zu bleiben. Dass der Doktorand jetzt auch noch Gert Gellmann wegen seiner Briefe zu ihm schickte, ging ihm wirklich zu weit. Vorsichtig schob er den Dokumentenkarton mit dem Fuß tiefer unter den Schreibtisch.

»Setzen Sie sich doch. Ich bin erstaunt. Andreas Wieland behauptet, ich hätte Ihre Briefe?«

»Die, die ich an Peter Vahlen geschrieben habe.«

»Das tut mir leid. Ich weiß, dass er zu Ihren Briefen arbeitet. Aber warum er Ihnen sagt, sie wären bei mir, verstehe ich nicht. Um ehrlich zu sein, ich habe schon länger nichts von Herrn Wieland gehört.«

Der Dramatiker schien ein wenig gebremst in seinem Schwung. Aber Kittel sah, dass er sich nicht so leicht geschlagen geben würde.

»Haben Sie es schon bei den Erben versucht?«, fragte Kittel.

»Wollen Sie mich auf den Arm nehmen?«

Der Professor räusperte sich. Gellmanns Entschlossenheit war ein Problem, das wurde ihm klar.

»Herr Gellmann, ich habe nicht die Gewohnheit, das Forschungsmaterial meiner Doktoranden persönlich einzusehen, geschweige denn, es für sie aufzubewahren.« Kittel versuchte, höflich und bestimmt zu klingen.

»Umso besser, wenn Sie die Briefe nicht brauchen können«, sagte Gellmann. »Ich zähle darauf, dass ich sie von Ihnen bekomme.«

Das hatte wie eine Forderung geklungen, und Kittel meinte, sich am besten sofort zu wehren: »Da müssen Sie sich schon an Herrn Wieland halten. Es ist sein Dissertationsprojekt. Sie haben sicher ein Recht darauf, die Briefe einzusehen. Aber ohne das Einverständnis der Erben dürfte Wieland sie Ihnen kaum zeigen. Das ist auch eine Vertrauensfrage.«

Beim Anblick von Gellmanns Gesicht, das nun merklich rot wurde, bereute Kittel seine Bemerkung sofort.

»Ich kann mir vorstellen, was hier läuft.« Gellmann sprach langsam und gepresst, als müsste er seine Erregung unterdrücken. »Sie lassen Wieland die Vorarbeit leisten, damit Sie hinterher vor den hübschen Erbinnen den Helden spielen können. Ruhm und Ehre in Duisburg, ja? Aber Vorsicht, Herr Professor! Wenn Sie in einem meiner Stücke vorkommen wollen, müssen Sie schon nach meinen Regeln tanzen!«

Gellmann machte eine Pause. Er klang wieder ganz so wie Kittel ihn aus dem Fernsehen kannte, vielleicht eine Spur aggressiver.

»Wissen Sie, was ein Cliffhanger ist? Ich hänge Sie am Ende des ersten Akts an einen Felsvorsprung und lasse Sie herunterbaumeln, solange es mir passt. Ich setze Sie in ein Auto und fahre es gegen die Wand. Ich verpasse Ihnen Fußpilz, Haarausfall und eine Erektionsstörung.«

Kittel versuchte, Gellmann anzusehen, ohne seinen Blick zu fixieren. Ob der Mann betrunken war? Es schien ihm Spaß zu machen, Kittel auf diese Weise zu drohen. »Was wollen Sie jetzt tun?«, fragte Gellmann und gab dann selbst die Antwort. »Wollen Sie mich aus Ihrem Bibliothekskatalog streichen? Aus dem Lehrplan verbannen? Nur zu! Wenn Sie in Ihrem Sarg verwesen, beginnt mein Nachruhm erst zu blühen. Ich bin der Dramatiker. Ich schreibe die Worte, die den aufgehenden Mond zu dem machen, was er ist. Sie sind nur ein kleiner Wurm in einem noch kleineren Büro, der die Hände in die Taschen steckt, wenn er sich einen runterholen will.« Gellmann streckte sein Kinn vor. »Oder was sagen Sie dazu?«

Kittel sagte gar nichts. Er hoffte nur, jetzt wäre Schluss.

»Wo ist Wieland?«, fragte Gellmann merklich ruhiger.

»Wenn ich das wüsste …« Der Professor seufzte.

»Sorgen Sie dafür, dass er mich kontaktiert.«

Gellmann war aufgestanden und beugte sich weit über den Schreibtisch, so dass Kittel tatsächlich Alkohol in seinem Atem roch.

»Dieses Schwarzer-Peter-Spiel zwischen Euch interessiert mich nicht«, sagte der Dramatiker leise. »Wer immer die Briefe jetzt hat, Sie sind der Professor. Sie haben eine Verantwortung für das Treiben Ihrer Doktoranden. Wenn ich meine Sachen in den nächsten Tagen nicht zu lesen bekomme, dann können Sie sich auf etwas gefasst machen. Ich hänge es an die große Glocke.«

Auf dem Boden II (August 1940)

Während die Wehrmacht im Blitzkrieg durch Belgien, die Niederlande und Luxemburg marschierte, Paris einnahm und schließlich den Luftkrieg gegen England begann, während sein ehemaliger Kollege Anhausen im Reichspropagandaministerium Karriere

213

machte und der Freund Gues mit seiner Jazz-Truppe zunächst nach Lissabon und dann in die USA auswandern musste, saß Richard von Nesselhahn im Treppenverschlag seines Hauses und erzählte. Er wusste noch immer nicht, ob Martha ihm zuhörte. Es war dunkel geworden. Wenig Licht drang durch die Tür zum Dachboden. Von Zeit zu Zeit meinte Nesselhahn, ein leises Scharren, einen tieferen Atemzug auf der anderen Seite zu vernehmen. Aber jedes Mal, wenn er innehielt, um darauf zu lauschen, war das Geräusch verschwunden. Und so blieb ihm nichts anderes übrig, als weiterzusprechen.

Eines Tages hatte Marthas Bruder mit glänzenden Stiefeln und einer Hakenkreuzbinde in Nesselhahns Koblenzer Räumen gestanden. Hermann Vahlens Hände wirkten grobschlächtig, seine wildwuchernden Brauen ungepflegt. Er zog das verkrüppelte Bein auffällig nach. Sein Stand und Ansehen als Parteivorsitzender wurde in Sehlscheid längst nicht mehr hinterfragt, aber in dem mit Fischgrätenparkett ausgelegten Empfangszimmer des Aurum Verlags hatte sein Auftreten für Nesselhahn etwas Groteskes.

Hermann erzählte seinem Schwager gleich von dem Haus im Aulbachtal. Der jüdische Kaufhausbesitzer, der es mit seiner Familie bewohnt hatte, sei vor einiger Zeit nach Kolumbien ausgewandert, der neue Besitzer ein Parteifreund. Hermann wisse zufällig, dass die Villa demnächst zum Verkauf angeboten würde.

Nesselhahn wollte ihm danken, denn er wusste, was das Haus für Martha bedeutete. Aber als Hermann ihn mit einem leichten Zucken um den Mund anblickte, ahnte Nesselhahn, dass der Schwager nicht allein deshalb zu ihm gekommen war. Hermann erwartete eine Gegenleistung. Ein anderer Parteifreund, der direkt dem Gauleiter unterstellt sei, habe ihn gefragt, ob Aurum nicht seine Kriegsmemoiren drucken könnte.

Nesselhahn wurde sofort vorsichtig. »Danke, dass du an mich denkst, Hermann. Aber ich glaube, das ist nichts für mich. Aurum bringt hauptsächlich Romantiker, Reiseberichte und ausländische Literatur heraus.«

»Weiß ich«, sagte Hermann schnell, »aber der war ja in Frankreich, der Herr Kreisleiter.«

»Ich möchte mit diesen Leuten nichts zu tun haben. Ich bitte dich, das zu respektieren.«

»Was heißt hier mit diesen Leuten, Richard? Der Mann ist mein Freund!«

»Entschuldige. Du weißt, wir sind nicht immer derselben Ansicht, was die Politik angeht. Das würde doch auch dein Parteifreund nicht gutheißen.«

Nesselhahn dachte, den Schwager schon fast überzeugt zu haben, die Sache auf sich beruhen zu lassen, als dieser etwas murmelte, was er nicht sofort verstand.

»Tu mir den Gefallen, Richard«, sagte Hermann. »Sonst bekommen wir beide Schwierigkeiten.«

Nesselhahn erzählte diese Geschichte zum ersten Mal. Es war nicht seine Art, mit Martha über Geschäfte zu sprechen. Sie hatte auch nie gefragt, wie er an ihr Haus herangekommen war. Und er hatte es keinesfalls als ehrenhaft empfunden, dass er das Aurum-Programm, das einmal sein ganzer Stolz gewesen war, ohne zu zögern völlig umgestellt hatte.

Hermanns Bekannter brüstete sich vor allen befreundeten Nazigenossen mit seinem neuen Verlag. Die Kriegserinnerungen und Ansichten mehrerer regionaler Größen wurden gedruckt, bis hin zu – die Ehre war groß – den Gedichten des Herrn Gauleiters. Das gutgehende Romantikprogramm durfte Nesselhahn fortführen, auf Anraten der Koblenzer Parteileitung erweiterte er es um Leitsprüche und Balladen, Heimaterzählungen und Heldensagen, die reißenden Absatz fanden. Aus den feinen Schmuckbänden wurden bald billige Pappausgaben und schließlich, nach Beginn des Krieges, echte Landserromane, die Nesselhahn in hohen Auflagen verkaufte.

Die Kommentare der neuen Verlagsautoren zu den experimentellen Editionen der ersten Jahre blieben nicht aus. Eine gehobene Augenbraue des Obersturmbannführers, ein Naserümpfen des Majors genügte. Nesselhahn nahm alles Neue, alles Moderne, alles, was nun als undeutsche Literatur verstanden wurde, schon bald und mit einer ihn im Nachhinein selbst überraschenden Gründlichkeit aus dem Programm.

Während er zu Martha sprach, hatte Nesselhahn das Gefühl, alles würde plötzlich einen Sinn ergeben. Was ihm vorher wie eine lange Reihe von mühseligen Kompromissen und erduldeten Zwängen erschienen war, wurde jetzt, da er es in Worte fasste, zu einer schlüssigen Abfolge – die Geschichte der schmerzlichen Kapitulation seiner Ideale vor der Wirklichkeit.

Wieder horchte Nesselhahn. Jetzt hätte er von Martha gerne gehört, dass er sie und die Kinder schließlich hatte schützen müssen und dass erst sein Erfolg mit dem Verlag ihnen das schöne Leben ermöglicht hatte, das sie im Aulbachtal führten. Denn im Grunde war er überzeugt, die richtigen Entscheidungen getroffen zu haben. Aber auf dem Dachboden blieb es still. Er vernahm nur von Ferne das Rauschen der Pappeln am Wiesenbach.

Es war sicher ein Fehler gewesen, Martha die Villa ihrer Großmutter im Westerwald zu kaufen, das räumte Nesselhahn ein. Er hatte geglaubt, sie werde in der Nähe ihres Heimatortes zur Ruhe kommen. Sie könnte ihre wilden Freundinnen vergessen, sich auf die Erziehung der Kinder konzentrieren. Martha hatte das Haus im Aulbachtal sofort geliebt. Und obwohl Nesselhahn wusste, wie froh sie an ihrem Hochzeitstag darüber gewesen war, Sehlscheid endlich verlassen zu können, hatte er es zugelassen, dass der Morast des nahegelegenen Dorfes nach und nach verschlang, was noch von ihrer Liebe übrig war.

Sehlscheid ähnelte schon damals kaum mehr der hübschen Ortschaft, in der Nesselhahn seine Frau kennengelernt hatte. Wo noch vor wenigen Jahren die Kinder mit krummen Beinchen auf den Ochsen durch das Dorf geritten kamen, wo die Sommergäste sich erholten und der geschmückte Gesellschaftswagen des Verschönerungsvereins die Damen spazieren fuhr, marschierten nun Hitlerjugend, SA, Reichsnährstand und NS-Frauenschaft. Das romantische Flussufer im Völkerwiesenbachtal hatte man zu einem Freibad ausbauen lassen, das sämtliche Jugendorganisationen und Wandervereine der Umgebung anzog.

Der Morbelswein wurde mit dem Etikett des Gauleiters verkauft, und der unwiderstehliche Geruch von frischen Butterzöpfen strömte nicht mehr aus Gehrkes Backstube, sondern aus einem Fabrikschornstein. Sogar die Gesichtszüge der Bauern, die Nesselhahn immer an alte Pferderassen erinnert hatten, schienen feiner geworden zu sein und strahlten, wie er fand, zuweilen eine aggressive Modernität aus. Seit sie im Aulbachtal lebten, war Martha kein einziges Mal in ihrem Heimatort gewesen. Sie verließ das Haus ausschließlich in die andere Richtung, durchfuhr mit ihrem Wagen eilig die Kurven nach Oberbieber und weiter nach Niederbieber, bis sie am Arlicher Walzwerk vorbei auf die Rheinstraße nach Koblenz gelangte. Ihren Bruder Hermann und dessen Frau Emmy besuchte sie nie. Und auch ihre Mutter lud sie nicht zu sich ein. Allein Hagis war gekommen, solange er noch in Karlsruhe studierte, unangekündigt und ausschließlich, wenn Nesselhahn sich im Verlag oder auf Reisen befand. Das Hausmädchen hatte es ihm hinterher gesagt, und auch Martha erzählte von den gemeinsamen Nachmittagen, obwohl sie wusste, dass ihr Mann sich darüber ärgerte.

Nesselhahn war klar, wie nah Martha und Hagis sich standen, und er hatte sich seiner Eifersucht auf den hübschen, überraschend belesenen jungen Mann nie erwehren können. Seit seiner Hochzeit, bei der Marthas Neffe ihm deutlich zu verstehen gegeben hatte, was er von ihm hielt, hatte Nesselhahn gehofft, der Junge würde bald von zu Hause fortgehen, irgendwohin, wo er vernünftiger werden und seine unzweifelhaft vorhandenen Talente einsetzen konnte. Auf Marthas Bitte hin hatte er ihm die höheren Schulen in Arlich und das Architekturstudium in Karlsruhe finanziert. Und so hatte er bei der Ankündigung von Hagis' Hochzeit mit einem Mädchen aus dem Dorf Marthas tiefe Enttäuschung durchaus nachempfinden können, dass ihr Neffe sein Leben nun doch in Sehlscheid verbringen wollte.

Im Jahr der Geburt des kleinen Karl, ihres zweiten Kindes, hatte Hagis während einer seiner Heimfahrten aus Karlsruhe die hübsche Ilse' Kleinmann geschwängert. Martha weigerte sich, die Hochzeitsfeier zu besuchen. Sie ließ ausrichten, sie könne nicht kommen, weil sie jederzeit das Kind erwarte. Ihrem Mann gegenüber behauptete sie, den Onkel der Braut, den jungen Kehl, einen bekannten Sehlscheider Nazi, nicht ausstehen zu können. Eine Geschichte von früher, sagte sie. Aber Nesselhahn war sicher, dass nun auch sie wegen ihres geliebten Hagis mit Eifersucht kämpfte.

Vom Hausmädchen hatte Nesselhahn erfahren, was man im Dorf über Hagis redete. Es hieß, er wäre ein Hitzkopf und Störenfried. Auf seine Schläue bilde er sich schon lange etwas ein. Kaum einer in Sehlscheid sei vor seinen üblen Scherzen sicher. Nur der Parteivorsitz seines Onkels Hermann habe den Jungen bisher vor Schlimmerem bewahrt. Aber erst als das Hausmädchen Hagis ein Findelkind nannte, das die Witwe Kläre während der Nachkriegswirren lediglich als ihren Enkel ausgegeben hatte, verstand Nesselhahn, worum es bei den Gerüchten ging. Überall wurden in dieser Zeit Machenschaften gegen das Volk und den Führer vermutet, Verschwörungen, Hetze und jüdisches Blut. Einen Moment lang hatte Nesselhahn selbst mit dem Gedanken gespielt, einen Brief zu schreiben, der dafür sorgen würde, dass Hagis' wahre Herkunft geklärt würde. Noch immer meinte er, seine Frau müsste ihm dankbar sein, dass er ihrem vorgeblichen Neffen stattdessen die Fortsetzung seines Studiums in England bezahlte. Denn obwohl der Junge da bereits Vater von zwei kleinen Söhnen war, schienen sowohl Hagis als auch Martha erleichtert gewesen zu sein, als er die Heimat verlassen konnte.

Kehl war daraufhin mehrfach unter Vorwänden in ihr Haus gekommen. Wie um zu überprüfen, ob Hagis sich nicht doch bei Martha aufhielt. Oft erfragte er in Ilses Namen Neuigkeiten. Martha versuchte jedes Mal, ihn schnell loszuwerden, das hatte Nesselhahn wohl bemerkt. Einmal hatte er sie hinterher sogar zurechtweisen müssen, höflicher mit Kehl umzugehen, der immerhin Hermanns Amtshelfer war.

Nesselhahn lauschte, sein Ohr am Holz des Verschlages. Nichts. Und dann hörte er hinter der Tür plötzlich doch ein Räuspern, sehr deutlich, sehr nah. Er erschrak und spürte sein Herz klopfen. Martha war die ganze Zeit gleich hinter der Tür gewesen. Sie hatte alles gehört.

»Lass mich gehen, Richard.« Ihr erster Satz klang wie ein Würgen. »Wenigstens das Karlchen soll den Dachboden nicht in Erinnerung behalten.« Marthas Stimme wirkte erschöpft, und doch war sie Nesselhahn vertraut.

Sie habe sich lange bemüht. Aber sie glaube, den Kindern nun keinen Moment länger etwas vorspielen zu können.

Ihre Rede brach ab, merkwürdig unbetont. Nesselhahn dachte, Martha würde noch etwas hinzufügen. Aber nachdem sie ihre langsamen, wie schmerzlich hervorgestoßenen Sätze vorgebracht hatte, schwieg sie wieder.

»Glaubst du, ich lasse dich einfach gehen?«, rief Nesselhahn. »Was soll aus unseren Kindern werden? Was wird aus mir?«

Sie schwieg.

»Versprich mir, zu bleiben, dann mache ich auf.«

Nichts.

»Martha!« Nesselhahn schlug mit der Faust gegen die Tür. »Rede mit mir!«

Es dauerte einen Moment, bis sie wieder zu sprechen begann.

»Es ist wahr, Richard. Ich habe einen Fehler gemacht. Du hast jedes Recht, wütend zu sein.«

»Was soll das heißen? Hast du mich betrogen? Von wem war dieses Kind?«

»Du bist der Vater.«

»Woher weiß ich, dass es stimmt, was du sagst? Die Kinder könnten jedes von einem anderen sein. Glaubst du, ich hätte nicht gesehen, wie die Männer dich ansehen?«

»Was willst du hören?«

»Sag mir die Wahrheit! Sag mir nur ein einziges Mal die Wahrheit!«

»Du bist der Vater unserer Kinder.«

»Ich glaube dir nicht.«

Stille.

Nesselhahn schrie jetzt immer lauter in den Treppenaufgang. »Dieser Kehl schleicht seit Monaten hier herum. Warum eigentlich? Und deine Nachmittage mit Hagis! Hat er dich noch einmal besucht?«

»Hagis ist wie mein Bruder.«

»Hagis ist nicht dein Bruder. Er ist nicht einmal dein Neffe.«

»Du willst die Wahrheit?« Jetzt klang Marthas Stimme wie Metall, das aufeinanderschlägt. »Mein größter Fehler war es, dich geheiratet zu haben, obwohl ich dich nie geliebt habe.« Sie machte eine Pause und fuhr dann sanfter fort. »Aber ich habe dich nicht betrogen. Das zumindest musst du mir glauben. Glaubst du mir, Richard?«

Nesselhahn sagte nichts mehr. Er ging hinunter in sein Büro und schloss sich für den Rest des Tages ein. Erst am übernächsten Morgen stieg er wieder zum Dachboden herauf. Er reichte kein Essen durch die Klappe, die er zu diesem Zweck in die Tür hatte einbauen lassen. Er begann auch nicht, wie sonst, zu sprechen. Stattdessen schob er, einen nach dem anderen, die Riegel zurück. Die Kinder kreischten. »Nach draußen, nach draußen«, riefen sie abwechselnd, so dass nichts anderes mehr wahrzunehmen war. Nesselhahn drehte sich um und ging langsam, wie in einem dunklen Traum, die Treppe herab.

Er hörte Martha den Kindern befehlen, sich an der Hand zu nehmen, als sie die Stockwerke herunter zum Ausgang liefen. Er saß an seinem Schreibtisch. Die Schultern ließ er fallen, den Kopf hielt er gesenkt. Die Tür zu seinem Arbeitszimmer hatte er nicht verschlossen. Aber Martha und die Kinder gingen daran vorbei, ohne auch nur auf Wiedersehen zu sagen.

Fünfter Teil

Alexia Gellmann-Vahlen

Im Dom (Juni 2007)

Wieland hatte den Kragen des Mantels hochgeschlagen. Er lief die
Hohe Straße entlang durch die Menge der Kaufenden, Kauenden,
an Trinkbechern Saugenden. Der Glitter und die Farben der Schaufenster, das Flackern und Wummern, die Musik in den Ladenein-
gängen übertönte alle eigenen Geräusche. Der süßliche Geruch von
Aufgewärmtem, Ketchup, Zwiebeln und Fleisch umgab die Buden.
Tagsüber hielt es ihn nicht in der Wohnung. Und so lief er herum, über Bahnhofsvorplätze und Brücken, durch Parkanlagen und
Einkaufspassagen, stieg in einen der Züge, spazierte durch fremde,
belebte oder ganz verlassene Straßen, immer in Judiths silbrig glänzenden Mantel gehüllt, den er trotz der Sommerhitze mit beiden
Händen zuhielt. Ein paarmal schon hatte er gemeint, die Leute sä-
hen ihm hinterher, ein Kind lache ihn aus. Aber es war ihm gleichgültig geworden. Und schon bald hatte er den Mantel auch zum
Schlafen nicht mehr ausgezogen.

Heute Morgen war er in Arlich gewesen, um sich seiner Erinnerungen an die Nachmittage mit Judith zu versichern. Auf der Rückfahrt hatte das vom Wind gebeugte, fahlgelbe Korn durch das ver-
spiegelte Zugfenster des ICE ausgesehen wie geschundener Pelz. Er
musste das Gespräch zweier älterer Frauen mit anhören, die hinter
ihm saßen. Das entbehre jeglicher, wiederholte die eine immer wieder, entbehre, jeglicher ... sie fand das Wort nicht.

Am liebsten wäre er wieder zu seiner Mutter gefahren. Aber er
fürchtete, Kittel könnte ihn dort finden. Er hielt es für zu riskant. Er
sagte sich, dass er einen klaren Kopf behalten müsse.

Noch immer bereute er, dass er den Professor überhaupt angerufen hatte. Aber nachdem Judith ihn verlassen hatte, war in ihm das Bedürfnis aufgekommen, zumindest seinem Doktorvater verständlich zu machen, dass er sich keinesfalls wie ein Dieb mit den Originalpapieren davongestohlen hatte.

Der Professor hatte zugehört, als er ihm seine Entdeckungen dargelegt hatte. »Das ist in der Tat bemerkenswert«, sagte er schließlich. Wieland hörte, wie Kittel dabei auf einem Bonbon lutschte. »Sie sind da auf sehr interessante Informationen gestoßen.« Wieland war überrascht über dieses unerwartete Kompliment.

»Wenn Sie meinen, Judith könnte Sie wegen des Manuskripts unter Druck setzen«, sagte Kittel, »dann bringen Sie es doch zu mir. Am Lehrstuhl ist es sicher.« Der Professor bemühte sich kaum, seine Erregung zu verbergen. Krachend zerkaute er den Bonbon. Außerdem hatte er Judith bei ihrem Vornamen genannt. Wieland ließ sich nicht mehr täuschen.

»Ich kann Ihnen das Manuskript nicht überlassen«, sagte Wieland schnell. »Hella Vahlen hat es wieder an sich genommen.«

Noch bevor der Professor etwas entgegnen konnte, hatte Wieland aufgelegt.

Dass Judith mit Kittel tatsächlich sozusagen »unter einer Decke steckte«, war für ihn ein schlimmer Schlag. Aber Wieland wollte diese Vorstellung lieber nicht zulassen. Seit Judith ihn verlassen hatte, fühlte er sich instabil.

Als er damals den Zusammenbruch erlitt, kurz vor dem Abitur, war es ähnlich gewesen. Wochenlang hatte er kaum geschlafen. Zuerst war die Angst gekommen, dann die fixe Idee, jemand wäre hinter ihm her. Mehrfach benachrichtigte eine der Lehrerinnen seine Mutter, aber noch bevor diese reagieren konnte, musste eines Morgens der sozialmedizinische Dienst gerufen werden. Wieland hatte sich im Klassenzimmer verbarrikadiert. Die Lehrerin sperrte er in einen Schrank. Er erinnerte sich noch heute an sein Hochgefühl, als die vor der Tür gestapelten Tische und Stühle dem Drücken und Stoßen der Sanitäter minutenlang nicht nachgaben.

Der Himmel über der Gleisböschung war von mattschwarzen

Kabeln durchschnitten. Wieland schloss die Augen, und die in Streifen geteilte Landschaft aus Farben, Texturen, verschwommenen Lichtern zog noch eine Weile in seinen Gedanken an ihm vorbei. Als er aufwachte, rollte der Zug bereits über die Rheinbrücke. Sofort hatte er Lust bekommen, in Köln noch einmal auszusteigen. Kurz hinter dem Wallraffplatz ergoss sich das Getümmel über den Domplatz. Verstreute, meist asiatische Reisegruppen kommentierten die Auslagen der Souvenirläden. Vor dem Museum polterten Skateboard fahrende Jugendliche auf Betonbahnen herum. Über allem hing die dunkle Kulisse des Doms. Figuren mit schmalen Gesichtern hockten, in Serie um die Portale drapiert, zwischen den geschwärzten Falten der Fassade.

Wieland wunderte sich über zwei Mädchen in bunten Strumpfhosen, die, mit Einkaufstüten und Fransentaschen behängt, in den Eingang des Kirchenbaus bogen. Von hinten schob ihn jemand ungeduldig zur Seite. Er wusste nicht, ob er links oder rechts herum zum Bahnhof gehen sollte. So folgte er kurzerhand den Mädchen durch die Glasschiebetür.

Die Orgelmusik wurde lauter, als er durch den Vorraum in das Langschiff gelangte, das wie eine zweite Stadt erfüllt war von Gehenden, von einem seltsam stillen Treiben im fallenden Tageslicht.

Auf einem in Plastikfolie angebrachten Hinweisschild stand geschrieben:»Glaubensfragen. Sprechen Sie mit uns. Wir sind für Sie da.« Und tatsächlich war vor einer der Kapellen ein Tisch mit zwei Stühlen aufgebaut. Wieland bekam Lust, jemandem, den er nicht kannte und den er auch nie wiedersehen würde, seine Geschichte zu erzählen. Er wünschte sich einen zurückhaltenden, jungen Mann als Gegenüber, einen wie er es früher gewesen war.

Die Menschen strömten in kleinen Gruppen in Richtung des Chors, verschwanden hinter den Säulen und tauchten in den Seitenkapellen wieder auf. Wieland sah einen Mann niederknien. Die Musik die nun aufgebracht, fast unbändig tönte, hüllte ihn ein. Die herrische Schönheit des Augenblicks, der Wunsch so vieler, bewegt zu werden, hatte auch ihn beinahe zu Tränen gerührt.

Draußen war es dunkel geworden. Er zog den Mantel enger um sich und sah auf die Uhr. Er musste zum Bahnhof, wenn er den Zug nach Duisburg bekommen wollte. Vielleicht könnte er vorher noch einen Kaffee trinken.

Vorabendserie (Nachkriegszeit 1991–1993)

Nur eine der Frauen war vor Jahren einmal spätabends bis nach Sehlscheid gekommen. Sie war mit dem Auto vorgefahren, hatte im Dunkeln ein Rosenbeet überrollt und beinahe auch den Hund. Als Hella herunterkam, hatte Judith die Tür bereits geöffnet. Im Licht der kleinen Laterne stand eine auffällig große Frau.

»Das Schwein«, sagte die Fremde, die offenbar betrunken war.

»Wie bitte?«, fragte Judith.

Hella schob ihre Tochter beiseite. »Kann ich Ihnen helfen?«

»Ich muss zu Vahlen.«

»Er ist nicht da«, sagte Hella.

Die Fremde verdrehte die Augen. »Und wer bist du?«

»Ich bin seine Frau.«

»Das Schwein.«

Hella musste drohen, die Polizei zu rufen, damit die Fremde wieder ging.

Eigentlich hätten sie über die Geschichte lachen sollen, dachte Hella hinterher. Aber als sie zurück ins Haus getreten waren, hatte sie deutlich Judiths Wut gespürt.

Es gab nur noch selten Gespräche zwischen ihnen, die über das Alltägliche hinausgingen. Nach ihrer Rückkehr aus Amerika hatten sie sich gegen Judiths Wunsch erneut in Sehlscheid niedergelassen. Hella hatte sich darauf gefreut, in Arlich ihre Praxis zu eröffnen. Und auch Vahlen hätte das Haus nie aufgeben wollen. Aber Judith schien die Eltern für diese Entscheidung mit ihrer andauernden Teilnahmslosigkeit bestrafen zu wollen.

Hella musste noch immer daran denken, wie ihre Tochter sie angesehen hatte an dem Tag, als in Berlin die Mauer geöffnet wurde. Hella und Vahlen hatten die Nachricht im Radio gehört, ein Wirbel aufgeregter Stimmen voller ungewohntem Pathos und Euphorie. Sie hatten eine Flasche Wein geöffnet und, obwohl es nicht kalt war, das Kaminfeuer angemacht. Gemeinsam überlegten sie, wie es weitergehen würde. Während Hella fürchtete, es könnten Panzer anrollen, sagte Vahlen, die Russen hätten mit Glasnost und Perestroika genug im eigenen Land zu tun. Es war, als hätten sie tatsächlich mitzureden bei den großen Entscheidungen. Es fühlte sich an wie früher.

Dann hatten sie die Eingangstür zufallen hören und waren zusammengeschreckt. Judith blieb im Durchgang stehen. Sie blickte misstrauisch zu ihnen herüber.

»Was ist denn hier los?«

»Weißt du es noch nicht?«, fragte Hella.

»Weiß ich was nicht?«

»Die Mauer ist auf.«

»Deshalb führt ihr euch so auf?«

Hella schämte sich plötzlich. Sie war angetrunken. Und auch die für sie ungewöhnliche Nähe zu Vahlen, die ihm zugewandte, fast zärtliche Haltung, erschien ihr jetzt unpassend.

»Fangt ihr auch schon an«, sagte Judith beinahe mitleidig. »In der Schule reden sie über nichts anderes.« Sie schaute ihre Mutter an. »Hast du etwa geweint?«

Hella hatte nie verstanden, warum Judith sich ihr gegenüber so gefühlskalt gab. Von klein auf hatte sie es abgelehnt, über ihren missgebildeten Arm zu sprechen. Es war, als seien durch den Versuch, das Fehlen ihrer Hand zu überspielen, ihre Empfindungen gleich mit verschwunden. Hella dachte daran, wie sie und Vahlen früher jeder Bewegung ihrer Tochter, jedem Wort und jedem Lachen wie einem großen Wunder nachgespürt hatten. Oft musste sie an das kleine Mädchen denken, das Judith gewesen war, als wäre sie nun eine andere Person.

Kaum ein DDR-Bürger war bis nach Sehlscheid gekommen. Drei oder vier Mal, hieß es, wäre ein Trabant auf der Bundesstraße gesehen worden. Im Gasthof hatte jemand nach der Adresse der Knopffabrik Hingst gefragt, die es schon seit dreißig Jahren nicht mehr gab. Dann spielte sich alles wieder nur im Fernsehen ab. Und Judith schien zufrieden, dass sie das Thema wechselten.

Sie hatte ihr Abitur bestanden. Aber nachdem die New Yorker Universität, die sie sich für ihr Studium ausgesucht hatte, ihre Bewerbung abgelehnt hatte, schien sie sich nicht auf andere Pläne einlassen zu wollen. Erst als Vahlen und Gellmann bei einem ihrer selten gewordenen Treffen in Frankfurt entschieden, Judith könne bei der Übersetzung von Gellmanns Stücken ins Englische helfen, wirkte sie auf einmal weniger verschlossen. Oft hatte sie gesagt, sie wolle Übersetzerin werden. Aber Hella überraschte es, dass Vahlen diesen Berufswunsch ernst genommen hatte.

Bei ihrer Rückkehr von einem ersten Arbeitstreffen hatte Judith sich mit betonter Erschöpfung in den Sessel vor dem Bücherregal fallen lassen. Hella glaubte, sie würde erzählen, was sie im Verlag erlebt hatte. Aber dann erhob Judith sich doch wieder, ging über den Flur in die Küche, und Hella hätte ihr folgen müssen, um noch etwas zu erfahren.

Am Morgen regte Hella sich Vahlen gegenüber auf, Judith sei zu jung, um Verständnis für Gellmanns Texte zu haben. Sie müsse erst Erfahrungen sammeln.

»Erfahrung ist nicht alles«, hatte Vahlen geantwortet. »Sie soll ja nicht allein übersetzen. Sie macht die Vorarbeit und die Kollegen in New York schauen sich die Feinheiten an. Es ist ein erster Übersetzungsjob, nichts weiter. Es wird ihr Spaß machen. Sie verdient etwas Geld und macht sich einen Namen. Gellmann vertraut ihr.«

»Ausgerechnet Gellmann«, versuchte Hella es erneut. »Ich mag seine Art nicht, mit Frauen umzugehen.«

»Früher mochtest du sie.« Vahlen sah sie scharf an. »Außerdem ist Judith unsere Tochter«, sprach er weiter. »Gellmann kennt sie von klein auf. Er ist unser Freund.«

Vahlen hatte Gellmann schon immer unterschätzt.

Judith kam von ihren Treffen spät nach Hause. Dann blieb sie sogar über Nacht. Als Hella sie fragte, ob sie auf Gellmanns Couch übernachtet hatte, zuckte sie nur mit den Schultern.

Dann begann sie eines Abends beim Essen zu sprechen. Sie lehnte sich auf ihrem Stuhl zurück, sah ihre Eltern abschätzend an und sagte, diesmal sei es wirklich ernst. Auch Vahlen musste denken, Judih erzähle von irgendeinem Jungen, den sie im Zug nach Frankfurt oder auf einer Party kennengelernt hatte.

»Ihr wisst, wie das ist«, fuhr sie fort. »Martha und Hagis waren anfangs sicher auch nicht einverstanden, dass ihr zusammenzieht.«

Kurz dachte Hella, es gehe tatsächlich um Vahlen und sie. Sie hatte Schwierigkeiten zu verstehen, was Judith als nächstes sagte. Aber dann traf sie der Satz wie ein Schlag.

»Gellmann will, dass ich zu ihm ziehe«, sagte Judith. »Ich habe ihm versprochen, es mir zu überlegen.«

Judith tat, als wäre sie sich der Wirkung ihrer Worte gar nicht bewusst. »Ihr akzeptiert hoffentlich meine Entscheidung, wie auch immer sie ausfällt?«

Ihre Tochter stellte sie auf die Probe, dachte Hella. Sie müssten nur Ruhe bewahren, dann wäre alles bald wieder vorbei.

Vahlen schien die Luft anzuhalten. Dann brüllte er plötzlich los: »Gellmann! Das ich nicht lache. Weißt du wie viele Frauen der Mann schon gehabt hat?«

»So viele wie du, Daddy? Oder noch mehr?«

Judiths Erwiderung klang vorbereitet. Hella meinte zu wissen, was ihre Tochter dachte. Das gleiche, was sie selbst früher gedacht hatte: Was konnten diese Frauen, die meisten längst alt und vergessen, mit ihr zu tun haben? Aber Judith schien sich ihrer so sicher, wie Hella es nie gewesen war.

Hella verabscheute Gellmann jetzt. Der Kinderlose, der Voyeur. Er hatte sich immer von anderen genommen. Und nun schien er es mit Judith auf das einzige abzusehen, was ihr und Vahlen wirklich etwas bedeutete.

Vahlens Gesicht lief tiefrot an. In einer zu heftigen Bewegung hatte er sein Glas umgekippt. Der Wein saugte sich dunkel in das Tischtuch. Judith stand auf, nahm ihre Jacke vom Haken am Eingang und drehte sich ein letztes Mal um. Hella sah noch ihre Tasche auf der Anrichte stehen. Erst Wochen später würde sie es wagen, sie in die Hand zu nehmen. Sie würde sie öffnen, dann aber gleich wieder schließen, um sie in den Unterschrank zu den Stoffservietten zu legen.

Vahlen schrie, er wiederholte ein einziges Wort, Scheiße, Scheiße, Scheiße. Judith zog die Tür hinter sich zu. Dann war sie weg.

Noch immer fuhr Vahlen in die Stadt, kaufte ein oder brachte Briefe zur Post. Aber er blieb nie lange weg, und Hella hörte auch keine Stimme mehr im Hintergrund, wenn er von unterwegs anrief. Selten fand sie noch Briefe anderer Frauen, und meistens waren sie ungeöffnet.

Nach dem Frühstück ging Vahlen hinauf in sein Arbeitszimmer. Hella sah ihn erst wieder am frühen Nachmittag, wenn er Hunger bekam. Mit ruhigen, gleichmäßigen Bewegungen löffelte er die Suppe und schnitt das Brot, das sie ihm hingestellt hatte. Durch das Küchenfenster sah er in den Garten hinaus, wo der Schnee in der Auffahrt zu tiefen Pfützen zerlaufen war.

Eine Zeitlang hatte Gellmann Judith in Frankfurt ausgeführt, hatte sich mit ihr auf Empfängen, auf der Buchmesse, bei Premierenfeiern gezeigt. Hinterher bekamen Vahlen und Hella Komplimente, wie schön ihre Tochter sei. Manche ihrer Bekannten stellten offen die Frage, wie es dazu kommen konnte, dass Judith mit dem so viel älteren Freund ihres Vaters gegangen war. Einige witzelten sogar, wie Vahlen es Gellmann denn heimzuzahlen gedenke.

Tagelang blieb Vahlen nach solchen Begegnungen wortkarg, stapfte durch die Wälder hinter dem Hahn und weiter weg am Nonnenley. Nachts schlief er nur wenige Stunden und lief dann unruhig durch das Haus, bis er sich an den Schreibtisch setzen konnte.

Hella hörte wieder das regelmäßige Tackern seiner inzwischen elektrischen Schreibmaschine im Haus. Sie fragte Vahlen nicht, woran er arbeitete. Ihre frühere Verbundenheit mit seinen Texten ließ sich kaum mehr herstellen. Und es schien ihr auch unwichtig, solange er nur nicht mehr ständig an Judith und Gellmann dachte. Oft wirkte sein Arbeiten auf Hella wie ein Wüten. Als gälte es, nach langem Stillstand endlich voranzukommen. Sie glaubte, wenn Vahlen jünger gewesen wäre, hätte er vielleicht tatsächlich von vorne angefangen. So aber war sein Weiterschreiben kein Neubeginn, sondern eine Fortsetzung unter neuen Vorzeichen. Einmal sagte er ihr beim Abendbrot, die früheren Ansätze, seine selbstgerechte Kritik am Zustand der Welt, interessiere ihn nicht mehr. Es könne nicht darum gehen, der Geschichte auf die Spur zu kommen. Vielmehr wolle er sie jetzt bewahren, ihr Bedeutung verleihen. Hella hatte geglaubt zu verstehen, was er meinte. Vahlens Worte beruhigten sie, weil sie dachte, auch er fürchte sich vor dem Verschwinden.

Trotz der stummen Entfernung, die mit den Jahren zwischen Vahlen und ihr entstanden war, spürte Hella eine Sehnsucht nach Nähe. Die Zeit in Berlin, Amerika, der Tod ihrer Mutter, die Schwierigkeiten mit Judith und mit dem Haus, zu oft hatten sie ihre Verbundenheit auf die Probe gestellt, als dass sie noch selbstverständlich wäre. Manchmal glaubte Hella, es könne von einem Tag auf den anderen alles vorbei sein. Die täglichen Übel und kleinen Katastrophen, zu denen für sie bald auch Judiths Weggang zählte, waren letztlich bedeutungslos. Aber Hellas Angst, allein zurückzubleiben, wie damals, als ihre Mutter Selbstmord begangen hatte, hielt an.

Der Arzt hatte bei Marthas Tod von einer Kurzschlussreaktion nach jahrelanger Depression gesprochen. Aber Hella gefiel der Gedanke, ihre Mutter habe mit dieser letzten Handlung die Kontrolle über ihr Leben behalten wollen.

In Hellas Erinnerung saß Martha sehr aufrecht und schmal in ihrem Sessel am Fenster der Kölner Wohnung. Hella hatte die ungewöhnliche Schönheit ihrer Mutter immer bewundert und auch den Mut, mit dem sie dem Leben entgegentrat. Erst spät war ihr aufgefallen, dass Martha ihren Kindern nicht mehr als beiläufige Zärtlichkeiten entgegenbrachte. Nur ihren Sohn Karl hatte sie immer verteidigt. Karl und Emilie waren früh aus dem Haus gegangen. Vielleicht hatte sich Hella als einzige nach einer Familie gesehnt. Richard von Nesselhahn blieb mit seinem Geld und großzügigen Geschenken sein Leben lang in Rufweite. Aber seine Annäherungsversuche wehrte Martha wie die aller anderen Männer ab. Und trotz der vielen Freundinnen hatte ihre Mutter auf Hella zuletzt einsam gewirkt.

Einmal hatte Judith Hella unterstellt, sie schäme sich für Marthas Tod. Hella hatte nicht gewusst, was sie entgegnen sollte. Vielleicht hatte Judith sogar recht. Aber jedes Mal, wenn sie an ihre Mutter dachte, störte sie vor allem die Vorstellung, andere könnten Marthas Entscheidung im Nachhinein ins Unrecht setzen. Wahrscheinlich hielt Judith Hella auf ähnliche Weise für einsam. Dabei fühlte sie sich stark, wie sie hoffte, dass Martha stark gewesen war.

Die Stille auf dem Land, die ihr früher oft feindlich erschienen war, wirkte schon lange wohltuend auf Hella. Das Haus, das Grundstück, der Garten und die Schafe erforderten ihre ständige Aufmerksamkeit. Und je mehr Hella über die Reparaturen, die Tierarztrechnungen und das mühsame Beschneiden der Rosen und Apfelbäume ins Schimpfen geriet, desto mehr, meinte sie, verwachse ihr Leben mit dem Tal.

Morgens ging sie oft hinunter zum Wiesenbach, um nach den Schafen zu sehen, die dort friedlich beieinander standen wie in einem alten Kinderlied. Eins der Lämmer war im Winter eingegangen. Aber das andere war kräftig herangewachsen. Wenn sie sich zu der kleinen Herde ins Gras setzte, blickte das Mutterschaf mit sanften Augen zu ihr herüber. Auch der Bock kam beim Weiden in immer enger werdenden Kreisen näher. An regnerischen Tagen schienen die Hügelkuppen mit dem Himmel zu verschwimmen, und trübes Licht tauchte die bewaldeten Höhen in leicht konturierte Farben. Eine ungekannte Ruhe breitete sich in ihr aus.

Bald drei Jahre waren vergangen, seit Hella zuletzt Judiths Stimme gehört hatte. Sie stehe am Bahnhof von Arlich, sagte sie am Telefon, ob Hella sie abholen könnte, sie habe kein Geld.

Als Hella mit ihrer Tochter ins Haus trat, stand Vahlen in der Mitte des Wohnzimmers. Er wirkte unsicher, wie gealtert. Er habe gekocht, sagte er, Kalbsbraten. Sie esse kein Kalb, sagte Judith. Fleisch ja, aber kein Kalb. Schon gut, sie werde das Gemüse essen. Keinen Wein.

Hella sah ihre Tochter, die während der Fahrt schweigend neben ihr gesessen hatte, zum ersten Mal genauer an. Die Kindlichkeit, aber auch die Sicherheit waren aus ihrem Blick verschwunden. Judith hatte Gellmann verlassen. Er hatte sie offenbar aufhalten wollen. Ihre Jacke, ein helles, dünnes Stück Stoff, war am Kragen eingerissen. Ein seltsam intimes Detail, das Hella an ihrer Tochter lieber nicht bemerkt hätte.

Mit der Gabel schob Judith die Bohnen auf ihrem Teller hin und her. Dann gab sie einen kurzen, nur hingemurmelten Satz von sich, den Hella aber sofort verstand.

Vahlen kaute, sah auf, kaute weiter. »Wie bitte?«, fragte er.

»Ich bin schwanger«, wiederholte Judith.

Amtshilfe (September 1940)

Von der Talwiese aus, wo Brinks Mädchen an diesem Abend die Gänse mit Abfällen fütterten, sahen sie im Unterlaub der Haselsträucher, wie ein Leuchten im schwächer werdenden Licht, einen nackten Arm. Die Regenfälle der letzten Wochen hatten das Gras am Fuß der Hüh hochschießen lassen, und doch zeigten sich die Spuren des Kampfes überall im aufgeweichten Grund. Tiefer im Dickicht erblickten die Mädchen den Körper einer Frau. Ihr schwarzer Kittel, an dem sie gleich die Vahlen-Witwe erkannten, war eingerissen, die Falten ihres Bauches lagen offen, an mehreren Stellen trat schwarzverklumpt ihr Inneres hervor.

Kläre Vahlens Beine blieben merkwürdig verdreht, als die herbeigeholten Männer sie unter den Sträuchern hervorzogen. Erst jetzt war ihr Gesicht zu sehen, die Augen zugeschwollen, der blutige Mund wie verrutscht. Nur die Stirn erschien Hermann, der endlich auch die Melsbacher Hohl erreichte, unbeschädigt. Im Licht der Laternen zeichnete sie sich als ebenmäßiger Halbmond unter dem Haaransatz ab. Schon in diesem Augenblick war es gewesen, als lösche das Bild der Toten alle seine Erinnerungen an die Mutter unwiederbringlich aus.

Hermann Vahlen rieb sich mit den Händen über das Gesicht. Seine Finger erschienen ihm gedunsen, wie etwas Fremdes, das noch über den Kuppen angebracht war. Zum vierten Mal spannte er ein Blatt in die Schreibmaschine.

»Verehrte Parteigenossen«, begann er. »Gestatten Sie mir den Hinweis auf die moralische Unzuverlässigkeit des Verwaltungsangestellten Kehl, Albert, gemeldet in Sehlscheid bei Arlich, Gau Koblenz-Trier.«

Hermann zerrte an seinem Kragen. Er fragte sich, wie es so weit hatte kommen können. Hatte er Recht und Moral nicht immer als das Höchste begriffen? Und trotzdem fühlte er sich schuldig. Er hatte Kehl zum Amtshelfer ernannt. Er hatte es zugelassen, es sogar begrüßt, dass auch schwierige Fragen ohne sein Zutun geregelt wurden.

Seit Hermanns Wahl in den Vorsitz hatte seine Frau Emmy kaum noch mit ihm gesprochen. Doch obwohl Hermann sich von ihr alleingelassen fühlte, überhaupt seit langem meinte, ganz allein zu sein, unverstanden und vielleicht tatsächlich auf dem falschen Weg, hatte er nicht die Kraft aufgebracht, und schon gar nicht den Mut, die einmal eingeschlagene Richtung zu ändern. Was im Land geschah, war ihm bedeutender erschienen als seine persönlichen Schwierigkeiten und wichtiger als der kleine Ort, in dem sie lebten. Wie ein Unwetter war die neue Zeit über Sehlscheid hinweggegangen. Nichts war mehr wie zuvor. Und Hermann hatte den Verdacht, dass er selbst dieses Unwetter am meisten herbeigewünscht hatte.

Noch immer hätte er sein Land gern gesehen, wo der Führer es hinbringen wollte. Aber die Siegesnachrichten von allen Fronten, die Parolen der Partei bewegten ihn kaum mehr. Wenn er an manchen Abenden an seinem Schreibtisch die Post erledigte, Berge von Verwaltungsschreiben, Inkenntnissetzungen, Willens- und Treuebekundungen an die Gauleitung, die Kameraden vom Reichsnährstand, die Geheime Staatspolizei, dann dachte Hermann, dass er eigentlich lieber wie früher mit Emmy und den Kindern zu Hause sein würde. Wenn er nur einen Wunsch erfüllt bekommen sollte, dann würde er wollen, dass alles mit einem Schlag aufhörte. Es wäre ein Aufwachen, ein Augenreiben, und seine Mutter Kläre säße wieder in ihrer Stube, die Handarbeit im Schoß, oder sie rupfte unter dem Vordach ein Huhn für den Abend.

Und doch wäre Hermann nie so weit gegangen, diesen Brief an die Parteigenossen zu schreiben. Wie seine eigene war auch Kehls Familie schon immer da gewesen. Dieses Dasein schuldete sein Amtshelfer niemandem, und er brauchte es vor niemandem zu rechtfertigen. Hermann wäre es nicht in den Sinn gekommen, Kehls Existenz in Frage zu stellen, wenn er nicht hätte fürchten müssen, dass dieser Mann ihm früher oder später damit zuvor kommen würde.

Albert Kehl, der unangenehmste und unberechenbarste seiner Männer, war bereit, jederzeit über den von Partei und Führer verlangten Gehorsam hinauszugehen. Genau aus diesem Grund hatte Hermann ihn eingestellt. Das war zu einer Zeit voller Erregung und Aufbruch gewesen, die Hermann nun so lange vergangen schien, dass er manchmal meinte, es habe sie nie gegeben.

Bis tief in die Nacht waren die Jugendbanden singend und grölend durch die Straßen gezogen. Mehrmals täglich marschierten die Formierungen der Verbände und Vereine über den Marktplatz. Die Prügeleien zwischen den Sozis aus den Arbeitersiedlungen von Arlich und den Nazis aus dem Unterdorf weiteten sich zu einer Art rohem Bürgerkrieg aus. Dann war plötzlich wieder Ruhe in Sehlscheid eingekehrt. Eine heimtückische Stille hatte sich breitgemacht. Und vielleicht, dachte Hermann im Nachhinein, war ihm deshalb das Brüllen hinterher so laut erschienen.

Kehl hatte als einer der ersten in Sehlscheid die Parteiuniform getragen. Die hohen Stiefel, das gebügelte Braunhemd und das funkelnde Abzeichen wirkten an ihm wie eine Verkleidung. Doch wenn er nach Feierabend, zwei geduckt laufende Schäferhunde bei Fuß, seine Hitlerjungen in die Wälder führte, lachte niemand über ihn. Und die Kinder, die ihm folgten, waren mit den Jahren zu einem elternlosen, unbändigen Haufen herangewachsen, den die Witwe Kläre am Abendbrottisch schon mal »Kehls Ratten« geschimpft hatte.

Kehl musste den Juden Wolf bei einem seiner Märsche im Wald aufgegriffen haben, zwei Tage nachdem Hermann ihn bei der Teufelsstiege hatte laufen lassen.

»Ist denen in Koblenz wohl weggelaufen«, rief er schon in der Eingangshalle der Parteistube. »Hat wohl noch nicht genug von uns.«

Den Juden am Mantel hinter sich herzerrend kam Kehl die Treppe heraufgepoltert. Beim Sprechen spuckte er, sein Gesicht war vor Eifer gerötet, und Hermann hatte gleich befürchtet, er könnte etwas von dem Handel mit Wolf erfahren haben. Hermann befahl ihm, den Schreiber Rössel zu holen, und sofort verließ sein Amtshelfer die Stube.

Wolf stand mit hängendem Kopf vor dem Schreibtisch. Ein Geruch nach Urin breitete sich um ihn aus. Er hatte sich in den Schiefermienen verstecken sollen, wo das Gestein senkrecht aufgeworfen war und die Stollen kilometerweit in den Hang reichten. Schon immer hatten sich die Bewohner von Sehlscheid dorthin geflüchtet, wenn Gefahr drohte. Aber vor den Hunden war auch dieses Versteck nicht sicher. Was hatten Kehl und seine Jungen mit ihm gemacht? Der Jude wirkte erschöpft, schien sich kaum aufrecht halten zu können. Seine Haut sah grau aus, wie eingefallen. Dem Tod nahe, dachte Hermann mit Unbehagen.

»Wolf?«

Er blickte nicht auf.

»Wolf!«

Ein Zittern überkam den Körper des Alten, so dass Hermann einen Schritt zurücktrat. Erst als er ihn fragte, ob er seinen Teil der Abmachung eingehalten habe, fixierte Wolf ihn aus undeutlich gewordenen Augen. Hermann wandte sich ab, um diesem Blick nicht länger standhalten zu müssen. Doch da drehte sich der Alte plötzlich um und rannte zur Tür. Hermann griff nach ihm, aber der Ärmel, den er zu fassen bekam, entglitt ihm wieder. Ohne innezuhalten, als habe er nur auf diesen Augenblick gewartet, stürzte sich der Jude über die hölzerne Balustrade hinab in die Eingangshalle. Hermann hörte einen dumpfen Aufprall.

Er trat an das Geländer. Zwei Stockwerke tiefer lag Wolf auf den Steinfliesen. Sofort war ein Scharren zu hören, und Hermann sah mehrere von Kehls Jungen, die unten gewartet haben mussten, an den Körper des Juden herantreten. Einer berührte Wolfs Bein mit seiner Schuhspitze. Ein anderer gab ihm einen Tritt in die Seite. Der Alte regte sich nicht mehr. Sein weiter, staubschwarzer Mantel hatte sich um ihn herum gebreitet wie eine Lache.

Kehl kam mit einem Grinsen die Treppe herauf. »Dann wäre das also auch erledigt«, sagte er. »Wie hast du das gemacht?«

Hermann wollte etwas sagen, wusste nur nicht was. Kehl war älter, vielleicht auch klüger als er. Und Wolf konnte ihm doch etwas erzählt haben.

»Was habe ich gemacht?«

»Wie hast du den Juden dazu gebracht zu springen? Oder hast du nachgeholfen?«

»Was soll das, Kehl?« Hermann versuchte streng zu wirken.

»Er hat mir gesagt, dass er dich erpressen wollte. Dachte wohl, mit mir könnte er es genauso machen. Aber keine Sorge, ich lasse mich auf solche Judereien nicht ein.«

Hermann schwieg, und Kehl lachte sein künstliches Lachen.

»Du weißt, dass mir euer Hungermaul noch nie gefallen hat«, sagte er. »Aber auf die Idee, dass dein Neffe ein Jude sein könnte,

237

bin ich nicht gekommen. Hätte ihm ja sonst meine Ilse nicht überlassen.« Kehl spuckte aus.

»Eigentlich ist es offensichtlich. Die Nase, die Ohren, Heinrich –
ich meine Hagis – trägt die typischen Merkmale. Er verschwindet
ins Ausland, und Ilse kann sehen, wie sie die Kinder satt kriegt.
Rassenschändung nennt man das wohl.«

Hermann schmerzte der Schädel. Er hatte Kehl noch nie so viel
auf einmal reden hören. Er wusste, dass es wichtig war, was er sagte,
für Hagis und für ihn selbst. Womöglich hatten noch mehr Menschen von Hagis' Herkunft erfahren. Trotzdem fiel es Hermann
schwer zuzuhören. Er wünschte sich Zeit, um zu begreifen, was vor
sich ging. Und es gelang ihm nicht, den Blick von dem Toten in der
Eingangshalle zu lösen.

»Wie dem auch sei«, sagte Kehl. »Du hast den Juden hier schon
viel zu lange sein Unwesen treiben lassen, findest du nicht, Herr
Vorsitzender?« Und Hermann war nicht sicher gewesen, ob es drohend oder versöhnlich klingen sollte und ob es um Wolf oder um
Hagis ging.

Noch am selben Abend hatte er seinen Neffen, der noch immer
in Sehlscheid zu Besuch war, zur Abreise gedrängt. Er hatte die
schwangere Ilse und ihre kleinen Söhne zum Bahnhof in Arlich begleitet, um Hagis zu verabschieden. Als der Zug langsam anrollte
und aus den Lautsprechern das Horst-Wessel-Lied erklang, hatten
selbst die Kinder ohne zu zögern den Arm zum Hitlergruß erho-
ben. Nur Hagis hing schlaff lächelnd aus dem Fenster des Waggons
und winkte mit beiden Händen zum Abschied.

Sofort hatte Hermann wieder an Kehls Worte denken müssen.
Erst am Vortag hatten sie einen alten Bauern in Schutzhaft genommen, weil er den Hitlergruß verweigerte. Aber seinen Neffen
ließ er nach London abreisen – mit diesem schiefen Grinsen, als
kümmerte es den Jungen nicht, was man in Sehlscheid von ihm
dachte, was aus der Familie wurde, aus seiner Frau Ilse und den
Kindern.

Kehl würde eine Möglichkeit finden, sein Wissen über Hagis zu seinem Vorteil einzusetzen, das war Hermann sofort klar gewesen. Aber erst Monate später, als sein Schwager Richard bis in die Parteistube nach Sehlscheid gekommen war, um ihn zu sprechen, begann Hermann zu ahnen, was vor sich ging.

Nesselhahns Anzug, das gepflegte Haar und die Uhrenkette am Revers strahlten dieselbe Kultiviertheit aus, die Hermann schon früher an seinem Schwager beeindruckt hatte. Aber als er zu reden begann, erkannte er ihn kaum wieder.

»Wie du vielleicht weißt, lebt deine Schwester nun mit den Kindern in Köln«, sagte Nesselhahn.

Hermann hatte davon nichts gehört, aber die Nachricht überraschte ihn kaum. Seit ihrer Hochzeit hatte er seine Schwester selten zu Gesicht bekommen. Nur Emmy hatte von den Hausangestellten gehört, dass Martha unglücklich sei. Noch bis vor kurzem hatte er gemeint, es läge an seinem Schwager, der zu viel arbeitete und sie selten ausführte. Aber heute, da Hermann eine Art kummervolle Leere selbst ein vertrautes Gefühl geworden war, sah er Nesselhahn an, dass er Marthas Liebe schon seit längerer Zeit verloren hatte.

Angesichts seiner Niedergeschlagenheit wirkte Nesselhahns Anliegen wie ein Vorwand. Er beschwerte sich über Kehl. Der Mann schleiche mit den Hunden seit Monaten um sein Haus herum, sagte er, und blinzelte dabei mit den Augen. Trotz Marthas Fortgang – oder gerade deshalb? – schien es Nesselhahn ein Bedürfnis, Kehl loszuwerden.

Hermann hatte den Schwager vertröstet, so wie er sich selbst zu vertrösten pflegte, wenn er wieder einmal zweifelte an der Richtigkeit seiner Entscheidungen. Er sagte sich, dass Martha in Köln in Sicherheit sei und Kehl, was immer er bei ihr versucht hatte, nun von alleine aufhören würde.

Erst als die Nachricht vom Tod der Witwe Kläre die Parteistube erreichte, als man Hermann, der gleich in die Hohl herunterlaufen wollte, abzuhalten versuchte, seine tote Mutter zu sehen, als schließlich Emmy endlich bei ihm war und ihn wortlos in die Arme schloss, erst in diesem Moment fühlte Hermann, dass er sich nun nicht länger vertrösten konnte.

Kläre Vahlen hatte noch am Sonntag einen von Kehls Jungen dabei erwischt, wie er den alten Schmiedepeter durch das Gebück jagte. Die Witwe war alt geworden, ihre Hüfte war steif, kaum hörte sie noch, was man ihr sagte. Aber den Jungen griff sie an der Uniform und zog ihn kräftig am Ohr. »Bringt Kehl denn nur seinen Hunden Benehmen bei?«, schalt sie ihn, so dass es mehrere der Frauen hinter ihren Fenstern hören mussten.

Bald darauf hatte Kläre dann auch noch Kehl selbst beleidigt. Niemand konnte sagen, was auf dem Marktplatz gesprochen worden war. Aber sämtliche Zeugen bestätigten, dass die Witwe dem Amtshelfer vor aller Augen ins Gesicht gespuckt hatte.

Der Witwe wird es nicht gefallen haben, was Kehl im Dorf über ihren Enkel redete, hieß es hinterher. Denn in ganz Sehlscheid erzählte man sich inzwischen, dass Kläre Vahlens geliebter Hagis nicht nur Kehls Ilse mit den Kindern im Stich gelassen hatte, sondern dass er auch noch in Wahrheit ein Jude war.

Die Witwe musste noch gelebt haben, als die Jungen gegangen waren. So sagte es zumindest der Arzt. Auch der Kreispolizist vermutete, ihr Opfer habe es noch aus eigener Kraft bis unter die Haselsträucher am Fuß der Hüh geschafft. Nach dieser Feststellung hatten die beiden Männer, links und rechts von der Toten, ihre Aktentaschen verschlossen und die Untersuchung beendet.

Hermann hatte noch immer gemeint, es müsse sich um ein Missverständnis handeln, um einen schlimmen Fehler, der sich bald aufklären würde. Aber jetzt war offensichtlich, dass die ehrenvollen Herren bereits alles gesagt hatten, was sie sagen wollten. Sie hatten ihre letzte Pflicht erledigt, bevor sie es endgültig aufgaben, für das, was in Sehlscheid passierte, Rede und Antwort zu stehen. Keiner von ihnen würde es übernehmen, einen Brief zu schreiben, um zumindest Kehls Treiben ein Ende zu setzen. Sie hatten sie längst abgegeben, die Verantwortung, – vor langer Zeit, wie alle anderen auch – abgegeben an ihn, an Hermann Vahlen.

Duisburg IV: Das Gesetz der Serie (Juni 2007)

»Herein«, rief Kittel ärgerlich, als es an der Tür klopfte. Er drückte die rote Taste seines Handys. Ohnehin hatte er wieder nur Wielands Mailbox dran, die keine Nachrichten annahm.

Am liebsten wäre er gar nicht ins Institut gekommen. Jemand war in den Aufenthaltsraum der Hilfskräfte eingedrungen und hatte dort alles durcheinandergebracht und verwüstet. Die Doktoranden bemühten sich seit Tagen, die Ordnung in ihren Papieren wiederherzustellen. Und das war ausgerechnet in derselben Nacht passiert, in der Kittel Wielands Karton dort weggeholt hatte. Es gab Zeugen, die Andreas Wieland mehrfach nachts im Institut gesehen haben wollten. Er habe sich eigenartig benommen.

»Herr Professor?«

Kittel zuckte zusammen. Er hatte ganz vergessen, dass jemand eingetreten war. Ein Mädchen, blass, hellblond, auffallend hübsch, stand an der Tür und blickte ihn mit kühlen Augen an. Sie trug einen kurzen Rock und eine Umhängetasche, deren Riemen quer über ihre Brust gespannt war. Sie war höchstens sechzehn und konnte unmöglich eine Studentin sein.

»Womit kann ich Ihnen helfen?«

»Ich bin Alexia Gellmann-Vahlen.«

Das hatte gerade noch gefehlt. Natürlich. Sie sah aus wie Judith.

»Mit Ihrer Mutter hatte ich schon vor ein paar Tagen die Ehre.«

»Meine Mutter weiß nicht, dass ich hier bin.«

Kittel wurde mulmig. Was wollte das Mädchen? Die Situation war riskant. Es wäre höchst unangenehm, mit diesem knapp bekleideten und offensichtlich minderjährigen Mädchen überrascht zu werden. Kittel überlegte, unter einem Vorwand das Zimmer zu verlassen und Caroline Schweizer hereinzubitten. Aber sie war die einzige, die wusste, dass er im Aufenthaltsraum nach Wielands Material gesucht hatte. Mit ihrer zwanghaften Ehrlichkeit könnte sie ihm ernsthaft schaden, sollte sie mehr über das Vahlen-Projekt erfahren.

»Herr Professor, meine Großmutter ist sehr unglücklich. Sie befürchtet, Sie könnten meine Mutter und Andreas Wieland in ihren Plänen unterstützen, das Manuskript meines Großvaters zu veröffentlichen.«

Kittel nickte. Die Witwe hatte also ihre Enkelin zu ihm geschickt. Alexia war in den Raum getreten, hatte sich, während sie sprach, auf den Stuhl gegenüber gesetzt und schlug nun die langen Beine übereinander.

»Ich habe hier Briefe an meinen Großvater, die Sie interessieren dürften. Zumindest hat Andreas Wieland Interesse daran.« Sie zog eine blaue Klarsichthülle aus ihrer Tasche, in der ein eng mit Hand beschriebenes Luftpostpapier zuoberst lag. Kittel war sprachlos. Gerade hatte er noch darüber nachgedacht, wie er sich aus seiner Klemme mit Gellmann befreien sollte, da schneite dieses Mädchen herein und legte ihm dessen Briefe auf den Tisch.

»Ich dachte«, sagte Alexia, »wenn ich Ihnen die Briefe bringe, dann geben Sie meiner Großmutter das Manuskript zurück.«

Woher wusste das Mädchen, dass er das Manuskript hatte? Mit dem Fuß tastete Kittel nach dem Dokumentenkarton unter seinem Schreibtisch, stieß aber nur gegen den Mülleimer.

In Alexias Blick lag Berechnung und Zuversicht. Mit ihrer gespielten Unschuld vermochte sie Kittel keine Sekunde lang zu täuschen. Die »schwierige Witwe« hätte die Briefe niemals einfach hergegeben, schon gar nicht im Original. Alexia arbeitete auf eigene Rechnung. Sie stellte sich gegen ihre Mutter, genau wie Judith es getan hatte. Wenn Kittel es geschickt anging, könnte er die Situation zu seinen Gunsten entscheiden. Er durfte nur nicht den Kopf verlieren. Er würde Alexia mitsamt den Briefen und dem Manuskript zu ihrer Großmutter zurückbringen. Schließlich war er selbst Vater einer gerade erst volljährig gewordenen Tochter. Sicher wäre Hella Vahlen ihm dankbar, dass er sich von den pubertären Alleingängen des Mädchens nicht beeindruckt gezeigt hatte. Wenn überhaupt jemand die *Westerwald*-Fortsetzung herausgeben würde, dann er.

Wieder schob Kittel seinen Fuß unter den Schreibtisch, und diesmal meinte er, den Karton mit dem Manuskript zu berühren. Alexia war ganz still geblieben, während er nachdachte.

»Ich nehme die Briefe«, sagte er und näherte sich ihr mit ausgestreckter Hand.

»Wo ist das Manuskript?«, fragte sie etwas barsch und erhob sich von ihrem Stuhl.

Kittel versuchte ein Lächeln, das einen scherzhaften Tadel für ihr freches Benehmen andeuten sollte. Schließlich musste er Alexia noch dazu bringen, sich von ihm nach Hause fahren zu lassen. In gespielter Gelassenheit beugte er sich unter den Schreibtisch, um das Manuskript hervorzuziehen. Aber neben dem Mülleimer, an der Stelle, wo er den Karton vermutet hatte, lagen nur zwei Packungen Büropapier, die dort nicht hingehörten.

Kittel ging in die Hocke, um genauer nachzusehen. Aber Alexia musste die Bewegung falsch verstanden haben. Sie stieß einen Schrei aus, so dass Kittel, der nur ihre Beine sah, hochschreckte und sich den Kopf an der Schreibtischplatte stieß.

In diesem Moment hörte man ein kurzes Klopfen. Und noch ehe Kittel unter dem Tisch hervorkriechen konnte, um den Eintretenden zu sehen, wusste er, wer es war. Im Gesichtsausdruck des Dekans lag eine gewichtige und völlig humorlose Strenge.

Skyscraper (Mai 1945)

»Die Sonne ist fast untergegangen. Darf ich die Jalousien nun hochziehen, Herr Kind?« Amy Berger trat auf das Fenster zu, aber Kind winkte ab.

»Lassen Sie nur, Fräulein Berger. Ich habe ja die Lampe.« Er drehte sich mit ernstem Gesicht zu ihr um. »Ist der Chef schon gegangen?«

Sie nickte. Sie war nicht ganz sicher, ob seine Frage andeuten sollte, dass sie sich nun näher kommen könnten. Sie hätte gerne gesehen, woran Kind arbeitete. Aber wie so oft bei dem jungen Assistenten des Chefs, hatte sie Angst, ihn zu stören.

»Ich wollte ihm das hier zeigen.« Jetzt hob er seinen Entwurf vom Schreibtisch auf, die durchscheinende, mit feinem Bleistiftstrich gezeichnete Skizze eines Wolkenkratzers. Amy ging auf das Bild zu.

»Sie haben höher gebaut.«

»Nur drei Stockwerke.«

Jetzt musste sie lachen. »Der Chef wird außer sich sein.«

»Ich weiß.« Auch Kind grinste.

Der Chef, mit dem er aus London gekommen war, nannte ihn seine »Geheimwaffe« und sprach vom »zielsicheren Talent« seines Assistenten. Er witzelte, Kind würde eines Tages nicht nur Türme bauen, die höher wären als seine, sondern sie würden auch besser aussehen. Wie schön Kind war, dachte Amy. Wenn er nur nicht verheiratet wäre in Europa. Oder wenn er es zumindest nicht allen erzählen würde.

»Wollen Sie nicht nach Hause, jetzt wo alles vorbei ist?«, fragte sie ernst.

»Wo ist das, zu Hause?«

Wieder musste sie lachen. Sie kannte seinen Humor, den er gekonnt mit etwas Tragik mischte. Das musste es sein, dachte sie, was ihn so anziehend machte. Sein Blick hatte etwas Trauriges, wenn er sie anschaute oder sich plötzlich herumdrehte, als habe er etwas verloren. Er schien ihr so – sie fand nicht gleich das richtige Wort – haltlos.

Kind schlief mit ihr, schon seit einigen Monaten. Nicht häufig, nur wenn es die Zeit und die Arbeit zuließen, nach Feierabend, wenn alle anderen gegangen waren. Nahm er sie von hinten auf dem großen Kartentisch im Konferenzraum, dann blickte sie dabei aus dem Fenster des 32. Stockwerkes über die ganze Stadt. Sah er ihr dabei in die Augen, dann war es, als suchte er vergeblich nach einer Wärme, die sie ihm zu gerne gegeben hätte.

244

Hinterher war er höflich. Das Arbeiten hatte sich im Ganzen kaum verändert. Nur in seltenen Augenblicken erzählte er ihr von seinem früheren Leben. Er sprach von seinem Studium in England, von seiner Tante in Deutschland und von dem kleinen Dorf, wo er die Frau und die Kinder zurückgelassen hatte. Er schien kein übermäßiges Interesse an Frauen zu haben. Nie sah Amy ihn den Mädchen hinterherblicken, und er beteiligte sich auch nicht an den Witzeleien der anderen Architekten. Trotzdem riefen ständig junge Damen für ihn an. Amy gefielen keine Männer, denen die Frauen zuliefen. Aber sie mochte Kinds Geschichten. Im Gegensatz zu anderen, erzählte er nicht nur von Baseballspielern, von Filmstars oder Politik. Er sprach davon, was er fühlte, wie er die Dinge sah und erlebte.

Er kam aus dem Westerwald. Das Wort klang für Amy wie aus einem Märchen, wie »German chocolate cake«. Und genau wie sie das Wort »Westerwald« mochte, so mochte Amy auch den Namen Kind, weil sie wusste, was er bedeutete, und weil sie meinte, er passe zu seiner verlorenen, immer ein wenig verträumten Gestalt. Warum er Deutschland verlassen hatte, um in England zu studieren, brauchte er Amy nicht zu erklären. Dass er Jude war, schien ihr unzweifelhaft bei seiner langen Nase und den dunklen Augen. Der Chef und die meisten der Zeichner und Modellbauer hatten denselben Hintergrund. Niemand sprach darüber.

Die täglichen Nachrichten vom Krieg wurden im Büro dagegen ausführlich diskutiert. Einige der Mitarbeiter zitterten vor Wut, andere vor Angst, wenn sie von den Luftangriffen, Kesselschlachten und Eroberungen hörten. Als schließlich endlich von den Erfolgen der Alliierten berichtet wurde, kam Freude auf. Nur Kind blieb gelassen, als gehe ihn das alles nichts an.

Eines Morgens hatte man sich in den Gängen zugeflüstert, dass die Bomben nun rund um Koblenz und die Stahlwerke am Rhein fielen. Alle wussten, dass Hagis Kind dort seine Familie hatte. Aber nur wenig später hörte Amy ihn zum Chef sagen, um seinen Heimatort sei es ohnehin nicht schade. »Ein paar Fachwerkhäuser inmitten von Wäldern und ein paar Schieferminen, in denen sich die Leute wie Ratten verkriechen«, hatte er verächtlich bemerkt. Und Amy musste an sich halten, um nicht weinend aus dem Büro zu stürzen.

Mehr als an seiner Familie schien Kind an seiner Tante Martha gehangen zu haben, auf eine seltsame, fast unheimliche Weise. Oft erzählte er von dieser Frau, von ihrer zarten Schönheit, von der Eleganz ihrer Kleider und vom Erfolg ihres Kochbuchs für moderne Frauen. Aber je mehr Amy von Martha hörte, desto weniger wusste sie, ob diese Tante für Kind wie eine Mutter, wie eine Schwester oder doch eher wie eine Geliebte gewesen war.

Gleich am Abend ihres ersten Kusses war die Rede auf Martha gekommen. »Wie kommen Sie zu Ihrem schönen Namen?«, hatte Amy ihn ein wenig frech gefragt. Sie hatte ja gesehen, dass in Kinds Arbeitspapieren etwas ganz anderes stand. Sie saß auf seinem Schoß und konnte nicht beobachten, wie er auf die Frage reagierte. Doch nach einer kurzen Pause begann er zu erzählen.

Getauft sei er auf den Namen Heinrich Vahlen, sagte Kind, aber schon in seinem Heimatort habe man ihn Hagis Kind genannt. Für ihn hatte es wie ein Kosename geklungen, als wäre er früher hager gewesen, ein schwächliches Kind.

»Bis ich eines Tages gewagt habe, meine Tante Martha zu küssen.« Sein Lächeln bekam etwas Gezwungenes. »Wir haben uns geschämt. Wir waren wie Bruder und Schwester aufgewachsen.«

Amy hatte vorsichtig genickt.

Kind erzählte, dass seine Tante ihn weggeschickt hatte. Erst auf die höhere Schule, dann nach Karlsruhe und schließlich nach England. Damals dachte er, sie wollte ihn loswerden.

»Ein anderes Mädchen aus dem Dorf hat mir schließlich gesagt, wer ich bin«, sprach er weiter. »Dafür habe ich sie sofort geheiratet.« Er zwinkerte Amy zu, ohne wirklich zu lachen.

Von seiner späteren Frau erfuhr er, dass er während des Krieges von seinen Eltern verschickt und dabei verloren gegangen war. Eigentlich hätte er in ein Waisenhaus kommen sollen. Aber Marthas echter Neffe Heinrich starb bei einem Feuer und die Familie behielt Kind an seiner Stelle bei sich.

»Meine Eltern suchen mich womöglich heute noch«, sagte Kind. »Wahrscheinlicher ist, dass sie nicht mehr leben. Niemand hat mich nach dem Krieg vermisst. Man nannte mich Hagis Kind, denn so stand es auf dem Verschickungsschein, aber auch das war wahrscheinlich nur ein Fehler.«

Amy bemerkte einen Schmerz in Kinds Stimme, wie ein leises Pfeifen.

»Zumindest fühle ich mich nicht mehr allein auf der Welt, seit ich weiß, dass es noch einen anderen Heinrich Vahlen gegeben hat«, sagte Kind und zwinkerte diesmal fröhlicher. »Ich frage mich, ob Heinrich mir böse ist, dass er in Sehlscheid unter meinem falschen Namen begraben liegt. Oder ob er sich darüber freut, dass ich sein Leben lebe.«

Amy war erleichtert gewesen, dass Kind wieder Witze machte.

Sie sagte sich, dass er unter den vielen Einwanderern in Chicago mit seiner merkwürdigen Geschichte kaum auffiel. Alle hatten sie auf die eine oder andere Weise etwas hinter sich gelassen, eine Familie, ein Glück, eine Zukunft verloren. Das Besondere war nur, dachte Amy, dass Kind schon lange vor dem Krieg anders gewesen war. Er war selbst verloren gegangen, ein echtes Findelkind wie aus den Geschichten ihrer Großmutter.

»Was wird Ihre Tante Martha jetzt tun, wo der Krieg vorbei ist?«, fragte Amy, als Kind sich wieder seiner Zeichnung zuwenden wollte.

»Ich habe lange nichts von ihr gehört«, sagte er, und obwohl es klang als überraschte ihn die Frage, schien er bereitwillig weiterzusprechen. »Das letzte, was ich von ihr weiß ist, dass sie in Köln ausgebombt wurde. Tagelang musste sie mit den Kindern zwischen den Ruinen herumirren, bevor sie die Stadt verlassen konnte. Eine Weile kam sie in einem Invalidenheim unter, wo sie als Köchin arbeitete. Dann ging sie zurück. Es geht ihr soweit gut, denke ich. Amerikanische Zone.« Kind lachte auf. »Nur Schuhe findet man nach wie vor in ganz Köln nicht. Nicht einmal für die Kinder.«

»Was ist mit ihrem Mann?«

Kind hatte zu einem Bleistift gegriffen und begonnen, kurze, gerade Striche über das Papier zu ziehen. »Den hat sie verlassen. Noch bevor die Bombenangriffe losgingen.«

»Sie hat ihren Mann verlassen?«

Kind sah kurz auf, wandte sich aber gleich wieder seinem Zeichentisch zu, als handele es sich lediglich um eine Feststellung.

»Aber dann hätten Sie doch –« Amy unterbrach sich.

»Solange es ging bin ich noch zu ihr gefahren«, sagte Kind. »Ich habe sie sogar auf Knien angefleht, mit mir fortzugehen.« Er drehte sich auf seinem Stuhl herum und ließ wie nebenbei eine Hand über Amys Hüfte streichen.

»Als ich sie das letzte Mal gesehen habe, sagte sie, ich solle sie in Frieden lassen. Sie habe einen Mann, der gut zu ihr sei. Ich dürfe meine Kinder und meine Frau nicht enttäuschen. Ich sagte, dass ich mich nicht scherte um diese Kinder. Rief, dass ich Ilse lieber enttäuschen würde, als sie weiter zu belügen.« Beinahe schrie Kind auch jetzt, und seine Hand fasste härter zu, so dass Amy erschrak. Er wirkte nun wieder ganz unnahbar.

»Ich glaube, Martha war kurz davor, nachzugeben. Fast wäre sie mir nach England gefolgt. Doch in dem Moment kam das Hausmädchen herein. Sie fragte, ob alles in Ordnung sei. Martha wehrte ab, und die Frau verschwand. Wir standen einander gegenüber, minutenlang. Aber es war zu spät.«

Amy sagte nichts. Kinds Erregung hatte auch sie aufgewühlt. Als er sie zu küssen begann, atmete sie heftig. Natürlich hatte seine Geschichte etwas Selbstgefälliges. Vielleicht erzählte er sein Schicksal allen Frauen, weil er wusste, dass er sie damit verliebt in ihn machte. Trotzdem genoss es Amy, von ihm gehalten zu werden. Wie Kind meinte sie, ganz allein auf der Welt zu sein. Und wie er musste sie niemandem Rechenschaft ablegen, außer sich selbst.

Gleis 8 (Februar 1993)

Während sie sich dem Bahnhof näherten, auf immer dichter befahrenen Straßen, wurde Hella nervös.

»Auf welchem Gleis fährt dein Zug?«

»Ganz vorn. Gleis 8«, sagte Vahlen. »Am besten, ich gehe zu Fuß. Das ist schneller. Ich muss da nur rüber und bin schon da.«
Er zeigte auf die vierspurige Schnellstraße, auf der die Autos in beiden Richtungen vorüberdonnerten. »Wenn wir erst um all die Einbahnstraßen herumfahren, verpasse ich den Zug.«

Hella hielt am Straßenrand. Hinter ihnen hupte es.

»Ich will mich nicht mehr aufregen«, sagte er. »Wir besprechen alles. Auch mit Judith. Vielleicht kann sie eine Weile bleiben.«

Er stieg aus, nahm seine Tasche von der Rückbank, ging um den Wagen herum und küsste sie auf die Wange. Wieder hupte es.

Vahlen mochte das Gefühl, neu anzufangen. Die Vorstellung, in wenigen Minuten ganz ruhig dazusitzen, während der Zug durch die Landschaft raste, gefiel ihm. Er würde Zeit haben, sich über alles klarzuwerden, würde Pläne machen, eine Strategie finden, mit allem umzugehen.

Hella war ebenfalls ausgestiegen. Sie lehnte am Wagen und sah ihm hinterher. Als er sich nach ihr umdrehte, rief sie etwas und winkte mit beiden Armen. Er hörte nichts, sah nur den besorgten Ausdruck in ihrem Gesicht. Die frühere Ängstlichkeit in ihren Augen hatte er immer für eine Äußerlichkeit gehalten, eine Täuschung. Längst war sie kühlem Stolz gewichen. Aber die Sorge, um ihn, um Judith, um das Leben an sich, war geblieben. Eine gesunde, zärtliche Sorge. Vahlen verstand nicht, wie er seine Liebe zu dieser Frau je hatte in Frage stellen können, obwohl er wusste, dass auch dieses Gefühl nur kurze Zeit anhalten würde.

Hella dachte, Vahlen habe noch etwas sagen wollen, aber dann wandte er sich doch ab. Oft hatte seine Großzügigkeit anderen gegenüber beliebig auf sie gewirkt. Aber inzwischen schätzte sie seine Fähigkeit zu verzeihen. Nach der ersten Wut schien er sich sogar auf

Judiths Kind zu freuen. Und auch Hella glaubte, dass es schön sein könnte, ihre Tochter in diesem Zustand zu sehen. Judith würde ihrem Körper, den sie, vielleicht aufgrund der Behinderung, immer ignoriert hatte – nie krank, nie verletzt –, zum ersten Mal völlig ausgeliefert sein. Im Grunde ähnelte sie ihrem Vater. Auch ihre Anziehungskraft, die trotz ihrer so offensichtlichen Unbekümmertheit nie vulgär wirkte, musste von Vahlen stammen: Sein Auftreten, dieses scheinbare in sich Ruhen, das andere völlig aus dem Konzept bringen konnte.

Er drehte sich noch einmal herum, mitten auf der Fahrbahn. Sie winkte, wollte ihm bedeuten, er solle doch erst die Straße überqueren. Er schaute sie fragend an, ein Lächeln, fast töricht in seiner Hilflosigkeit. Vahlen stand das Ernsthafte besser als das Fröhliche. Das war immer so gewesen. Worauf wartete er? Ein Lastwagen dröhnte heran, Vahlen sah sich um, tat einen Schritt nach hinten.

Sie schrie auf, hörte sich selbst aber nicht schreien, spürte nur das Ziehen in ihrer Kehle. Der Laut wurde übertönt von ohrenbetäubendem Lärm – mehrere Autos prallten aufeinander.

Die Information über das Unheil schien die Köpfe nur langsam zu erreichen. Noch immer rauschten die Wagen auf ihrer Seite der Fahrbahn vorüber, als ginge es tatsächlich darum, sie von Vahlen zu trennen. Hella konnte nicht sehen, wo er lag, ahnte nur den dunklen Fleck seines Mantels im Gewirr. Erst nach und nach kam alles zum Stillstand.

Sie lief zwischen den kreuz und quer liegengebliebenen Autos hindurch, dorthin, wo sie Vahlen vermutete.

»Rufen Sie einen Krankenwagen«, hörte sie jemanden schreien.

Vahlen lag am Rand der Straße auf dem Asphalt, die Beine verdreht, der Kopf merkwürdig verformt. Seine Augen waren geöffnet. Sie blickten glasig auf die dunkle Pfütze, die sich unter seiner Wange bildete. Hella schien es, als würden seine Lippen zittern. Sie kniete jetzt neben ihm, tastete seine Arme und Beine nach Brüchen ab, suchte den Puls. Aber da war nichts mehr. Nur noch eine letzte, rasch abnehmende Wärme.

Showdown I (Juni 2007)

»Es gibt nicht die eine Wahrheit hinter den Dingen«, rief Reinier Westphal gegen das Motorengeräusch an. »Ich möchte, dass aus jeder Folge der *Villa* diese Einsicht spricht, eine echt Vahlensche Einsicht, die der Serie ihre besondere Melancholie verleiht.«

Judith saß neben ihm auf dem Beifahrersitz. Der Schal, mit dem sie ihr Haar vor dem Fahrtwind schützte, verstärkte noch den Eindruck ihres kindlichen Gesichts. Westphal war nicht sicher, ob sie ihn gehört hatte. Vielleicht hätte er lieber den Kombi nehmen sollen, überlegte er. Aber die Sonne schien, und er hatte der Versuchung nicht widerstehen können, vor Hellas Tochter mit seinem Cabriolet anzugeben.

»Dein wahres Glück, oh Menschenkind, so denke doch mitnichten, dass es erfüllte Wünsche sind, es sind erfüllte Pflichten‹, wie es der Philosophische Gärtner so schön formuliert hat. Allerdings hat Goethe das zuerst gesagt.« Der Produzent zwinkerte Judith zu. Diesmal lächelte sie zurück.

Mit einer Frau wie Judith an seiner Seite musste ein Mann unbesiegbar sein, dachte Westphal. Sie war zu ihm gekommen, weil sie wollte, dass er sich bei ihrer Mutter für die Veröffentlichung des neuen Manuskripts einsetzte. Nie wäre er auf die Idee gekommen, dass auf dem Dachboden der Vahlens Stoff für weitere Folgen lagerte. Er war auch nach wie vor nicht sicher, ob Judith ihm das Manuskript zur Verfilmung überlassen wollte. Noch am Morgen hatte sie an der letzten Staffel herumkritisiert. Die Serie habe kaum mehr etwas mit dem zu tun, was Peter Vahlen gewollt habe, und so weiter. Es war als habe sie ein genaues Bild ihres Vaters und seiner Geschichte in ihrem Kopf, an dem niemand rücken durfte. Es war als spräche Hella Vahlen selbst.

Sie fuhren die Bundesstraße am Rheinufer entlang. Unter ihnen glitzerte das Wasser in der Nachmittagssonne.

»Du weißt sicher, dass der Philosophische Gärtner meine Erfindung war«, rief Westphal. »Ich brauchte ihn, um die Handlung, die manchmal zerläuft – in eine prosaische Larmoyanz, sagen wir mal –, um diese Handlung zuzuspitzen.« Diesmal bedachte er Judith mit einem entschuldigenden Lächeln. »Heute ist Freddy laut Umfragen die beliebteste Serienfigur Deutschlands. Noch vor Hasso Boll, Minna Maria Thalheim oder den amerikanischen Superstars und brasilianischen Telenovela-Sternchen.«

Westphal überlegte, ob er erwähnen sollte, dass ein Orangensaft-Hersteller angefragt hatte, mit dem Philosophischen Gärtner zu werben. Eine Kaffeerösterei hatte ihn sogar billig imitieren lassen. Aber er war nicht sicher, ob Judith über so etwas lachen konnte.

Schon waren die Atommeiler von Arlich zu sehen. Die Gegend wirkte aufgeräumter als noch vor Jahren. Gleich mehrere Schnellstraßen führten die Anhöhen nach Melsbach und Datzeroth herauf. Hinter einer Biegung tauchte der Kirchturm von Sehlscheid auf. Nördlich davon lag die Hüh, auf der sich Ärzte und Anwälte Bungalows mit Blick über das Aulbachtal gebaut hatten.

Auf Wunsch der Gemeinde und mit großzügigen Fördermitteln des Landes hatte Westphal vor einiger Zeit versucht, zumindest Außenaufnahmen in Sehlscheid zu arrangieren. Mehrfach war er mit den Historikern die Gassen des Oberdorfes abgegangen, aber es war kaum noch etwas übrig von den alten Gasthäusern, den Kettenschmieden und Töpferstuben. Und schließlich hatte er sich mit ein paar Wald- und Wieseneinstellungen bei den Landesvätern herausgeredet.

Nach einer Linkskurve kamen sie am Brunnen der Bürgermeisterei mit den neugestalteten Einkaufsarkaden vorbei. Dann war im Tal bereits das Haus der Vahlens zu erkennen.

»Da ist sie ja, eure Villa Westerwald!« Westphal wandte sich zu Judith um, damit sie seinen begeisterten Gesichtsausdruck sah.

Sie bogen in die Auffahrt ein. Die Pappeln am Wiesenbach blitzten silbrig auf. Vor der Treppe des Hauses parkte ein kleiner, weißer Wagen, ein amerikanisches Modell.

»Das ist Gellmanns Auto«, sagte Judith. Zum ersten Mal, seit sie am Morgen losgefahren waren, blickte sie Westphal direkt an. Er fragte sich, was das zu bedeuten hatte.

»Dann sind wir ja alle beisammen.« Der Produzent versuchte ein unverbindliches Grinsen. »Kamera läuft!«

Im Spion (Juni 2007)

Wieland erwachte vom Vogelgezwitscher. Das penetrante Tschirpen der Spatzen – was sonst sollte sich in die trostlose Straße verirren? Zu wenige Bäume, zu spärliche Gärten. Die halbhohen Arbeiterhäuschen standen dicht an dicht. Bei seiner Ankunft in Duisburg hatte er sich gefreut, eine so günstige Wohnung gefunden zu haben. Ein Schlafzimmer, in das morgens die Sonne schräg einfiel, das gekachelte Wannenbad, die Einbauküche und ein für seine Bedürfnisse zu großes Wohnzimmer mit seinem Schreibtisch. Da er keine Regale anschaffen wollte, stapelte Wieland die Bücher in hohen, ordentlich ausgerichteten Türmen auf dem Fußboden. Er hatte nie vorgehabt, in Duisburg heimisch zu werden. Aber jetzt war er doch froh, wieder in seiner gewohnten Umgebung zu sein.

In einer plötzlichen Vorahnung hatte er Judiths Mantel am gestrigen Abend ausgezogen, frische Wäsche herausgelegt und lange geduscht. Jeden Moment rechnete er damit, dass die Polizei ihn fand. Sicher hatten Kittel und Judith seine Ausrede keine Minute lang geglaubt.

Selbst wenn die Papiere wieder auftauchen würden, musste er davon ausgehen, dass es für ihn keine weitere Zusammenarbeit mit Judith geben würde. Peter Vahlen war seit fünfzehn Jahren tot. Womöglich brauchte es noch einmal solange, bis sein Fragment in der Familie kein Unheil mehr anrichten würde. Und es dauerte mindestens solange, bis Judith begreifen würde, was sie an ihm hatte.

Mit schwerem Kopf und geschwollenen Augen stand Wieland

vom Bett auf, legte sich den Mantel wieder um und ging in die Küche. Er zog eine Graubrotscheibe aus der Plastikverpackung, verstrich die Margarine und löffelte Erdbeermarmelade darüber.

In den Händen der Witwe wären die Geheimnisse der Vahlens wohl tatsächlich am besten aufgehoben, dachte er. Nur wäre das Manuskript damit noch immer nicht vor Judiths Zugriff sicher.

Es klingelte. Wieland schreckte auf. Da war sie also, die Polizei. Was sollte er sagen? Sicher hätte er den Diebstahl der Papiere melden müssen. Aber er konnte ja kaum wissen, ob es nicht Kittel oder die Vahlens selbst waren, die es aus dem Aufenthaltsraum genommen hatten. So wollte er es den Beamten erklären.

Doch als er durch den Spion blickte, erkannte er – auf fast anrührende Weise vom Guckloch verzerrt – Caroline Schweizers vertrautes Gesicht. In den Händen hielt sie einen Dokumentenkarton. Er brauchte einen Moment, um die Schrift zu erkennen, mit der er selbst ihn vor Wochen markiert hatte.

Showdown II (Juni 2007)

Gellmanns braungebranntes, mit Furchen durchzogenes Gesicht setzte sich vorteilhaft vom Weiß seines Leinenhemdes ab. Er wirkte schlanker als früher. Aber die Gelassenheit, mit der er aus dem Wagen stieg, war nur vorgeschützt. Noch immer war sein Ausdruck der eines Ungeduldigen, getrieben von den eigenen Bedürfnissen. Als sich ihre Blicke trafen, schaute Hella gleich zurück auf die Stufen, die sie nun selbst betont langsam herunterstieg.

»Was für eine Überraschung. Alexia ist gerade nach oben gegangen. Weiß sie, dass du kommst?«

»Guten Tag, Hella. Nein, ich wollte dich sprechen.«

Sie sah ihn fragend an.

»Ich will nicht lange herumreden«, sagte er. Du kennst diesen Germanisten, der ein Buch über mich macht, Andreas Wieland. Er hat mir gesagt, er habe meine Briefe bei euch gefunden. Ich hätte sie gerne.«

»Er hat dir sicher auch gesagt, dass ich nicht möchte, dass die Briefe veröffentlicht werden.«

»Das sind meine Briefe. Ich habe sie an Vahlen geschrieben. Das hat mit dir nicht viel zu tun.«

»Hast du sie mal wieder gelesen, diese Briefe?«

»Hör mal, es gehört heutzutage dazu, den Leuten Einblick in die Privatsphäre zu geben. Das hält sie lebendig. Vahlen würde es auch nicht schaden, wenn man wieder über ihn spricht.«

»Du willst dich mit ihm schmücken. Genau wie dieser Doktorand. Mit welchem Recht?«

»Wir waren Freunde. Vahlen hat das nie vergessen.«

Sie lachte auf. »Ihr wart längst keine Freunde mehr. Ihr habt euch doch immer nur gegenseitig die Frauen ausgespannt.«

»Ich habe Vahlen sehr geschätzt. Und ich habe auch nicht vor, mich mit ihm zu schmücken. Im Gegensatz zu ihm werde ich noch gelesen und aufgeführt. Jeden Tag.«

»Schön für dich.«

»Findest du nicht, du übertreibst? Willst du denn ewig auf diesen Sachen hockenbleiben? Du wirkst bitter, meine Liebe. Weißt du, wie man dich nennt? Die schwierige Witwe.«

»Ich bin schon so viel beschimpft worden. Inzwischen ist es mir egal, was ihr alle denkt oder wie ihr mich nennt. Ich bin wie ihr. Mich interessiert nur noch, was mich selbst angeht.«

»Vahlen hätte das nicht gewollt, dass du dich auf diese Art vor seine Arbeiten stellst.«

»Bisher hat sich nie jemand wirklich für Vahlens Sachen interessiert. Warum sollte es plötzlich so dringend sein? Ich möchte nicht, dass du meine Familie in deine Angelegenheiten hineinziehst.«

»Was bitte ist daran anstößig, in einer Publikation über mein Werk und Leben vorzukommen? Davon abgesehen, dass es ein Stück weit auch um meine Familie geht, schon vergessen?«

»Das hättest du dir früher überlegen müssen. Alexia hat ziemlich darunter gelitten, dass sie dich nicht mehr gesehen hat.«

»Hat sie das gesagt?«

»Das braucht sie nicht zu sagen.«

»Dann hat sie also auch nicht gesagt, dass sie es war, die jeden Kontakt zu mir abgebrochen hat?«

Hella zögerte. Kurzzeitig verschwand die Sonne hinter den Wolken. In diesem Moment sah sie einen zweiten Wagen in die Auffahrt einbiegen. Westphals Cabriolet.

»Du hättest dich um sie bemühen müssen. Auch Väter haben gewisse Rechte.«

Der Wind wehte Hella das Haar in die Augen. Gellmann sah sie an, eine Mischung aus Staunen und Verachtung in seinem Blick.

»Du glaubst doch nicht wirklich, dass Alexia von mir ist?«, fragte er.

Westerwaldlied (März 1959)

In einer langen Reihe parkten die Wagen vor der Einfahrt der Wirtschaft im Gebück. Die Damen trugen lange schwarzglänzende Kleider, und die Herren standen in Grüppchen auf dem Pflaster des Vorplatzes, auf das die Morgensonne harte Schatten warf.

Die Augen der Witwe Emmy schauten klein und ängstlich unter ihrem Hut hervor. Beim Eintreten in das Gasthaus stützte sie sich auf den Arm ihrer Schwiegertochter Hilde. Die Blumengestecke waren im Flur abgestellt, der Blechkuchen stapelte sich in der Durchreiche zur Küche, Flaschen wurden klirrend auf die Tische gestellt. Ein dickes Mädchen im dunkelblauen Kittelkleid drängte sich lachend und mit herausgestreckter Zunge vorbei an den Gästen.

Hella lehnte am Eingang zur Schankstube. Ihre Mutter unterhielt sich mit der Verwandtschaft. Von Zeit zu Zeit deutete Martha von Nesselhahn im Gespräch in Richtung ihrer Tochter. Schüchtern erwiderte Hella die Blicke, froh, dass die Mutter sie nicht zu sich rief. Sie schämte sich jetzt, beim Friseur auf den Kurzhaarschnitt bestanden zu haben. Da spürte sie eine Hand auf ihrer Schulter.

»Wie geht es dir?« Ein schlaksiger junger Mann mit leicht abstehenden Ohren war an sie herangetreten.

»Danke, es geht«, sagte Hella. »Ich kannte Onkel Hermann ja kaum. Eigentlich kenne ich niemanden hier.«

»Das meine ich nicht.« Der Junge sah sie belustigt an. »Um den Großteil der Leute aus Sehlscheid ist es ohnehin nicht schade.«

Hella wusste nicht, wie sie reagieren sollte.

»Ich bin so etwas wie ein Cousin von dir. Peter Vahlen, Hagis' Sohn.«

»Hagis Kind?« Den berühmten Onkel aus Amerika kannte sie natürlich. Einmal hatte er ihre Mutter sogar in Köln besucht. »Der hatte einen Sohn?«

»Drei. Aus erster Ehe. Hättest du nicht gedacht, was?« Peter beobachtete sie genau.

»Ich wusste nicht einmal, dass er verheiratet war.«

»Dreimal.«

Hella musste lachen. »Das passt schon eher zu ihm.«

Peter winkte ab. »Du scheinst ja doch eine ganze Menge über uns zu wissen. Aber ich sage dir, die einzige, die es sich wirklich zu kennen lohnt in dieser Familie, das ist mein Gertrud hier. Sie ist die Tochter von Hilde, der das Gasthaus gehört, nicht wahr, Prinzessin?« Das dicke Mädchen, dessen rundes Gesicht ohne Hals in den plumpen Körper überzugehen schien, hatte sich an Peters Arm gehängt und grinste. Hella meinte, sich jetzt doch an diese entfernte Verwandte zu erinnern, die nur wenig älter sein konnte als sie und von der ihre Mutter gesagt hatte, sie sei zurückgeblieben.

»Kennst du noch das Cousinchen Hella?«, fragte Peter. »Das letzte Mal haben wir sie gesehen, da war sie noch nicht mal eingeschult. Und jetzt?«

»Ich studiere Medizin«, sagte Hella.

»Der schönen Tante Marthas schönste Tochter«, sagte Peter, und Hella war nicht sicher, ob er sich über sie lustig machte.

Das Gertrud hatte Hella an den Händen genommen und zog sie hinter sich her auf die Terrasse. Einige der jüngeren Gäste stützten sich auf das Geländer und blickten über das Tal. Wie später Schnee sammelten sich die Blütenblätter der Apfelbäume in den Senken am Hang.

Peter ließ sein Feuerzeug aufschnappen, zündete sich eine Zigarette an und nahm einen Zug. »Da unten sind meine Brüder und ich früher Schlitten gefahren. Es war die schnellste Piste im Ort. Dann hatten eines Morgens die Franzosen ihre Zelte da aufgebaut.« Er zeigte auf den schmalen Weg, der an den Pappeln vorbei zum Wiesenbach führte. Hella betrachtete seinen Nacken, die leicht hochgezogenen Schultern.

»Als meine Mutter gestorben ist, mussten wir zu Hagis nach Amerika. Aber letztes Jahr bin ich zurückgekommen. Hierzulande ist das Studium immerhin umsonst. Und jemand musste schließlich aufpassen, dass sich die Nazis nicht zu breit machen.«

Zwei der jungen Frauen blickten Peter entsetzt an.

»Ja, ja, ihr habt es nicht so gerne, wenn ich so etwas sage. Aber alle wissen doch, dass der tote Onkel hier ein Nazi war, nicht wahr Cousinchen?«

»Nazi, Nazi!«, rief das Gertrud und klemmte die Zunge zwischen die Zähne.

»Lass das lieber, Prinzessin. Sonst hängen die lieben Nachbarn das Gertrud übermorgen an ihrem Kirschbaum auf.«

Später saßen sie auf den Holzkisten im Weinkeller. Peter sagte, er hätte dort früher Verstecken gespielt. Eine einzige Lampe erhellte vom Flur aus die Räume. Er hatte mit dem Daumen den Korken einer Flasche eingedrückt. In kleinen Schlucken tranken sie von dem sauren Wein. Hella fror, und Peter rieb ihre Arme. Erst küsste er sie auf die Stirn, dann auf den Mund. Hella wollte sich losmachen, aber er hielt sie fest.

»Du weißt, dass wir das dürfen«, flüsterte er. Hella verstand nicht, was er meinte. »Du weißt doch, dass mein Vater adoptiert ist?«

»Von wem?«, flüsterte sie zurück.

»Von deiner Oma Kläre, Dummerchen.«

Sie hörten das Gertrud im Nachbarraum herumtappen. Ein Blecheimer schepperte. Ein Glas ging zu Bruch.

»Prinzessin! Hier sind wir!«, rief Peter und zog Hella an sich heran. Sie fühlte sein Herz an ihrer Brust klopfen. Als der Körper des dicken Mädchens den Eingang verdeckte, wurde es einen Moment lang dunkel im Raum.

»Lass uns abhauen«, sagte Peter zu Hella. »Ich habe einen Wagen. Wir könnten hoch zum Nonnenley fahren.«

Hella nickte.

Das Gertrud quetschte sich auf die Rückbank des Sportwagens. Peter hatte das Verdeck geöffnet, und der Fahrtwind brannte auf Hellas Wangen. Sie blickte durch die Buchenstände hinab ins Tal, bis ihr schwindelig wurde. In den engen Kurven kreischte das Gertrud auf.

»Bitte nicht so schnell«, sagte Hella.

»Keine Angst, ich hab alles im Griff.«

»Aber wenn dir jemand entgegenkommt.«

Peter grinste. »Dann stehen unsere Chancen wohl fifty-fifty«, sagte er.

Der Wagen wurde schneller.

»Du musst mich nicht beeindrucken«, sagte Hella.

»Ich will dich aber beeindrucken.« Er sah sie nicht an.

Bei der Abfahrt in Richtung Hardert kam der Wagen am Rand der Schnellstraße zum Stehen. Hella war übel. Sie öffnete die Tür und lief vornüber gebeugt in die Böschung, Peter folgte ihr, versuchte sie zu fassen. Von weitem hörten sie das Gertrud rufen. Hella trat in eine Pfütze, stolperte, er griff nach ihr. Sie rannte weiter. Dann fielen sie beide, er lag auf ihr und küsste sie heftig.

Als sie die Straße wieder erreichten, hatten die vereinzelt vorüberrauschenden Autos die Scheinwerfer eingeschaltet. Lange gingen sie auf dem Grasstreifen zurück, bevor sie den Wagen am Straßenrand stehen sahen. Hella bemerkte nicht sofort, dass die Rückbank leer war. Das Gertrud war nirgends zu sehen.

Sie suchten, in den sumpfigen Böschungen, rufend, über die Höhen laufend, mit der Taschenlampe, die Peter aus dem Handschuhfach geholt hatte, liefen durch Brennnesseln, sprangen über nachtschwarze Abwassergräben, bis sie keuchend innehielten. Einmal dachte Hella, im Dunkeln etwas liegen zu sehen. Sie blieben stehen, gingen weiter, blieben wieder stehen. Die Wolken ihres Atems wirbelten im Schein der Lampe umeinander. Ein Knacken. Peter rief noch einmal. Das Gertrud blieb verschwunden, auch an allen folgenden Tagen.

Vor Ort aufgezeichnet (Juni 2007)

Westphals Cabriolet war kaum zum Stehen gekommen, als Judith ohne ein weiteres Wort heraussprang. In ihrem hellen Kostüm, den Schal in einer großzügigen Geste um Kopf und Oberkörper geworfen, ging sie ihrer Mutter und Gellmann entgegen. Westphal schaltete den Motor ab, stieg aus und lief langsam über den Rasen zu ihnen herüber.

»Gib ihm die Briefe, Mama. Es sind seine«, rief Judith.

»Was weißt du schon? Er hat uns immer nur benutzt.«

Gellmann schien verzweifelt. »Benutzt? Ihr brauchtet mich doch als Bösewicht für eure Romanze im Westerwald. Von wegen, ich hätte euch eure Tochter genommen. Wollt ihr wissen, wie es wirklich war? Wir haben uns geliebt. Die Details erspare ich euch. Erst durfte ich für Alexia den Vater spielen, dann habt ihr sie mich nicht mehr besuchen lassen.«

»So kann man es auch sehen«, Judith lachte gezwungen. »Du warst doch froh, dass du dich nicht mehr um sie kümmern musstest.«

»Ich bin allein auf der Welt. Ich habe nur mein Werk. Und jetzt wollt ihr mir auch noch meine eigenen Briefe vorenthalten.«

»Gib ihm die Briefe, Mama«, wiederholte Judith. »Papa hätte es so gewollt.«

»Ich habe sie doch gar nicht. Die hast du doch, oder dein feiner Doktorand hat sie in seine Universität gebracht.«

Judith schien verwirrt. »Ich dachte, du hättest sie genommen.« Aber die Witwe ging gar nicht darauf ein. »Du hast dich nie für die Arbeiten deines Vaters interessiert. Denkst du, er wäre dir dankbar, dass du seine unfertigen Manuskripte verscherbelst?«

»Wer hat denn mit den Drehbüchern angefangen?«

»*Westerwald* ist ein autorisierter und publizierter Roman. Die Verfilmung war eine einmalige Gelegenheit. Du weißt selbst, dass ich mit den späteren Folgen nicht glücklich bin.«

Judith schien einlenken zu wollen: »Wir müssen das Manuskript ja gar nicht veröffentlichen. Wir könnten es direkt für die Serie umschreiben. Diesmal passen wir auf, dass alles stimmt. Ich kümmere mich darum, dass wir das Manuskript zurückbekommen, sobald Wieland wieder auftaucht.«

»Willst du etwa sagen, er sei damit verschwunden?« Hella war jetzt sehr bleich.

»Wieland ist ein bisschen durchgedreht. Aber er wird schon wiederkommen. Bestimmt bringt er dir das Manuskript demnächst selbst vorbei. Was du nicht drin haben willst, lassen wir raus. Das muss Reinier uns versprechen.«

Die Blicke der Frauen richteten sich auf Westphal.

Aber in diesem Moment griff Gellmann mit rettender Hand in das Geschehen ein. »Meine Lieben!«, rief er, wie um alle zu beschwichtigen. »Das Haus brennt!«

Sie schauten nach oben. Dicke schwarze Rauchwolken stiegen hinter dem Giebel auf und wurden von heftigen Windstößen hin und hergerissen.

»Wo ist Alexia?«, schrie die Witwe. »Wir müssen sie da rausholen!«

»Ich dachte, sie ist bei den Pferden?«, rief Judith.

»Sie war eben noch im Haus!«

Die Witwe blickte Judith an, und diese schaute, plötzlich wieder sehr gefasst, zurück.

Hinter einem der Fenster im ersten Stock war das beinahe gespenstisch zarte Gesicht des Mädchens zu sehen. Im nächsten Moment bewegte sich nur noch der Vorhang hin und her.

Gellmann begann zu lachen: »Gut gemacht, Alexia! Herr Westphal, Aufnahme bitte!« Die Arme vor sich ausgebreitet, den Blick weiterhin auf den nun lodernd brennenden Dachstuhl gerichtet, rief er nach oben, als sollte vor allem Alexia ihn hören: »Aus bisher unbekannten Motiven hat die Enkeltochter des verstorbenen Romanciers Peter Vahlen heute das Haus ihrer Familie in Brand gesetzt.«

Hella schrie, es möge doch endlich jemand die Feuerwehr rufen. Westphal suchte in seiner Jackentasche nach dem Handy.

Gellmann redete wie aufgezogen weiter: »Die Villa des Schriftstellers, die auch als Vorlage der beliebten Fernsehserie *Villa Westerwald* fungiert hat, ist abgebrannt. Sämtliche Briefe der Kollegen, darunter die wertvolle Korrespondenz mit dem Dramatiker Gert Gellmann sind unwiederbringlich für die Nachwelt verloren gegangen. Näheres zu den Hintergründen der Tat ist noch nicht bekannt! Oder doch. Die Enkeltochter ist das letzte Bindeglied einer langen, ungeklärten Geschichte. Unter anderem geht es um die Freundschaft zwischen zwei Schriftstellerkollegen. Wenn hier noch irgendjemand weiß, was das Wort Freundschaft bedeutet!«

Bei sechzig Grad (Juni 2007)

Gisela Wieland schaltete den Fernseher ab. Kein Kommentar mehr zu der Nachricht, die gestern immerhin das Abendjournal beendet hatte. Das Dach der Villa hatte gebrannt, die Feuerwehr war gekommen, aber da bestand der Nachlass des Romanciers bereits nur noch aus Asche. Mehr war nicht passiert.

Es war ja auch nur Papier, dachte Gisela. Und so berühmt war Peter Vahlen nicht. Jedenfalls hatte Ortrud Giester noch nie von ihm gehört. Gleich im Anschluss an die Nachrichten hatte sie angerufen. »Hast du das gehört?«, quietschte sie. »Die Enkelin von diesem Schriftsteller hat die *Villa Westerwald* angezündet!« Ortrud fragte sich, warum das Mädchen das wohl getan haben könnte und was der Dramatiker Gert Gellmann damit zu tun hatte. Mit Sicherheit stecke eine Frau hinter der Geschichte, sagte sie. Und Gisela antwortete, das könne schon stimmen. Sie müsse jetzt auflegen, sie erwarte Besuch.

Noch am Morgen vor der Fernsehnachricht hatte Gisela während des Ausbreitens der nassen Laken gedacht, Andreas würde jeden Moment anrufen, und alles würde sich aufklären. Sein hysterisches Gerede, die Unruhe und Angst, als er ihr das Manuskript gebracht hatte, konnten nur Folge seiner Überbelastung sein. Er würde wieder ganz der Alte sein, immer ein wenig unglücklich, immer ein wenig hinterher. »Andreas bleibt hinter seinen Möglichkeiten zurück«, hatte es schon in den ersten Schulzeugnissen geheißen. Aber am Ende würde er doch seinen Weg finden.

Sie dachte an die endlosen Nächte, in denen er sich wundgekratzt hatte. Oft hatte sie sich damals gefragt, ob es ihre Schuld war, dass ihr Sohn sie mindestens zweimal in der Nacht zu sich rief. Hätte sie, wie ihr Mann behauptet hatte, strenger mit dem Jungen sein müssen? Hätte sie wütend werden, ihn anschreien sollen? Oder war es besser, immer zu ihm zu halten, wie nur eine Mutter zu ihrem Sohn halten kann. Noch immer wusste sie keine Antwort auf diese Fragen.

Andreas hatte bei ihr geklingelt, wieder ohne sich vorher anzukündigen. Als sie hinter dem Türfenster das Gesicht ihres Sohnes erkannte, war ihr erster Gedanke, er habe nun doch ihr Auto kaputt gefahren. Aber Andreas drückte sich schnaufend an ihr vorbei in den Flur. Er trug noch immer den schmutzigen Frauenmantel, und in den Händen hielt er einen orangen Plastikkorb, wie sie ihn für ihre Wäsche benutzte.

Das »Manuskript« war in Wahrheit ein Haufen von verblichenen Ordnern, alten Fotos und schäbigen Notizbüchern. Gisela hatte es nicht gewagt, die Sachen anzufassen, deckte nur ein Laken darüber, ein dunkles. Denn, dass das alles nicht ganz sauber war, schien offensichtlich. Gemeinsam hatten sie den Korb im untersten Fach ihres Kleiderschranks verstaut, da wo vorher die Winterstiefel in großen Kartons gestapelt waren. Und seit er dort stand, konnte sie kaum mehr an etwas anderes denken.

Das Haus war jetzt ganz still. Nicht einmal, nachdem Andreas' Vater damals gegangen war, hatte Gisela sich so einsam darin gefühlt. Andreas hatte etwas von fünfzehn Jahren gesagt, die man abwarten müsste, und von Polizisten, die wegen des Manuskripts nach ihm suchten. Und je länger Gisela nachdachte, desto mehr verließ sie die Gewissheit, sie würde ihren Sohn in nächster Zeit wiedersehen. »Unwiederbringlich verloren«, hatte es in der Fernsehmeldung geheißen, »Dokumente und Briefe von schwer schätzbarem Wert«.

Jeden Abend drehte sie nun den Schlüssel in der Haustür zweimal herum. Sie ließ alle Rollläden herunter und überprüfte vor dem Schlafengehen das schwerschließende Fenster in der Küche. Wenn sie das alte Klappbett nicht zum Sperrmüll gegeben hätte, dann hätte sie die Nächte wohl in ihrer Waschküche verbracht. Denn sicher fühlte sie sich nur dort.

Entschlossen legte Gisela den Roman zur Seite, dessen Handlung sie ohnehin nicht folgen konnte. Sie stand auf, zog sich Pantoffeln und den Bademantel über, zerrte den Plastikkorb aus dem Schrank hervor und trug ihn die Treppen herunter in die Waschküche.

Mit dem vertrauten Ploppen öffnete sich das Bullauge der Maschine. Die Trommel im Inneren strahlte vor Sauberkeit. Sie zog das Laken vom Korb und griff nach den staubigen Mappen. Die Notizbücher und Fotos passten auch noch hinein. Sie nahm die

Waschmittelpackung, füllte das Pulver in die kleine Schublade, schüttete Wasserenthärter nach, drehte das Rädchen auf sechzig Grad und drückte auf Start. Nach einigen kurzen Tick-Geräuschen öffnete sich das Ventil, und sie hörte das Wasser in den Zylinder rauschen.

Inhalt

Dritter Teil: Hella Vahlen

Vierter Teil: Judith Gellmann-Vahlen

Rolf Lappert
Auf den Inseln des letzten Lichts
Roman
544 Seiten, 2010

Die Geschwister Megan und Tobey sind trotz aller Unterschiede auf einzigartige Weise aneinander gebunden. Doch eines Tages ist Megan verschwunden, und Tobeys Suche nach ihr wird zu einem lebensgefährlichen Abenteuer: Auf einer philippinischen Insel stößt er auf eine seltsame, im Verfall begriffene Welt. Wissenschaftler und Versuchstiere einer einstigen Forschungsstation für Primaten vegetieren hier vor sich hin, und Tobey kommt einem dunklen Geheimnis auf die Spur, von dem nur Megan die ganze Wahrheit kennt ...

»Mit den Schrecken der traurig schönen und heimtückisch grausamen Inselwelt verbindet Lappert das Schicksal zweier Menschen, die das Glück suchen und das Grauen finden. Mit großer Subtilität entfaltet er die Lebensgeschichte der beiden Geschwister, die aus der irischen Provinz ausbrachen, um anderswo nach Erfüllung zu suchen.«

Roman Bucheli, *Neue Zürcher Zeitung*

»Ein Buch voller Rätsel. Lappert kommt es in diesem Roman auf Stimmungen und Zustände, auf Landschaften und Erinnerungen an. Man ist gefangen von der Atmosphäre, gepackt von den vielen Binnenerzählungen, berührt von Lapperts Vertrauen auf die Macht der Worte.«

Martin Ebel, *Tages-Anzeiger*

»Ein Roman, der den Leser von der ersten Seite an packt und alles daransetzt, seine moralischen Botschaften unaufdringlich zu vermitteln.«

Rainer Moritz, *Die Welt*

Michael Köhlmeier
Madalyn
Roman
176 Seiten, 2010

Sebastian Lukasser, Schriftsteller, kennt Madalyn seit ihrem fünften Lebensjahr. Sie kann ihm Dinge anvertrauen, die ihre Eltern nicht verstehen würden. Jetzt ist sie vierzehn und erlebt ihre erste, ausweglos komplizierte Liebesgeschichte. Kompliziert, weil Moritz alles andere als ein leichter Fall ist – er wurde bei einem Einbruch erwischt und ist ein notorischer Lügner. Oder spricht er vielleicht doch die Wahrheit?

»Der Reiz liegt unter anderem in dem virtuosen Spiel mit der Täuschung, dem sich der Schriftsteller ausgesetzt sieht. All das geschieht mit Eleganz und Leichthändigkeit, im plaudernden Alltagston, den Köhlmeier so glänzend beherrscht und hinter dessen vermeintlicher Harmlosigkeit sich fundamentale Einsichten verbergen. *Madalyn* ist die mit Einfühlungsvermögen erzählte Geschichte einer ersten Liebe - ein kleines, äußerst charmantes Buch.«

Christoph Schröder, *Süddeutsche Zeitung*

»Berückend schöne Momente wie auch Erschütterungen, die eine erste Liebe verlässlich bereithält, all den Zauber des Anfangs und das Zittern der Gedanken, den Größenwahn der Gefühle und das Wirbeln und Schaukeln – das alles beschreibt Michael Köhlmeier wunderbar klar, leicht und liebevoll. Wie kaum ein anderer versteht er es, die Dinge des Lebens zu schildern, ohne dabei je pathetisch oder sentimental zu werden.«

Sandra Kegel, *Frankfurter Allgemeine Zeitung*

»Erste Liebe: Michael Köhlmeier erzählt in seinem neuen Roman *Madalyn* packend von Gefühlen, Beziehungen und vom Erzählen.«

Klaus Zeyringer, *Der Standard*